Listening

텝스 한달만 제대로 공부해보자

Perfect TEPS

텝스 한 달만 제대로 공부해보자

Listening

Perfect TEPS

초판 1쇄 2009년 11월 10일 인쇄
초판 1쇄 2009년 11월 16일 발행

지 은 이 이충훈 & J&L English Lab

펴 낸 곳 도서출판 이비컴
펴 낸 이 강기원

기획진행 김현호
디 자 인 이승현
편 집 김윤영 · 윤은정

마 케 팅 김동중 · 이은미

주 소 130-811 서울시 동대문구 신설동 97-1 302호
대표전화 (02) 2254-0658
팩 스 (02) 2254-0634
전자우편 help@bookbee.co.kr

등록번호 제 6-0596호
등록일자 2002.4.9
I S B N 978-89-6245-029-3 18740
웹사이트 http://www.bookbee.co.kr

값 20,000원

텝스 한 달만 제대로 공부해 보자

Listening

Perfect! TEPS

이충훈 &
J&L English Lab 지음

이비톡 Talk

Preface

기타 여러 가지 공인영어시험들에 대한 변별성이 의심을 받으면서 그 대안으로 TEPS가 떠오르고 있는 추세이다. 해마다 응시인원의 수가 늘어나고 있으며, 더 많은 학교와 기업체들에서 수험자들의 영어실력에 대한 인증으로 TEPS를 채택하고 있다. 요령과 편법이 통하는 몇몇 기타 시험과는 다르게 TEPS는 문제가 정형화되거나 일반화되어 있지 않다는 특징이 있다. 청해의 경우 토익과는 다르게 다뤄지는 지문의 주제들이 굉장히 광범위 하고, 시험지 상에 질문과 보기들이 미리 주어지지 않아 지문을 모두 들은 후에야 문제를 풀 수 있어 상당히 어렵게 느껴지는 부분이 있을 것이다.

본인은 지난 몇 년간 영어연구원으로 근무하며 시중의 수많은 TEPS 도서들을 분석하고 연구한 경험과, TEPS 온라인사이트의 콘텐츠 검수와 튜터 역할을 통해 많은 수험생들로부터 받은 질문과 어려움에 답해주며 얻은 지식들을 기반으로 가장 간결하면서도 핵심을 다룬 TEPS 도서의 집필에 고민해왔다. 그리고 이제 그 결실로 3단계로 구성한 〈Perfect TEPS〉 시리즈로 수험생들에게 자신 있게 내놓는다.

이 책의 장점은 총 3단계에 걸쳐서 철저하게 TEPS 청해의 '유형'과 '주제'를 학습할 수 있도록 구성되어 있다는 점이다. 첫 번째 유형분석 섹션을 통해, 청해의 각 파트별로 등장하는 유형별 접근법과 문제출제 방식을 살펴본 후에, 세 번에 걸친 Pre-Test를 통해서 충분히 유형연습을 할 수 있도록 하였다. 두 번째 주제분석 코너에서는 18가지 각 주제별로 나눈 Mini-Test를 통해 모든 TEPS 출제 가능 주제에 대한 적응력을 기를 수 있도록 하였다. 마지막으로 총 3회에 걸친 Actual Test를 통해서 앞서 학습한 내용들을 최종 정리하며 TEPS 청해 만점을 위한 최종 실전 대비를 할 수 있도록 했다.

이 책이 제시하는 "유형별 Pre-Test → 주제별 Mini-Test → Actual Test"의 3단계 과정을 한 달이라는 시간 동안 철저히 준비한다면 여러분 모두 반드시 고득점을 획득할 수 있을 것이라고 확신한다.

끝으로 본 TEPS 시리즈가 출간될 수 있도록 도와주신 이비톡 사장님, 김현호 팀장님과 원고의 집필에 있어서 큰 힘을 보태준 팀원들에게 감사드린다. 마지막으로 나의 정신적 지주이자 나의 집필 인생에 있어서 영원한 동반자인 아내와 이곳 호주와 한국에서 저의 성공을 위해 항상 기도해 주시는 아버지, 어머니, 여동생 하나, 장모님과 처형, 처제, 그리고 마지막으로 대한민국의 모든 TEPS 수험생들에게 이 책을 바친다.

- 이충훈 & J&L English Lab -

이 책의 특성 및 학습 방법

Section 01 : 유형별 연습 + Pre-Test 3회분
Section 02 : 주제별 Mini-Test 각 5문항씩
Section 03 : Actual Test 3회분

본 〈Perfect TEPS〉 시리즈는 30일 간의 시간 동안 각 영역별로 실제 TEPS 시험에서 출제가 가능한 모든 '유형'과 '주제' 별 문제들을 Pre-Test 와 Mini-Test 형식으로 풀어 본 후, 총 3회에 달하는 Actual Test로 마무리함으로써 실제 TEPS 시험에서 800점 이상의 고득점을 목표로 하는 수험자들이 원하는 점수대를 획득할 수 있도록 구성되었다.

각 Section별로 좀 더 구체적으로 설명하자면 다음과 같다.

유형을 확실히 알고 넘어가자!!

우선, Section 1을 통해서 학습자들은 청해시험을 구성하는 각 파트별로 개개의 문제유형에 대해서 확인해 볼 수 있다. 각 유형별 출제 특징을 문제를 통해서 확인해 본 후, 모든 유형을 담은 총 3회에 걸친 Pre-Test를 통해서 충분히 유형연습을 할 수 있도록 하였다.

학습한 유형을 토대로 주제별 집중 연습을 하자!!

그리고 Section 2에서는 청해시험에 출제되는 지문들을 각 파트를 기준으로 주제별로 분류하여 지문별 특성을 확인해 볼 수 있도록 하였고, 유형별로 다르게 출제된 5개의 문항을 Mini-Test 형식으로 풀어봄으로써 TEPS 시험에 대한 적응력을 높여줄 수 있도록 하였다. Mini-Test 학습이 끝나면 Dictation 코너를 두어 TEPS 시험 전 필수라고 할 수 있는 '집중 받아쓰기' 연습을 할 수 있도록 하였다.

충분한 실전테스트로 정기시험을 완벽하게 대비하자!!

마지막으로 Section 3에서는 총 3회분에 달하는 실전 청해 Actual Test를 통하여 학습자들이 실제 TEPS 시험에 충분히 적응할 수 있도록 배려하였다.

TEPS는 편법과 요령이 통하지 않는 시험이다. 특히 청해의 경우 1개의 지문에 1개 문제 출제라는 원칙으로 토익을 포함한 기타 시험처럼 한 문제의 해결을 통해, 다음 문제의 정답까지도 유추하거나 쉽게 찾아낼 수 있는 길을 애초에 막고 있다. 그러므로 학습자들은 다른 어떤 시험들보다도 풍부한 어휘력과 함께 다양한 표현들을 사전에 정리해 두고, 많은 문제들을 통해서 이들을 빠르게 풀어보는 연습을 통해 자신의 내공을 쌓아야지만 고득점을 획득할 수 있다.

그래서 본 TEPS 시리즈는 여타의 다른 도서들과는 다르게 쓸데없이 긴 문제풀이 전략 등은 과감히 배제하고 오직 '유형'과 '주제'라는 두 가지 대전제에 충실하여 충분한 수의 문제를 제공함으로써 학습자들이 시험을 대비할 수 있도록 하는 데 그 목표를 두고 있다.

문제 수로만 따진다면 본 도서는 실전 청해 총 5회분에 달하는 문제풀이 연습을 학습자들에게 제공함으로써 충분히 고득점을 획득할 수 있는 발판이 되어 줄 수 있을 것이라고 확신한다.

TEPS란 이런 시험이다

1. TEPS 시험이란?

TEPS는 [Test of English Proficiency developed by Seoul National University]의 약자로 서울대학교 언어교육원에서 개발되어 서울대학교 TEPS 관리위원회가 주관하고 시행하는 영어능력검정시험입니다. 국내외 최고 수준의 영어 관련 전문가 100여 명이 문제를 출제하고 세계의 권위자로 구성된 자문위원회에서 출제된 문제들을 검토하여 그 신뢰도와 타당도가 입증된 시험이라고 할 수 있습니다.

2. TEPS 시험은 어떻게 출제되고 시험시간은 어떻게 되나?

청해, 문법, 어휘, 독해의 4가지 영역에 걸쳐 총 200문항이 출제되며 990점이 만점인 시험으로, 청해 60문항 55분, 문법 50문항 25분, 어휘 50문항 15분, 독해 40문항 45분의 시간이 주어집니다

3. TEPS 시험 당일 날 반드시 챙겨 가져가야 할 것은?

반드시 자신의 신분증을 지참해야 합니다. TEPS 관리위원회에서 인정하는 신분증에는 주민등록증, 운전면허증, 기간 만료 전의 여권, 공무원증 등이 있고, 기타 인정되는 신분증은 다음과 같습니다.
(1) 장교 – 장교신분증
(2) 사병 – TEPS 정기시험 신분확인증명서
(3) 주민등록증을 분실 시 – 동, 읍, 면사무소에 발급된 주민등록증 발급확인서

컴퓨터용 사인펜은 두 자루 이상 준비할 수 있도록 하고, 수정액은 사용할 수 없으므로 꼭 수정테이프를 챙겨가도록 합니다. 꼭 필요하지는 않지만 시험 당일 날 자신의 고사실을 쉽게 확인하기 위해서 수험표를 출력해 갈 수 있도록 합니다.

4. TEPS 시험 접수/취소 방법 및 시험점수 유예기간은?

보통 TEPS 관리위원회 공식 사이트인 www.teps.or.kr에 회원가입을 한 후, 접수신청란에 접수를 완료하면 됩니다. 접수 취소와 관련해서는 접수 기간 내에는 신청금액이 전액 환불되지만 그 이후에 시간이 지남에 따라 차등 지급된다는 점을 유념하십시오.

5. TEPS 시험 점수는 언제 알 수 있나?

정기시험의 성적은 시험일로부터 15일 이후에 위에서 언급된 TEPS 관리위원회의 홈페이지에서 확인이 가능합니다. 성적표는 보통 20일 안에 우편으로 지정된 주소로 발송이 되고, 특별 시험의 성적표는 시험일로부터 일주일 이내에 해당 단체나 기관으로 통보됩니다.

6. TEPS 성적 평균 분포도는?

보통 전체 인원의 80% 정도에 해당하는 응시자들이 2급과 3급 사이에 집중적으로 분포되어 있습니다. 이 중 가장 높은 2+급을 제외하고 3급, 3+급, 2급 각각에 전체 응시자의 20% 정도가 차지하고 있습니다.

TEPS 시험 각 영역별 구성

영역	파트		문항수	시간/배점
청해	Part I	문장 하나를 들은 후 이어질 응답 고르기	15	55분/396점
	Part II	3문장의 대화를 듣고 마지막 응답 고르기	15	
	Part III	6-8 문장의 대화를 들은 후 질문에 맞는 답 고르기	15	
	Part IV	화자에 의해 말해지는 지문을 듣고 질문에 맞는 답 고르기	15	
문법	Part I	A-B 대화문의 빈칸에 적절한 표현 고르기	20	25분/99점
	Part II	문장의 빈칸에 적절한 표현 고르기	20	
	Part III	대화문에서 어법상 틀리거나 어색한 것 고르기	5	
	Part IV	4문장으로 구성된 단문에서 문법상 틀리거나 어색한 것 고르기	5	
어휘	Part I	A-B 대화문의 빈칸에 적절한 어휘 고르기	25	15분/99점
	Part II	문장의 빈칸에 적절한 어휘 고르기	25	
독해	Part I	지문 중 빈칸에 들어갈 적절한 내용 고르기	16	45분/396점
	Part II	지문을 읽고 질문에 맞는 답 고르기	21	
	Part III	지문을 읽고 문맥상 어색한 것 고르기	3	
총계	13개 파트	총계 13개 파트	200	140분/990점

청해 (총 60문항)

• Part 1
(15문항)

청해 Part 1은 질의응답을 다루며 내용은 단 한 번만 들려준다. 짧은 문장에 내용 자체는 단하고 기본적인 수준이지만 주어지는 선택지들이 헷갈리는 경우가 많으므로 짧은 순간에 상황을 판단하여 올바른 대답을 골라낼 수 있도록 연습해 두어야 한다.

예제) *Listen and choose the most appropriate response to the statement.*

M: Is Mrs. Ferguson likely to be our teacher next year?
W: ______________________________

(a) That's what the forecast said.
(b) Not a chance.
(c) You guessed it right.
(d) No, she doesn't like it at all.

정답 (b)

• Part 2
(15문항)

A-B-A-B순의 짧은 대화 문제로 내용은 단 한 번만 들려준다. 보통 A-B-A 중 마지막 A의 내용이 B의 내용을 고르는 데 있어서 핵심 역할을 한다.

예제) *Listen and choose the most appropriate response to complete the conversation.*

M: I'm here to buy fishing rods.
W: You came to the right place. We have a variety of fishing rods.
M: You can give me a discount if I buy them in bulk, can't you?
W: ____

(a) Great. Then I will take this one.
(b) I'll go check with the manager.
(c) It's an offer you cannot refuse.
(d) You will not regret it.

정답 (b)

• **Part 3** (15문항)

보통 한 사람당 3번 이상씩 주고받는 형태의 다소 긴 대화문이 등장한다. 대신 대화 부분과 질문을 들려준 뒤 다시 한 번 반복해서 들려주기 때문에 늘어난 길이만큼 문제풀이가 어렵다고 할 수는 없다.

예제) *Listen and choose the option that best answers the question.*

M: We visited the Museum of Pyramids yesterday.
W: How was your visit?
M: It was very entertaining. We saw some oil paintings and marble carvings. They were really beautiful.
W: Sounds like you had a great fun.
M: Yes, I did. And I went on a guided tour around the museum that lasted a half hour.
W: Where is this museum located? I feel like going there.
M: It is in the downtown area, and it opens at 8 in the morning.

Q: What is correct according to the conversation?

(a) The woman visited the Museum yesterday.
(b) The museum exhibits sculptures.
(c) It takes about 30 minutes to get to the museum.
(d) The museum closes at 8 o'clock.

정답 (b)

• **Part 4** (15문항)

앞의 파트들이 대화문을 다루었다면 Part 4는 담화문을 다룬다. 다양한 주제와 관련된 내용의 지문이 등장하고 이를 근거로 주제, 세부사항, 사실 여부 및 추론들을 다룬 문제가 출제된다. 담화 부분과 질문을 두 번 들려준다.

예제) *Listen and choose the option that best answers the question.*

After meeting in Geneva the UN has agreed to phase out nine more persistent chemicals widely used in farming and industry. The nine pesticides and industrial chemicals join 12 substances targeted for elimination. The banned substances are considered extremely dangerous because they can damage reproduction, mental capacity and growth and cause cancer. The chemicals, which are worth billions and traded worldwide, accumulate in the food chain and takes years to degrade.

Q : What is the main topic of the talk?

(a) The development of new chemicals for farming and industry.
(b) The long lasting effects of chemicals on human health.
(c) Dangerous agents added to global prohibited list.
(d) The size of the chemical industry.

정답 (c)

문법 (총 50문항)

• Part 1 (20문항)

Part 1은 A-B의 짧은 대화를 통해서 다양한 문법적 이해력을 측정할 수 있도록 출제된다. 대화는 빈칸에 들어갈 적절한 표현을 고르는 형식이다.

예제) *Fill in the blank with the most appropriate word or phrase.*

A: It's already half past 10. It's high time you ____________ home.
B: Okay. Do you think you can give me a lift?

(a) go
(b) will go
(c) went
(d) would go

정답 (c)

• Part 2 (20문항)

하나 또는 두 개의 문장으로 구성된 서술문 속의 빈칸을 채우는 문제유형으로 총 20문항이 출제된다. 문법 자체의 이해도와 함께 구문에 대한 이해력 역시 문제풀이에 있어서 중요하다.

예제) *Fill in the blank with the most appropriate word or phrase.*

A lot of people often forget that it takes ____________ to work their up in the business world.

(a) the time
(b) a time
(c) time
(d) times

정답 (c)

• **Part 3** (5문항)

A-B-A-B 순의 대화문이 주어지고, 이 중 어법상 틀리거나 어색한 부분이 포함되어 있는 문장을 정답으로 골라야 한다. 총 5문항이 출제된다.

예제) *Identify the grammatical error in the dialogue.*

(a) A: I have no idea who James Patrick is.
(b) B: Well, I know who he is. He's the most famous chefs in America.
(c) A: Oh, is he? No wonder my wife mentions his name a lot.
(d) B: So does my wife.

정답 (b)

• **Part 4** (5문항)

한 문단이 주어지고 그 중 문법적으로 틀리거나 어색한 문장을 골라내는 문제유형으로 Part 3와 마찬가지로 총 5문항이 출제된다.

예제) *Identify the ungrammatical sentence in the passage.*

(a) Lisa was tired of her older sister treating her badly. (b) They were close until she became a teenager, and then her sister seemed to be jealous of the male attention she was attracting. (c) When she raised the issue with her mom, she just told her to go and sort it out. (d) However, she decided to put up with it and pretended not to care.

정답 (b)

어휘 (총 50문항)

• **Part 1** (25문항)

구어체로 이루어진 A-B의 대화 중 빈칸에 가장 적절한 단어를 골라내는 문제로 총 25문항이 출제가 된다. 단어 자체의 단편적 의미로 접근하기보다는 문맥에서 사용되는 상대적 의미에 더 초점을 두어 문제를 해결해야 한다.

예제) *Choose the most appropriate word or expression for the blank in the conversation.*

A: How did my test results ____________________ out?
B: There is nothing to worry about. You're in good health.

(a) make
(b) turn
(c) break
(d) rule

정답 (b)

• **Part 2** (25문항)

하나 또는 두 개의 문장으로 구성된 글 속의 빈칸에 의미상 가장 적절한 단어를 골라내는 문제유형으로 Part 1과 마찬가지로 총 25문항이 출제된다. 평소 단어를 개별적으로 외우지 말고 의미 단위로 통째로 외워두는 습관이 중요하다.

예제) *Choose the most appropriate word or expression for the blank in the statement.*

The patient has been complaining of a __________________ pain in the upper left side of the abdomen.

(a) contrary
(b) constant
(c) constable
(d) converse

정답 (b)

독해 (총 40문항)

• **Part 1** (16문항)

지문의 초반, 중반 또는 후반에 빈칸이 들어가 있고 글의 흐름상 그 안에 들어갈 내용으로 가장 적절한 보기를 고르는 문제유형으로 총 16문항이 출제된다.

예제) *Read the passage and choose the option that best fits the blank.*

Living in the warm, humid tropics can only be made more pleasurable by wearing cool cotton. At Wicked Weaves, Vicky Johnson, a resort wear and tropical wedding specialist, offers a specialized service and advice to you to complement your body and find the style that ______________________. Choosing the correct style can make a world of difference on how you look and feel. See the difference Ms Johnson can make by customizing your garments with design and style that will fit perfectly. American owned and operated by the designer herself, Ms Johnson has been in the trade for 20 years and now offers a personalized service available for after hour appointments.

(a) are favored by American customers
(b) is in vogue at the moment
(c) meets your budget
(d) best suits your shape

정답 (d)

• **Part 2** (21문항)

주어진 글의 내용을 이해한 후 주제나 대의, 세부 내용 파악 혹은 논리적 추론 등을 묻는 질문에 가장 적절한 보기를 선택하는 문제유형으로 총 21문항이 출제된다.

예제) *Choose the option that correctly answers the question.*

A father used a kitchen knife to slash his son across the chest in a tragic family dispute. Michael Loman faced the first day of his District Court trial charged with one count of unlawful wounding after the alleged incident. Prosecutor Bob Coleman told the court a dispute arose after Mr. Loman's son went to the house to collect personal items and told his dad he did not want to see him any more. Mr. Loman allegedly lunged at his son twice, before using a kitchen knife to inflict the would, which later required 22 stitches. His son left the house after the alleged incident and started yelling abuse on his father's driveway before leaving the house by car.

Q: What is the best title for the news article?

(a) Spoiled teenagers these days
(b) A father who frequently abused his son.
(c) A rising trend of family disruption
(d) Domestic Violence resulting in injury

정답 (d)

• Part 3 (3문항)

한 문단의 글에서 내용의 흐름상 어색한 내용을 담고 있는 문장을 골라내는 문제유형으로 총 3문항이 출제된다.

예제) *Identify the sentence that least fits the context of the passage.*

One of the major reasons for drug use and abuse is the fact that the media glamorizes their use by such terms as "recreational" drugs and the newly-favored term, "party" drugs. (a) This kind of glamorization makes so many people fall victim to drug overdoses. (b) However, they cannot blame authorities, suppliers or society because the fault is their own. (c) Drugs are universally available and selling them genera tes all sorts of other crimes. (d) At the end of the day, the choice to use drugs rests with the individual.

정답 (c)

TEPS 시험 각 등급 구성

등급	점수	능력 검정 기준
1+등급	901-990	**외국인으로서 최상급 수준의 의사소통 능력** 교양 있는 원어민에 버금가는 정도로 의사소통이 가능하고 전문 분야 업무에 대처할 수 있음.
1급	801-900	**외국인으로서 거의 최상급 수준의 의사소통 능력** 단기간 집중 교육을 받으면 대부분의 의사소통이 가능하고 전문 분야 업무에 별 무리 없이 대처할 수 있음.
2+등급	701-800	**외국인으로서 상급 수준의 의사소통 능력** 단기간 집중 교육을 받으면 일반 분야 업무를 큰 어려움 없이 수행할 수 있음.
2급	601-700	**외국인으로서 중,상급 수준의 의사소통 능력** 중장기간 집중 교육을 받으면 일반 분야 업무를 큰 어려움 없이 수행할 수 있음.
3+등급	501-600	**외국인으로서 중급 수준의 의사소통 능력** 중장기간 집중 교육을 받으면 한정된 분야의 업무를 큰 어려움 없이 수행할 수 있음.
3급	401-500	**외국인으로서 중하급 수준의 의사소통 능력** 중장기간 집중 교육을 받으면 한정된 분야의 업무를 다소 미흡하지만 큰 지장은 없이 수행할 수 있음.
4+등급, 4급	201-400	**외국인으로서 하급 수준의 의사소통 능력** 장기간의 집중 교육을 받으면 한정된 분야의 업무를 대체로 어렵게 수행할 수 있음.
5+등급, 5급	10-200	**외국인으로서 최하급 수준의 의사소통 능력** 단편적인 지식만을 갖추고 있어 의사소통이 거의 불가능함.

Contents

텝스 한달만 제대로 공부해보자

Perfect **TEPS** Listening

Section 02

청해 18가지 주제별(Theme) 접근법

Mini-Test & Dictation

Part 1/2

Part 3

Part 4

Section 03

Listening Comprehension Actual Test

정답편

Section 01

30 DAYS TEPS 800+Final Sum-up

청해 10가지 유형별(Type) 접근법

TEPS 청해 시험은 총 4개 Part로 나뉘는데, 그 중 Part 1과 2는 세부적으로 각각 총 4가지 유형, 그리고 Part 3와 4는 세부적으로 각각 총 3가지 유형으로 분류해 볼 수 있다.

따라서 각 유형별로 어떤 문제들이 출제가 되는지 실전 문제를 통해서 확인해 보고, 각 유형별 문제를 해결함에 있어서 어떤 식으로 접근해야 하는지를 연습해 두는 것은 실전 시험을 대비해 학습자들이 반드시 거쳐야 하는 과정이다.

예를 들어, 청해 Part 1/2의 의문사 유형의 경우 대답으로 등장하는 선택지가 Yes 또는 No로 시작할 수 없음에도, 이를 정답으로 고르는 기본적인 실수는 하지 않는 것이 중요하다.

이 Section에서는 청해 각 Part별로 등장하는 각 유형의 접근방법을 살펴보고, 실전 문제를 통해서 이를 확인해 보는 시간을 갖도록 한다. 모든 유형에 대한 파악이 완료가 되면 Pre-Test 3회분의 문제를 풀어보도록 하는데 각 Pre-Test는 청해에서 출제가 되는 유형을 고루 담고 있으므로 학습자들은 최종적으로 청해 문제의 유형을 정리해 보는 기회를 가지며 자신감을 높일 수 있을 것이다.

Part 1 · 2의 4가지 유형

Type 01 의문사 의문문 유형
Type 02 일반 의문문 유형
Type 03 기타 의문문 유형
Type 04 평서문 유형

Part 3의 3가지 유형

Type 05 대의파악 유형
Type 06 세부내용 유형
Type 07 추론 유형

Part 4의 3가지 유형

Type 08 대의파악 유형
Type 09 세부내용 유형
Type 10 추론 유형

Pre-Test

Pre-Test · 1
Pre-Test · 2
Pre-Test · 3

Part 1·2의 4가지 유형

30 DAYS TEPS 800+Final Sum-up

Part 1/2 (15문항/15문항): Part 1은 A-B, 그리고 Part 2는 A-B-A-B 형태의 대화문으로 이루어지며 모두 마지막 B에 해당하는 적절한 응답을 선택지에서 고르는 유형으로 각각 15문항씩 총 30문항이 출제된다. 이들은 세부적으로 총 4가지 유형으로 나누어 구분할 수 있다.

1. 의문사 의문문 유형

What, When, Where, Who, Which, Why, How 등의 의문사 질문들에 대한 답변의 가장 큰 특징은 'Yes' 또는 'No'로 대답할 수 없다는 것이다. 그러므로 질문을 이끄는 의문사의 종류와 뒤에 이어지는 2~3단어는 반드시 들을 수 있도록 해야 한다. 보통, 의문사 질문들은 해당 해석에 맞는 특정한 대답을 요구하게 된다. 또는 '잘 모르겠다'는 식의 회피형 대답이나, 상대방의 질문에 똑같이 질문으로 반문하는 형태의 답변도 출제될 수도 있으니 주의해야 한다.

2. 일반 의문문 유형

be동사로 시작하는 의문문은 보통 사실이나 진위에 대한 여부를 물어보는 질문 형태이기에 대답이 'Yes'나 'No'로 시작되는 경우가 많다. 하지만 의문사 의문문과 마찬가지로 질문에 대한 답변이 회피형 대답이나 거꾸로 다시 질문하는 형태로도 등장할 수 있기 때문에 주의를 기울여야 한다.

3. 기타 의문문 유형

부가의문문의 가장 큰 특징은 질문하는 사람이 어떤 사실에 대해서 확신을 하고 상대방에게 질문을 던진다는 것이다. 그러므로 거의 대부분의 경우 긍정의 대답이 나오게 된다. 부가의문문이 포함된 문장이 긍정이면 이에 대한 긍정의 대답은 'Yes'로 시작하고, 부가의문문이 포함된 문장이 부정이면 이에 대한 긍정의 대답은 'No'로 시작된다는 것을 헷갈리지 말자.

4. 평서문 유형

평서문의 경우 대부분 상대가 한 말에 대한 동의, 걱정, 격려, 해결책 등을 제시하는 답변들이 등장한다. 예를 들어, 축하나 칭찬과 관련된 문장이 등장하면 그에 대한 적절한 대답은 감사의 표현이고, 상대방이 무언가를 걱정하는 문장이 나오면 그에 대한 위로 혹은 해결책을 내놓는 문장이 답변으로 나올 것이다. 그러므로 문장의 전체를 듣고, 그 내용을 명확히 이해하는 것이 중요하다.

PART 01

Type 01
의문사 의문문 유형

Check This Out!

Choose the most appropriate response to the statement.

M: What do you think of my new hairstyle?
W: ______________________________

(a) That sounds great.
(b) I will come up with a better idea.
(c) Well, it looks okay to me.
(d) No, I don't think I can do it.

해설

'What do you think of + 명사'는 '~가 어때요?'라고 상대방에게 의견을 물어보는 질문 패턴이다. 의문사 What으로 질문을 시작하고 있기 때문에 일단 No로 대답이 시작하는 보기 (d)는 정답에서 제외시킨다. 자신의 새로운 헤어스타일에 대한 의견을 묻는 질문에 적절한 대답은 '내게는 괜찮아 보여'라는 보기 (c)이다.

해석

M: 내 새로운 헤어스타일 어때요?
W: ______________________

(a) 그거 좋은 생각이다.
(b) 더 나은 아이디어를 떠올려 볼게요.
(c) 음, 나한테는 괜찮아 보여.
(d) 아뇨, 내가 할 수 있을 것 같지 않아요.

어휘

come up with ~을 떠올리다, ~을 생각해내다

Type 01
의문사 의문문 유형

Check This Out!

Choose the most appropriate response to complete the conversation.

W: I haven't seen Mr. Coles for some time.
M: He no longer works here. The company let him go.
W: Really? How did you know that Mr. Coles was fired?
M: ________________________________

(a) That's news to me.
(b) Yes, he's really on fire.
(c) I heard it straight from the horse's mouth.
(d) No, I thought he was fired.

해설

콜스 씨가 해고당한 내용을 어떻게 알았는지 그 방법(how)을 묻고 있다. 의문사로 질문으로 하고 있기 때문에 Yes, No로 대답이 시작되는 보기 (b), (d)는 탈락시킨다. 정답은 당사자로부터 직접 들었다고 말하는 보기 (c)이다 'hear from the horse's mouth'는 '당사자로부터 직접듣다' 혹은 '확실한 소식통으로부터 듣다'란 숙어이니 꼭 기억해 두도록 하자.

해석

W: 콜스 씨를 한동안 보지를 못했어요.
M: 그는 더 이상 여기서 일 안합니다. 회사가 그를 내보냈거든요.
W: 정말로요? 당신은 콜스 씨가 해고당한 것을 어떻게 알았나요?
M: ________________________

(a) 그거 금시초문인데요.
(b) 네, 그는 정말 불붙었어요.
(c) 당사자로부터 직접 들었어요.
(d) 아뇨. 전 그가 해고당했다고 생각했었어요.

어휘

no longer 더 이상 ~하지 않는
let someone go ~를 보내다(해고하다)
That's news to me. 금시초문이다.
on fire 절정인, 불붙은
hear from the horse's mouth 당사자로부터 직접 듣다

PART 01

Type 02 일반 의문문 유형

Check This Out!

Choose the most appropriate response to the statement.

M: Is Mrs. Ferguson likely to be our teacher next year?
W: ______________________________

(a) That's what the forecast said.
(b) Not a chance.
(c) You guessed it right.
(d) No, she doesn't like it at all.

해설

be동사로 물어보는 질문 형태이다. 보통 be동사, 일반동사, 조동사로 질문 형태가 등장하는 경우, 답변은 Yes나 No로 시작이 가능하다. 여기서는 직접적으로 No라는 어휘가 들어가 있지는 않지만, '내년에도 퍼거슨 선생님이 우리 선생님이 될 가능성이 있을까?' 라는 질문에 부정의 의미로 '전혀 가능성 없다' 고 답하는 (b)가 정답이다.

해석

M: 퍼거슨 선생님이 내년에도 우리 선생님이 될 가능성이 있을까요?
W: ______________________

(a) 일기예보는 그렇게 말했어요.
(b) 전혀 가능성 없어요.
(c) 맞게 추측하셨어요.
(d) 아뇨, 그녀는 그것을 전혀 좋아하지 않아요.

어휘

be likely to ~할 가능성이 있다 forecast 일기예보(예측) Not a chance. 전혀 가능성 없다.

Type 02
일반 의문문 유형

Check This Out!

Choose the most appropriate response to complete the conversation.

W: You're not on good terms with your brother, are you?
M: No, I'm not. Actually, I lost touch with him 3 years ago.
W: Do you think he will come to your graduation ceremony?
M: ______________________________

(a) I'm not counting on it.
(b) I don't know if it's right or wrong.
(c) No, you don't.
(d) Sounds perfect to me.

해설

여자는 남자에게 남자의 형이 졸업식에 올 거라고 생각하는지 묻고 있다. 서로 사이가 좋지 않았고, 연락이 끊겼다는 내용을 바탕으로 '기대하고 있지 않다'고 대답한 (a)가 정답이다. 보기 (c)는 주어가 I로 바뀌면 정답이 가능하다.

해석

W: 너 네 형이랑 사이가 좋지 않지, 그렇지?
M: 응. 사실 약 3년 전에 연락이 끊겼어.
W: 그가 네 졸업식에 올 거라고 생각하니?
M: ______________________________

(a) 기대하지 않고 있어.
(b) 그게 옳은지 틀린지 난 모르겠어.
(c) 아니, 넌 그렇지 않아.
(d) 내겐 완벽하게 들리는데.

어휘

be on good terms with ~와 사이가 좋다
lose touch with ~와 연락이 끊기다
graduation 졸업
count on ~을 기대하다

PART 01

Type 03
기타 의문문 유형

Check This Out!

Choose the most appropriate response to the statement.

M: You're saving money to buy a car, aren't you?
W: ________________________________

(a) I have 10,000 dollars in my savings account.
(b) No, it's not my type of car.
(c) Yes, how did you know that?
(d) I can't afford to buy this car.

해설

기타 의문문 중 부가의문문 형태의 질문이다. 부가의문문은 확신에 가득 찬 질문으로 여기서도 여자는 남자가 차를 사기 위해 돈을 모으고 있다는 사실을 확신한 상태에서 그렇지 않느냐고 남자에게 질문을 던지고 있는 것이다. 정답은 '네, 어떻게 알았어요?' 라고 대답한 보기 (c)이다. 보기 (a)의 대답은 'How much do you have in your savings account?'(통장에 돈이 얼마나 있나요?)와 같은 질문에 어울리는 답변이다.

해석

M: 차 사려고 돈을 모으고 있군요, 그렇죠?
W: ________________________

(a) 전 저축계좌에 10,000달러를 가지고 있어요.
(b) 아뇨, 그건 제가 좋아하는 종류의 차가 아니에요.
(c) 네, 어떻게 알았어요?
(d) 전 이 차를 살 여력이 안 됩니다.

어휘

save 저축하다　savings account 저축계좌　afford to ~할 여력이 된다

Type 03 기타 의문문 유형

Check This Out!

Choose the most appropriate response to complete the conversation.

M: I'm here to buy fishing rods.
W: You came to the right place. We have a variety of fishing rods.
M: You can give me a discount if I buy them in bulk, can't you?
W: ______________________________

(a) Great. Then I will take this one.
(b) I'll go check with the manager.
(c) It's an offer you cannot refuse.
(d) You will not regret it.

해설

남자가 질문하는 내용은 대량으로 낚싯대를 구매했을 경우 할인을 해 줄 수 있는지 여부다. 보기 (a)는 점원이 아닌 고객이 할 수 있는 말이고, 보기 (c), (d)의 경우, 아직 구체적으로 제안을 한 내용이 없으므로 문맥상 적절치 않다. 매니저에게 가서 확인해 보겠다고 답한 (b)가 정답이다.

해석

M: 낚싯대를 사려고 왔습니다.
W: 제대로 찾아오셨군요! 저희는 다양한 낚싯대를 구비하고 있습니다.
M: 제가 대량으로 구매를 하면 할인해 주실 수 있으시죠, 그렇죠?
W: ______________________________

(a) 좋습니다. 그러면 이걸로 살게요.
(b) 매니저님께 가서 확인해 보도록 하겠습니다.
(c) 당신이 거부할 수 없는 제안이군요.
(d) 후회하지 않으실 겁니다.

어휘

fishing rod 낚싯대	in bulk 대량으로	refuse 거부하다
a variety of 가지각색의	offer 제안	regret 후회하다

PART 01

Type 04 평서문 유형

Check This Out!

Choose the most appropriate response to the statement.

W: I have a stomachache. I think I ate something wrong.
M: ______________________________

(a) What do you feel like having?
(b) How long have you had the pain in your back?
(c) I think you should take something for it.
(d) Take this pill. It will relieve your stress.

해설

평서문 형태의 질문유형으로 여자의 문제가 무엇인지 정확히 파악하고 그에 대한 적절한 응답을 골라내야 한다. 무언가를 잘못 먹어 복통이 있다는 여자의 말에 적절한 대답은 그에 대한 대처 방법을 알려주는 것이다. 정답은 무언가 약을 복용하라는 보기 (c)이다. 복통에 단순히 무엇을 먹으라고(eat) 했다면 정답이 될 수 없겠지만, '(약을) 복용하다'에 해당하는 동사는 take이므로 (c)가 정답이 된다. 나머지 보기들은 복통과는 상관이 없는 응답들이다.

해석

W: 저 배가 아파요. 뭔가 잘못 먹었나 봐요.
M: ______________________________

(a) 뭘 드시고 싶으세요?
(b) 등에 통증이 있으신 지 얼마나 되셨나요?
(c) 그러면 뭘 좀 복용하셔야 할 것 같은데요.
(d) 이 약을 드세요. 스트레스를 완화시켜 드릴 겁니다.

어휘

stomachache 복통
pill 알약
relieve 완화시켜 주다
feel like + ing ~하고 싶다

Type 04
평서문 유형

Check This Out!

Choose the most appropriate response to complete the conversation.

W: Oh, I just missed the bus to the airport.
M: No worries. I will give you a lift to the airport.
W: Oh, that's so kind of you. I just don't know how I can thank you enough.
M: ______________________________

(a) You'd better not.
(b) Enough is enough.
(c) Think nothing to it.
(d) Be my guest.

해설

'I don't know how I can thank you enough.'는 어떻게 감사를 드려야 할지 모르겠다는 의미로 쉽게 말해서 'Thank you very much.'와 같은 의미다. 그러므로 정답은 감사의 표현에 대한 공손한 답변인 '별말씀을요'가 나올 것을 예측해 볼 수 있다. 정답은 보기 (c) Think nothing to it.이다. (a)의 'You'd better not.'은 상대방에게 그러지 말라고 경고하는 표현으로 본 대화문의 상황과는 어울리지 않는다. (b) 역시 부정적이거나 성가신 상황에 대해 그만하라고 말할 때 사용하는 표현이다.

해석

W: 아, 저 방금 공항으로 가는 마지막 버스를 놓쳤어요.
M: 걱정 마세요. 제가 공항까지 태워다 드릴게요.
W: 아, 정말 친절하시군요. 어떻게 감사를 드려야 할지 모르겠네요.
M: ______________________________

(a) 안 그러는 게 신상에 좋을 거야.
(b) 그만하면 됐어.
(c) 별것 아닙니다.
(d) 그렇게 하세요.

어휘

No worries. 걱정 말아요. 문제없어요.
give someone a lift ~를 태워다주다
That's so kind of you. 정말 친절하시군요.
Enough is enough 그만하면 됐어.

Part 3의 3가지 유형

30 DAYS TEPS 800+Final Sum-up

Part 3 (15문항) : 긴 대화문을 들은 후 질문에 적절한 선택지를 고르는 유형으로 총 3가지 유형으로 분류할 수 있다. .

1. 대의파악 유형 (31번~37번)

대화문의 주제와 관련된 내용을 질문하기 때문에 대개 정답을 얻을 수 있는 내용은 대화의 초반부에 등장한다. 물론 전체 대화에서 이어지는 맥락을 통해 정답을 찾아야 하는 경우도 있으므로 대화문 전체의 흐름을 파악하는 것 또한 중요하다. 오답은 주로 대화문 중 어느 한 특정 부분의 세부내용을 선택지로 주어 오답을 유도하는 경우가 많다. 대화문에서 그대로 사용된 단어나 표현을 선택지에서 정답내용으로 그대로 주지 않는다는 것 또한 주의해야 할 사항이다. 그러므로 포괄적인 대화의 전체 내용을 담고 있으며, 이를 문장에서는 언급되지 않았지만 비슷한 의미를 가진 어구와 표현으로 나타낸 문장을 골라내는 것이 핵심이다.

■ 질문유형

- What is the topic of the conversation?
- What is the conversation mainly about?
- What are the speakers talking about?
- What is taking place in the conversation?
- What is happening in the conversation?
- What do speakers agree/disagree about?

■ 기타

- What is the man/woman doing?
- What is the man/woman trying to do?
- What does the man/woman suggest the woman/man do?

2. 세부사항 유형 (38번~42번)

대화문을 들은 후 각 선택지들을 하나하나 듣고 그 진위 여부를 파악해야 하므로, 고도의 집중력이 필요하다. 일단 1회째 대화문과 선택지 내용들을 들어 내용을 파악한 후, 2회째 다시 청취 시에는 주요한 사항들을 메모하며 각 선택지들의 정오 여부를 파악할 수 있도록 한다. 대화에 나왔던 단어와 표현들을 이용해 틀린 내용을 선택지로 제시하여 오답을 선택하도록 유도한다. 남자 혹은 여자가 언급한 내용을 서로 뒤바꾸어 혼동시키는 것 또한 주요 오답 포인트로 등장하므로 내용을 기억하거나 기록 시 화자의 성별이 무엇이었는지 확실히 기억할 수 있도록 한다. 대화에서 전혀 나오지 않았던 내용 또한 오답으로 등장하므로 주의할 수 있도록 하자.

■ 질문유형

- Which is correct according to the conversation?
- According to the conversation, what is the problem?
- Which is correct about the man / woman?
- What can we learn from the conversation?

3. 추론 유형 (43번~45번)

말 그대로 대화를 듣고 내용을 통해서 유추할 수 있는 내용이 무엇인지 선택지에서 찾아내야 한다. 추론이란 즉, 대화에서 언급된 사실관계를 바탕으로 하기 때문에 언급되고 있는 세부내용들을 정확히 파악하고 있어야 한다. 두 화자가 어떤 관계인지, 무슨 의도로 대화를 이끌어가고 있는지, 대화를 통해서 어떤 결론을 이끌어 내려고 하고 있는지 등을 주의해서 듣는 연습을 하는 것이 중요하다. 추론 문제유형 중에는 두 사람의 대화를 바탕으로 남자 혹은 여자가 다음에 취할 행동으로 적절한 것을 묻기도 하는데, 이 경우 마지막 두 마디에 해당하는 대화내용을 집중해서 듣도록 한다.

■ 질문유형

- What can be inferred from the conversation?
- What can be inferred about the man/woman from the conversation?
- What can be concluded from the conversation?
- What are the speakers likely to do?
- What is the man/woman likely to do next?
- According to the conversation, what will the woman probably do next?
- What will happen after conversation?

PART 03

Type 05
대의파악 유형

Check This Out!

Choose the option that best answers the question.

M: I need to send this little parcel. It's for Australia. Is it possible to send it by air mail?
W: Yes, of course. But it will take at least two weeks.
M: All right. Here it is. Can you weigh it?
W: Yes, it weighs seven hundred grams. It will cost you about 20 dollars. And you also have to fill out this form.
M: What do I have to write here?
W: Write the name and the address of the sender and the addressee. Then, on the line the contents of the parcel and its approximate value.
M: Here you are. I hope it's legible.
W: Let me see. Yes, it's quite all right.

Q: What is the main topic of the conversation?

(a) Having a parcel registered.
(b) Learning how to serve customers.
(c) Mailing a package.
(d) Putting a sender's address on the parcel.

해설

우체국에서의 상황 대화문이다. 남자는 소포를 보내려고 하고 있고 이를 위해 소포 무게, 가격 그리고 작성해야 할 정보들에 관한 내용이 등장한다. 그러므로 정답은 보기 (c)이다. 보기 (d)의 '소포 보내는 사람의 이름 적기'는 보기 (c)의 대의에 포함되는 지엽적인 사항이므로 정답이 될 수 없다.

해석

M: 이 작은 소포를 보내려고 합니다. 호주로요. 항공우편을 보내는 게 가능할까요?
W: 네, 물론이죠. 하지만 최소한 2주는 걸릴 겁니다.
M: 알겠습니다. 여기 있어요. 무게를 재주시겠어요?
W: 네. 700그램이 나가네요. 20달러가 들 겁니다. 이 서류도 작성해 주세요.
M: 여기다가 뭘 적어야 하죠?
W: 보내는 사람과 수취인의 이름과 주소를 적어주세요. 그리고 선 위에는, 소포의 내용물과 대략적인 가격을 적어주세요.
M: 여기 있습니다. 알아 볼 수 있어야 할 텐데 말이죠.
W: 어디 볼까요. 네, 잘 알아볼 수 있을 것 같아요.

Q: 대화의 주제는 무엇인가?
(a) 소포를 등기로 보내기 (b) 고객을 응대하는 방법 배우기 (c) 소포 보내기 (d) 소포에 보내는 사람의 이름 적기

어휘

parcel 소포
air mail 항공우편
weigh 무게를 재다
fill out 작성하다
addressee 수취인
approximate 대략적인
legible (글씨를) 알아 볼 수 있는

Type 06
세부사항 유형

Check This Out!

Choose the option that best answers the question.

M: We visited the Museum of Pyramids yesterday.
W: How was your visit?
M: It was very entertaining. We saw some oil paintings and marble carvings. They were really beautiful.
W: Sounds like you had a great fun.
M: Yes, I did. And I went on a guided tour around the museum that lasted a half hour.
W: Where is this museum located? I feel like going there.
M: It is in the downtown area, and it opens at 8 in the morning.

Q: Which is correct according to the conversation?

(a) The woman visited the Museum yesterday.
(b) The museum exhibits sculptures.
(c) It takes about 30 minutes to get to the museum.
(d) The museum closes at 8 o'clock.

해설

세부사항을 파악하는 문제이므로 내용들을 메모해가며 듣도록 한다. 어제 박물관에 방문했다고 말한 남자는 'We saw some oil paintings and marble carvings.'라고 말하고 있다. 즉, 박물관에는 그림들과 조각품들이 전시되어 있는 것이다. 따라서 정답은 (b)이다. 박물관을 도착하는데 30분이 걸리는 것이 아니라, 박물관을 가이드 투어하는 데 30분이 걸리는 것이다.

해석

M: 우리는 어제 피라미드 박물관을 방문했어요.
W: 어땠어요?
M: 굉장히 재미있었어요. 저희는 유화 그림들과 대리석 조각들을 봤어요. 정말로 아름답더군요.
W: 정말 즐거운 시간을 보내신 것 같네요.
M: 네, 그랬어요. 그리고 저는 30분 정도 지속된 박물관 주위의 안내 여행도 했지요.
W; 박물관 위치가 어디인가요? 저도 가보고 싶네요.
M: 박물관은 도심지 지역에 있어요. 아침 8시에 문을 열고요.

Q: 대화에 따르면 옳은 것은 무엇인가?
(a) 여자는 어제 박물관을 방문했다.
(b) 박물관은 조각품들을 전시한다.
(c) 박물관에 도착하는데 30분 정도 걸린다.
(d) 박물관은 8시에 문을 닫는다.

어휘

entertaining 재미있는, 유쾌한
oil painting 유화
marble 대리석
carving 조각물
guided tour 안내원이 딸린 관광
last 지속하다
be located ~에 위치하다

PART 03

Type 07 추론 유형

Check This Out!

Choose the option that best answers the question.

W: Have you started registering for classes yet?
M: Yes, I've already registered for three required courses because they close fast.
W: What about elective courses? Are you taking any?
M: I am thinking of taking only one elective course this semester. But I haven't made up my mind on what to take. What about you?
W: Well, I haven't registered for anything yet, but I'm going to take three required courses and four elective courses.
M: Are you serious? I'm sure you're going to be stuck in the library all day, doing homework and studying for exams.
W: Well, I'm actually looking forward to it.

Q: What can be inferred from the conversation?

(a) The man hasn't registered for any courses this semester.
(b) The man wants to get the woman's advice on which elective course to choose.
(c) The woman doesn't like studying in the library.
(d) The woman is willing to burn the midnight oil this semester.

해설

여자가 총 7개의 과목을 들을 계획을 갖고 있다고 하자, 남자는 'I'm sure you're going to be stuck in the library all day, doing homework and studying for exams.'라고 우려한다. 하지만 여자는 오히려 그걸 기대하고 있다고 대답한 것으로 보아 보기 (d)의 내용을 유추해 볼 수 있다.

해석

W: 너 수업 등록 시작했니?
M: 응, 난 이미 세 개의 필수과목을 등록했어. 왜냐면 그것들은 금방 종료되거든.
W: 선택과목들은 어때? 등록한 것 있니?
M: 이번 학기는 한 개 선택과목만 들을 생각중이야. 하지만 무슨 수업을 들을지는 결정하지 않았어. 너는 어때?
W: 음. 난 아직 아무것도 등록하지 않았어. 하지만 세 개의 필수과목과 네 개의 선택과목을 들으려고 해.
M: 진심이야? 너 숙제하고 시험 공부하느라고 하루 종일 도서관에 처박혀 있게 될 걸.
W: 음, 사실 난 그러길 기대하고 있어.

Q: 대화로부터 추론할 수 있는 것은 무엇인가?
(a) 남자는 이번 학기 어떤 과목도 수강신청 하지 않았다.
(b) 남자는 어떤 선택과목을 선택할지에 대한 조언을 여자로부터 얻고 싶어한다.
(c) 여자는 도서관에서 공부하는 것을 좋아하지 않는다.
(d) 여자는 이번 학기 밤새 공부할 의향이 있다.

어휘

register for ~을 등록하다, 수강신청하다
required course 필수과목
elective course 선택과목
be stuck 처박혀 있다
look forward to ~을 기대하다, 고대하다
burn the midnight oil 밤새 공부하다

Part 4의 3가지 유형

30 DAYS TEPS 800 + Final Sum-up

Part 4 (15문항) : 긴 담화문을 들은 후 질문에 적절한 선택지를 고르는 유형으로 총 3가지 유형으로 분류할 수 있다.

1. 대의파악 유형 (46번~52번)

보통 지문의 앞부분에서 주제가 들어나기 때문에 초반 첫 번째 혹은 두 번째 문장까지를 집중해서 듣고 말하고자 하는 큰 뼈대를 파악할 수 있도록 해야 한다. 단, 지문 중간에 But, However 등의 반전 접속사나 As a result, Therefore 등의 연결어가 나오게 되면 그뒤에 언급되는 내용이 글이 말하고자 하는 주제일 가능성이 높다는 것을 기억하자. 앞의 Part 3와 마찬가지로 오답을 유도하는 선택지로 담화에서 언급된 지엽적인 내용을 다룬 문장이 등장한다. 또한 담화문에서 등장한 어휘나 표현을 그대로 차용해서 내용과 맞지 않는 문장이 선택지로 등장하니 이 역시 속지 않도록 조심해야 한다.

■ 질문유형

- What is the main idea of the talk?
- What is the main topic of the talk?
- What is the talk mainly about?
- What is the main subject of the talk?
- What is the main point of the lecture?
- What is the purpose of this talk?
- Which statement best summarizes the talk?
- What is being advertised?

2. 세부사항 유형 (53번~57번)

지문을 들은 후 각 선택지들을 하나하나 듣고 그 진위 여부를 파악해야 하므로, 고도의 집중력이 필요하다. 일단 1회째 대화문과 선택지 내용들을 들어 내용을 파악한 후, 2회째 다시 청취 시에는 주요한 사항들을 메모하며 각 선택지들의 정오 여부를 파악할 수 있도록 한다. Which is correct according to the conversation?이 가장 대표적인 질문유형인데, What are the politicians asked to do?와 같이 특정 세부사항을 묻는 질문도 등장하므로 이 경우는 언급된 대상에 초점을 두어 지문을 다시 한 번 들으면 수월히 정답을 찾을 수 있을 것이다. 지문에 나왔던 단어와 표현들을 이용해 틀린 내용을 선택지로 제시하여 오답을 선택하도록 유도하거나, 지역이나 숫자와 같은 특정 세부사항 내용을 교묘히 섞거나 바꾸어서 잘못된 문장을 등장시킴으로 이에 현혹되지 않도록 조심해야 한다.

■ 질문유형

- Which is correct according to the talk?
- Which is correct about the Nimbus 20 according to the talk?
- What should a caller do in case of emergency?
- What type of car is recommended for the middle income people?
- What are the residents asked to do according to the conversation?

3. 추론 유형 (58번~60번)

지문을 듣고 언급된 세부사항들을 바탕으로 유추할 수 있는 내용이 무엇인지 선택지에서 찾아내야 한다. 추론이란 즉, 담화에서 언급된 세부사항들을 바탕으로 하기 때문에 언급되고 있는 내용들을 정확히 파악해야 한다는 어려움이 있다. 화자가 무슨 목적으로 이 글을 말하고 있는지, 화자와 청자의 관계는 무엇인지, 선택지의 문장이 지문에서 언급된 내용에 비해 너무 비약적이지 않은지 등을 종합적으로 파악할 수 있어야 한다. 추론문제 유형 중에는 지문 후에 논리적으로 이어질 수 있는 글의 내용을 유추하는 유형도 등장하는데 이 경우, 전체의 흐름을 파악하고 마지막 2문장 정도를 집중해서 들으면 그 다음 이어질 내용을 쉽게 유추해 낼 수 있을 것이다.

■ 질문유형

- What can be inferred from the talk?
- What conclusions can be reached from the talk?
- What can be concluded from the talk?
- What is the speaker's attitude?
- What will the speaker most likely talk about next?

Type 08
대의파악 유형

Check This Out !

Choose the option that best answers the quesiton.

After meeting in Geneva the UN has agreed to phase out nine more persistent chemicals widely used in farming and industry. The nine pesticides and industrial chemicals join 12 substances targeted for elimination. The banned substances are considered extremely dangerous because they can damage reproduction, mental capacity and growth and cause cancer. The chemicals, which are worth billions and traded worldwide, accumulate in the food chain and takes years to degrade.

Q: What is the main topic of the talk?

(a) The development of new chemicals for farming and industry.
(b) The long lasting effects of chemicals on human health.
(c) Chemical agents newly added to the list of prohibited substances.
(d) The size of the chemical industry.

해설

담화의 주제는 보통 지문 초반에 등장한다. UN이 단계적으로 9개의 화학약품 사용을 금지하기로 결정했다는 것이 핵심내용이다. 두 번째 문장에서는 이 9개가 제거 목표 대상이 된 총 12개 물질에 포함되었다고 밝히고 있다. 이를 종합했을 때 본 담화의 주제는 보기 (c)이다. 보기 (b), (c)는 본문을 통해서 언급이 되어 있지만 지엽적인 세부사항일 뿐 주제가 될 수는 없다.

해석

제네바에서의 회의 이후에 UN은 농업과 산업에서 널리 사용되는 9개의 분해하기 힘든 화학약품들을 단계적으로 제거하기로 결정했습니다. 이 9개의 살충제와 산업용 화학약품들은 12개의 제거 목표로 설정된 물질에 포함되게 됩니다. 이 금지된 물질들은 번식작용, 두뇌능력과 성장 그리고 암을 유발시키기에 극도로 위험하다고 여겨집니다. 수십억 달러에 달하며 전 세계적으로 거래가 되고 있는 이 화학약품들은 먹이사슬에 쌓여서 퇴화하기까지 수년의 시간이 걸립니다.

Q: 담화의 주제는 무엇인가?
(a) 농업과 산업을 위한 새로운 화학약품의 개발
(b) 인간의 건강에 미치는 화학약품의 장기간에 걸친 영향
(c) 새롭게 금지물질 목록에 추가된 화학약품들
(d) 화학약품 산업의 규모

어휘

phase out 단계적으로 제거하다	substance 물질, 재료	reproduction 번식작용
persistent 끈덕진, 분해하기 어려운	elimination 제거	degrade 퇴화하다
chemical 화학약품	ban 금지하다	agent 약품
pesticide 살충제	extremely 극도로	

Type 09
세부사항 유형

Check This Out !

Choose the option that best answers the quesiton.

Our prehistoric Asian ancestors, now commonly known as hobbits, would not have been able to run well. An analysis of hobbit feet found on the Indonesian Island of Flores five years ago has added to the mystery of their disputed origins. The hobbits were tiny people with oversized feet. William Jungers of Stony Brook University in the US conducted a foot analysis on remains of the hobbits that lived until 18,000 years ago. He discovered that the feet were archless and much larger in proportion to modern humans.

Q: Which is correct according to the lecture?

(a) Short people are descended from hobbits.
(b) The origins of hobbits are largely unknown.
(c) Hobbits' feet were larger than their body size.
(d) Hobbits couldn't run fast because of their bare feet.

해설

아시아인들의 선사시대 선조라고 알려져 있는 호빗족의 신체와 관련한 내용을 말하고 있는 강의 내용이다. 두 번째 문장인, 'An analysis of hobbit feet~has added to the mystery of their disputed origins.'를 통해서 현재 그들의 기원이 논쟁이 되며 미스터리로 남아 있음을 파악할 수 있다. 그러므로 정답은 보기 (b)이다. 호빗족들이 키가 작았다는 언급은 있어도 키가 작은 사람들이 호빗족들의 후손이란 얘기는 언급된 바가 없고, 호빗족들의 발이 현대 사회 사람들의 발과 비교했을 때 큰 것이지, 그들의 신체 크기보다도 더 컸다고 언급하고 있지는 않다.

해석

이제 호빗족이라고 일반적으로 알려져 있는 우리의 선사시대 아시아 선조들은 잘 뛰어다니지 못했을 것이다. 인도네시아의 섬인 Flores에서 5년 전에 발견된 호빗족의 발을 분석한 한 자료는 그들의 논쟁이 되는 기원의 불가사의를 더욱 증가시켰다. 호빗족은 지나치게 큰 발을 가지고 있는 자그마한 사람들이었다. 미국 Stony Brook 대학교의 William Jungers 씨는 18,000년 전까지 살았었던 호빗족들의 유해를 가지고 발 분석을 실행하였다. 그는 호빗족들의 발이 아치형 모양으로 굽혀져 있지 않고 현대 인간의 발과 비례하여 지나치게 크다는 것을 발견했다.

Q: 강의에 의하면 옳은 것은 무엇인가?
(a) 키가 작은 사람들은 호빗족의 후손들이다.
(b) 호빗족들의 기원은 크게 알려져 있지 않다.
(c) 호빗족들의 발은 그들의 신체 크기보다도 컸다.
(d) 호빗족들은 맨발 때문에 빠르게 달릴 수 없었다.

어휘

prehistoric 선사시대의
ancestor 선조, 조상
commonly 일반적으로
analysis 분석
disputed 논쟁이 되는
oversized 지나치게 큰
in proportion to ~에 비례하여
descend 내려오다, 계통을 잇다
unknown 알려지지 않은, 미지의
bare 벌거벗은

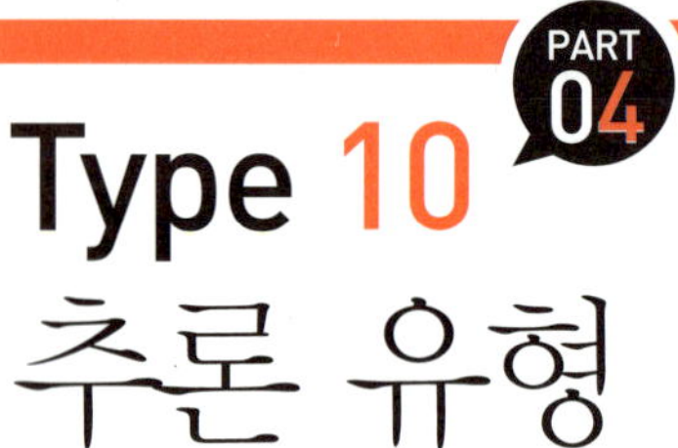

Type 10 추론 유형

Check This Out!

Choose the option that best answers the quesiton.

A baby crocodile triggered panic on an EgyptAir flight to Cairo when it took a stroll through the aircraft. Passengers screamed as the 30cm reptile sauntered down the aisle and under seats. Crew members managed to capture the crock, which was later given to Giza Zoo. All passengers were later questioned, but no one admitted to bringing the creature on board.

Q: What can be inferred from the talk?

(a) Some of the passengers have been injured in crocodile attacks.
(b) It is legally allowed for passengers to take reptiles on board.
(c) The crocodile damaged seats on the plane before it was captured by crew members.
(d) The person who secretly brought the croc on the plane hasn't been identified.

해설

추론 문제로 담화의 내용을 꼼꼼히 보기들의 진술과 확인하여 적절한 것을 정답으로 골라야 한다. 비행기 내에서 돌아다니던 악어는 약 30cm 정도의 크기의 새끼 악어로 담화 내용에 따르면 승객들이 공포에 질렸을 뿐, 승객들이 부상을 당하거나 기내의 물품이 파손되었다는 내용은 언급되고 있지 않다. 그러므로 보기 (a), (c)는 오답이다. 후에 승객들이 조사를 받고, 그 누구도 기내에 악어를 데리고 탔다고 자백하지 않았다고 했으므로 '악어를 몰래 반입한 사람은 확인되지 않았다'라는 보기 (d)가 올바른 유추 내용이라고 할 수 있다.

해석

새끼 악어가 비행기 안을 어슬렁거리면서 카이로로 향하던 이집트에어 비행기 내부에 공포를 불러일으켰습니다. 승객들은 이 30센티미터의 파충류가 복도를 따라서 그리고 좌석 아래로 거닐자 비명을 질렀습니다. 승무원들은 후에 기자 동물원에 맡겨진 이 악어를 포획하는데 성공했습니다. 모든 승객들은 후에 조사를 받았지만, 그 누구도 이 생명체를 데리고 탑승했다고 자백하지 않았습니다.

Q: 담화로부터 추론할 수 있는 것은?
(a) 승객 중 몇몇은 악어의 공격으로 부상을 입었다.
(b) 승객들이 파충류와 함께 탑승하는 것은 법적으로 허용된다.
(c) 악어는 승무원들에 의해서 포획되기 전에 비행기 안의 좌석들을 파손시켰다.
(d) 악어를 몰래 기내로 반입한 사람은 확인되지 않았다.

어휘

crocodile 악어	reptile 파충류	questiont 조사하다
panic 공포, 당황	saunter 어슬렁거리다	admit 고백하다, 자백하다
take a stroll 거닐다	capture 포획하다	

Pre-Test

30 DAYS TEPS 800+Final Sum-up

Pre-Test · 1
Pre-Test · 2
Pre-Test · 3

- Type 01 의문사 의문문 유형
- Type 02 일반 의문문 유형
- Type 03 기타 의문문 유형
- Type 04 평서문 유형
- Type 05 대의파악 유형
- Type 06 세부사항 유형
- Type 07 추론 유형
- Type 08 대의파악 유형
- Type 09 세부사항 유형
- Type 10 추론 유형

Pre-Test 1

1. (a) (b) (c) (d)

2. (a) (b) (c) (d)

3. (a) (b) (c) (d)

4. (a) (b) (c) (d)

5. (a) (b) (c) (d)

6. (a) (b) (c) (d)

7. (a) (b) (c) (d)

8. (a) (b) (c) (d)

Pre-Test 2

1. (a)	(b)	(c)	(d)
2. (a)	(b)	(c)	(d)
3. (a)	(b)	(c)	(d)
4. (a)	(b)	(c)	(d)
5. (a)	(b)	(c)	(d)
6. (a)	(b)	(c)	(d)
7. (a)	(b)	(c)	(d)
8. (a)	(b)	(c)	(d)

Pre-Test 3

1.	(a)	(b)	(c)	(d)
2.	(a)	(b)	(c)	(d)
3.	(a)	(b)	(c)	(d)
4.	(a)	(b)	(c)	(d)
5.	(a)	(b)	(c)	(d)
6.	(a)	(b)	(c)	(d)
7.	(a)	(b)	(c)	(d)
8.	(a)	(b)	(c)	(d)

Section 02

30 DAYS TEPS 800+Final Sum-up

청해 18가지 주제별(Theme) 접근법

TEPS 청해 시험은 Part별로 각각 몇 가지의 주제로 나누어서 분류해 볼 수 있다. 따라서 각 주제별로 어떤 내용의 대화문 혹은 지문이 출제가 되는지 실전 문제를 통해서 확인해 보고, 관련된 표현들을 정리해 보며, Dictation을 통한 청취 연습은 실전 시험을 대비해 학습자들이 반드시 거쳐야 하는 과정이다.

예를 들어, 각 Part에 걸쳐서 출제가 되는 주제 유형인 전화응답의 경우 관련해서 등장할 수밖에 없는 필수 표현들을 사전에 정리해 두고 연습해 둔다면 분명 실전을 대비하는 데 있어서 큰 도움이 될 것이다.

Section 2에서는 각 Part별로 등장 가능한 주제를 종류별로 나누어 매 주제별로 5문항으로 구성된 Mini-Test를 제공한다. 학습자들은 각 주제에 해당하는 여러 가지 상황을 다룬 문제들을 직접 풀어봄으로써 실전시험에 대한 적응력을 높이고, Dictation 연습을 통해 자신감을 높일 수 있을 것이다.

Part 1 · 2

Part 3

Part 4

Part 1 · 2

Theme 01
인사 · 안부 · 소개

30 DAYS TEPS 800+Final Sum-up

서로 간에 인사를 나누고 안부를 묻는 형태의 대화문은 청해 Part 1과 Part 2에서 최소 1문항씩은 반드시 출제가 되고 있다. 주제와 관련되어 나올 수 있는 여러 가지 표현들을 잘 정리해두면 크게 어렵지 않은 유형 중 하나이다.

인사와 안부 및 소개에 자주 등장하는 표현들은 굉장히 간단해 보이지만, 그 의미의 차이가 미묘해 실수를 하기 쉬우므로 조심해야 한다. 비슷한 표현의 차이를 구분하지 못하면 오답을 고를 수밖에 없게 된다.

소개의 경우 제 3자에게 누군가를 소개시켜주는 과정의 내용을 담은 대화문이 등장한다. Part 2의 경우 W-M-W 또는 M-W-M으로 이어지는 대화의 흐름과 마지막 문장을 반드시 들어 적절한 정답을 골라낼 수 있도록 하자.

반드시 기억해 두어야 할 필수 관련 표현들

1. 인사와 안부를 묻는 표현들

What's up?	별일 없지? (= What's new?)
What are you up to?	요즘 무슨 일 하면서 지내요?
How's it going?	잘 지내죠? (=How are you doing? / How are you?)

2. 인사와 안부를 묻는 질문에 대한 다양한 답변 표현들

I'm good.	전 잘 지내요.
Nothing special.	별일 없어요.
So far so good.	지금까진 괜찮아요.
Same as usual.	늘 똑같죠.

3. 오랜만에 만났을 때

Fancy meeting you here.	여기서 만나다니 반갑네요.
What a small world.	정말 세상 좁네요.
How have you been?	그동안 어떻게 지냈어요?

4. 소개

Have you met my sister?	내 여동생 만난 적 있니?
Let me introduce myself.	제 소개를 하겠습니다.

PART 1/2

Theme 01
인사·안부·소개

Mini-Test 음성파일을 듣고 다음 다섯 개 문항들을 직접 풀어보세요.

Part 1. *Choose the most appropriate response to the statement.*

1. (a) (b) (c) (d)

2. (a) (b) (c) (d)

3. (a) (b) (c) (d)

Part 2. *Choose the most appropriate response to complete the conversation.*

4. (a) (b) (c) (d)

5. (a) (b) (c) (d)

Challenge! Dictation!

바로 정답을 확인하지 마시고, 다시 한 번 문제를 듣고 빈칸을 받아 적으며 정답을 맞춰보세요.

1. W: Jason, I haven't seen you ______________________
   M: ______________________________________

   (a) Let's ________________
   (b) I'm glad to see you in person.
   (c) Yes, ________________
   (d) So far so good.

2. M: What's ______________________________________?
   W: ______________________________________

   (a) ________________
   (b) Nothing special.
   (c) I did very well.
   (d) ________________

3. W: Hello, Mr. Oliver. I'm very pleased to meet you.
   M: ______________________________________

   (a) It's a lot of fun.
   (b) Can't ________________
   (c) It was a pleasure meeting you, too.
   (d) ________________

4. M: Kelly. ______________________ my co-worker Tom?
W: No, I haven't. But I'd love to be introduced.
M: Great. Tom, this is Kelly. Kelly, this is Tom.
W: ____

(a) Let _____________________________. My name is Kelly.
(b) Hi, I've heard a lot about you.
(c) I'm glad to _______________________
(d) And you too.

5. W: Hi, I'm Jenny. Nice to meet you.
M: I'm Chris. Nice to meet you, too.
W: You _________________________, because I haven't seen you before.
M: ____

(a) Yes, __________________________
(b) It doesn't matter.
(c) Yes, it's my first week here.
(d) I don't think I __________________

Theme 01
인사 • 안부 • 소개

Answers

Part 01

1. W: Jason, I haven't seen you for a long time.
   M: ______________________________

   (a) Let's keep in touch.
   (b) I'm glad to see you in person.
   (c) Yes, it's been quite a while.
   (d) So far so good.

해설

'I haven't seen you for a long time.'은 아는 사람을 오래간만에 만났을 때 흔히 사용하는 인사표현이다. 상대의 인사표현에 같이 오랜만에 만났음을 강조해 주는 (c)가 정답이다. 그 외, 상대를 오랜만에 만났을 때 사용하는 인사표현으로는 'Long time no see.', 'I haven't seen you in years.' 등이 있다. 보기 (a)의 Let's keep in touch.는 보통 헤어질 때 연락하고 지내자는 의미로 사용하는 표현이다.

해석

W: 제이슨, 정말 오랜만이에요.
M: ______________________

(a) 계속 연락하고 지냅시다.
(b) 직접 뵙게 되어서 기쁩니다.
(c) 네, 정말 오랜만이네요.
(d) 지금까진 좋아요.

어휘

keep in touch 연락을 하고 지내다　　in person 직접, 실물로

2. M: What's new with you?
W: ______________________

(a) My car is new.
(b) Nothing special.
(c) I did very well.
(d) Same here.

해설

'What's new with you?'는 상대방의 안부를 묻는 인사표현이다. How로 물어보는 안부 인사와 달리 보통 What으로 묻는 안부 인사에 대한 답변은 'Not much' 또는 'Nothing much'로 대답하는 경우가 많다. (a)는 new를 이용한 오답이고, (c)는 안부인사에 대한 답변과는 관련이 없다. 정답은 (b)이다.

해석

M: 별일 없나요?
W: ______________

(a) 제 차는 새 차에요.
(b) 별일 없어요.
(c) 전 매우 잘했어요.
(d) 저도 마찬가지입니다.

어휘

What's new with you? 별일 없죠?

3. W: Hello, Mr. Oliver. I'm very pleased to meet you.
M: ______________________

(a) It's a lot of fun.
(b) Can't complain.
(c) It was a pleasure meeting you, too.
(d) So am I.

해설

상대방을 처음 만났을 때, 만나서 기쁘다는 인사로는 'I'm very pleased to meet you.', 'I'm happy to meet you.', 'It's nice to meet you.' 등이 있다. 이에 대한 답변으로 적절한 것은 '나도 그렇다'라는 의미의 'So am I.'인 (d)가 정답이다. (c)는 처음 만나는 사람과 이야기를 나눈 후 헤어질 때 사용하는 인사표현이다.

해석

W: 안녕하세요. 올리버 씨. 당신을 만나게 되어서 매우 기쁩니다.
M: ______________________

(a) 굉장히 재미있어요.
(b) 그럭저럭 괜찮아요.
(c) 저도 만나서 반가웠습니다.
(d) 저도 그렇습니다.

어휘

complain 불평하다　　a lot of 많은, 많이

Part 02

4. M: Kelly. Have you met my co-worker Tom?
W: No, I haven't. But I'd love to be introduced.
M: Great. Tom, this is Kelly. Kelly, this is Tom.
W: ______________________________

(a) Let me introduce myself. My name is Kelly.
(b) Hi, I've heard a lot about you.
(c) I'm glad to run into you here.
(d) And you too.

해설

남자가 여자에게 자신의 직장동료를 소개하고 있는 내용의 대화이다. 대화문의 마지막 문장에서 남자가 여자와 직장동료인 Tom을 서로 소개하고 있으므로 이에 대한 응답으로 가장 적절한 것은 상대방 얘기를 많이 들었다고 하는 (b)가 정답이다. (c)는 이미 서로 안면이 있는 사람끼리 우연히 길에서 마주쳤을 때 쓸 수 있는 인사말이다.

해석

M: 켈리. 너 내 직장동료 탐 만난 적 있니?
W: 아니, 없어. 하지만 소개 받고 싶어.
M: 잘 됐네. 탐, 얘가 켈리야. 켈리, 얘가 탐이야.
W: ______________________________

(a) 제 소개를 할게요. 제 이름은 켈리에요.
(b) 안녕하세요. 얘기 많이 들었어요.
(c) 여기서 뜻밖에 마주쳐서 기뻐요.
(d) 저도 그래요.

어휘

co-worker 동료　　introduce 소개하다　　run into 우연히 마주치다

5. W: Hi, I'm Jenny. Nice to meet you.
M: I'm Chris. Nice to meet you, too.
W: You must be new here, because I haven't seen you before.
M: ________________________________

(a) Yes, long time no see.
(b) It doesn't matter.
(c) Yes, it's my first week here.
(d) I don't think I had the pleasure.

해설

서로를 통성명하고 있는 내용의 대화문이다. 먼저 남자에게 말을 건 여자가 남자를 전에 본 적이 없다며, 이곳에 새로 온 것 같다고 말하고 있다. 이에 적절한 응답은 (c)다. 보기 (d)는 상대방이 우리 서로 만난 적이 있냐고 물을 때 '그런 적 없다'는 즉, '처음 뵙겠습니다'라는 의미로 사용되는 표현이다.

해석

W: 안녕, 전 제니라고 해요. 만나서 반가워요.
M: 전 크리스예요. 저도 만나서 반가워요.
W: 여기 새로 오셨나 봐요. 왜냐면 전에 뵌 적이 없어요.
M: ________________

(a) 네, 정말 오랜만이네요.
(b) 상관없어요.
(c) 네, 여기 온 지 첫 번째 주네요.
(d) 처음 뵙겠습니다.

어휘

must be ~임에 틀림없다
It doesn't matter. 상관없다.
pleasure 기쁨
Long time no see. 오랜만입니다.

Part 1 · 2

Theme 02
감사 • 칭찬 • 사과

30 DAYS TEPS 800 + Final Sum-up

감사, 칭찬 및 사과와 관련된 상황은 우리의 일상생활에서 중요한 요소로 TEPS의 Part 1과 Part 2에서 역시 매 시험 1문제 이상이 반드시 출제가 되고 있다.

네이티브들은 우리나라 사람들과는 달리 칭찬에 인색하지 않고, 또 칭찬을 들었을 때 부끄러워하기보다는 당당하게 감사하다고 말하는 언어 습관이 있다는 것을 기억하자.

상대방이 나에게 감사 또는 칭찬의 표현을 던지거나 또는 사과의 말을 했을 때, 어떤 식의 답변들이 가능한지 모두 정리해 두도록 하자.

반드시 기억해 두어야 할 필수 관련 표현들

1. 감사의 표현들

Thank you for inviting me.	초대해 주셔서 감사합니다.
That's very thoughtful of you.	정말 사려가 깊으세요.
I can't thank you enough for your help.	도와주셔서 대단히 감사합니다.
You're welcome. / It's my pleasure.	천만에요.
No problem. / No big deal.	괜찮습니다. 별거 아닙니다.

2. 칭찬과 관련한 표현들

You have a nice car.	좋은 차를 가지고 계시군요.
I like your tie.	넥타이가 멋지군요.
That was a great speech.	훌륭한 연설이었어요.
You did a great job.	아주 잘하셨습니다.
I'm flattered. / You're flattering me.	과찬이십니다.
That's very nice of you to say so.	그렇게 말해주셔서 감사합니다.

3. 사과와 관련한 표현들

Sorry for being late.	늦어서 죄송합니다.
I'm sorry, I didn't mean it.	죄송해요. 그러려고 한 건 아니었어요.
I didn't mean to hurt you.	당신을 상처주려고 했던 것 아닙니다.
I owe you an apology.	당신께 사과드립니다.
That's all right. / That's okay.	괜찮습니다.

PART 1/2

Theme 02
감사·칭찬·사과

Mini-Test 음성파일을 듣고 다음 다섯 개 문항들을 직접 풀어보세요.

Part 1. *Choose the most appropriate response to the statement.*

1. (a) (b) (c) (d)

2. (a) (b) (c) (d)

3. (a) (b) (c) (d)

Part 2. *Choose the most appropriate response to complete the conversation.*

4. (a) (b) (c) (d)

5. (a) (b) (c) (d)

Challenge! Dictation!

바로 정답을 확인하지 마시고, 다시 한 번 문제를 듣고 빈칸을 받아 적으며 정답을 맞춰보세요.

1. M: I'm really sorry ______________________
   W: ______________________

   (a) ______________________
   (b) You're ______________________
   (c) Please try to ______________________
   (d) I'm sorry about that.

2. W: Thank you ______________________
   M: ______________________

   (a) Think ______________________
   (b) I hope you like it.
   (c) ______________________
   (d) ______________________

3. M: ______________________. I'm impressed.
   W: ______________________

   (a) Yes, I ______________________
   (b) ______________________
   (c) Thanks. ______________________
   (d) Yes, it's very ______________________

4. M: Have you ____?
W: I'm sorry, but report are you talking about?
M: The one I ____
M: ____

(a) Aren't you ______________________?
(b) ______________________________
(c) I'm sorry, it ______________________
(d) I forgot to ______________________

5. W: You look different today. __________________________?
M: Yes, I did. ____?
W: You look great. I really like your new haircut.
M: ____

(a) ______________________________
(b) I'm sure you'll like it.
(c) Yes, I ________________________
(d) Thanks. ________________________

Theme 02
감사 • 칭찬 • 사과

Answers

Part 01

1. M: I'm really sorry I'm late.
W: ________________________________

(a) Thank you for the ride.
(b) You're welcome.
(c) Please try to be more punctual next time.
(d) I'm sorry about that.

해설

남자가 지각한 것에 대해서 사과하고 있다. 다음부터는 시간을 엄수하라는 (c)가 정답이다. (b)의 'You're welcome.'은 상대방이 무언가에 대해 고맙다고 할 때, '천만에요'라는 의미로 쓸 수 있는 답변이고, 본 대화문과 같이 상대방이 미안하다고 했을 때 '괜찮다'라는 의미로는 'It's okay.', 'That's no problem.' 등으로 답변해야 한다.

해석

M: 늦어서 정말 죄송합니다.
W: ________________________

(a) 태워다줘서 고마워.
(b) 천만에요.
(c) 다음부터는 시간을 엄수하도록 노력하세요.
(d) 그거 유감이군요.

어휘

late 늦은, 지각한
punctual 시간을 잘 지키는
Thank you for the ride. 태워다줘서 고마워.

2. W: Thank you for giving me a ride.
M: ______________________________

(a) Think nothing of it.
(b) I hope you like it.
(c) That's so kind of you.
(d) I appreciate it.

해설

상대방이 차를 태워다줘서 고맙다고 말할 때 적절한 답변을 찾아야 한다. 보통 이런 상황에서는 '별말씀을요'라고 응대하는 것이 일반적이다. 그러므로 정답은 (a)이다. 그 외, 상대방이 감사하다고 할 경우, '별말씀을요'란 의미로 사용하는 영어표현으로는 'You're welcome.', 'Don't mention it.', 'My pleasure.', 'No problem.' 등이 있다.

해석

W: 차로 태워다주셔서 감사합니다.
M: ______________________

(a) 별말씀을요.
(b) 네가 그걸 좋아했으면 좋겠어.
(c) 정말 친절하시군요.
(d) 감사드립니다.

어휘

I appreciate it. 감사합니다.
Thank you for ~ing ~해주셔서 감사합니다
Think nothing of it. 별말씀을요. 천만에요.

3. M: You did a great job. I'm impressed.
W: ______________________________

(a) Yes, I love my job.
(b) Don't worry about it.
(c) Thanks. I'm flattered.
(d) Yes, it's very impressing.

해설

감명을 받았다며 칭찬하는 상대방에 적절한 응대는 고맙다고 말하는 (c)가 정답이다. 'I'm flattered.'는 높은 수준의 칭찬을 받았을 때 자주 사용되는 표현이니 잘 기억해 두도록 하자. 'You're flattering me.'라고도 말할 수 있다. (a)는 job을 이용한 오답이다. (d)는 impressed의 현재분사형인 impressing을 사용한 오답이다.

해석

M: 정말 잘하셨어요. 감명 깊었습니다.
W: ______________________

(a) 네, 전 제 일을 사랑해요.
(b) 걱정하지 마세요.
(c) 고마워요. 과찬의 말씀입니다.
(d) 네, 매우 감동적이네요.

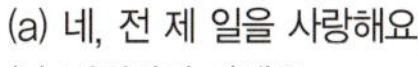

어휘

do a good job 잘 해내다, 수고하다
I'm flattered. 과찬의 말씀입니다.
impressing 감명 깊은
impressed 감명 받은

Part 02

4. M: Have you submitted the report yet?
W: I'm sorry, but report are you talking about?
M: The one I asked you to finish yesterday.
W: ___________________________________

(a) Aren't you forgetting anything?
(b) There is tons of work here.
(c) I'm sorry, it totally slipped my mind.
(d) I forgot to clock in yesterday.

해설

남자는 여자에게 어제 끝내라고 한 보고서 제출 여부를 묻고 있다. 죄송하다며 완전히 잊어버렸다는 (c)가 정답이다. 보고서 제출 여부를 묻고 있는데, 밑도 끝도 없이 일이 많다고 말하는 (b)는 정답이 될 수 없다. (a)와 (d) 대화문과 관련성이 있는 동사인 forget을 활용한 오답들이다.

해석

M: 아직 보고서 제출 안했나요?
W: 죄송합니다. 무슨 보고서 말씀하시는 거죠?
M: 내가 어제 끝내라고 했던 거 있잖아요.
W: ____________________

(a) 뭐 잊고 있는 거 없나요?
(b) 여기 일이 정말 많네요.
(c) 죄송합니다. 완전히 잊어버리고 있었어요.
(d) 어제 출근등록하는 걸 잊어버렸어요.

어휘

submit 제출하다
slip one's mind 잊어버리다
clock in 출근등록하다
forget 잊다

5. W: You look different today. Did you get a haircut?
M: Yes, I did. How do I look?
W: You look great. I really like your new haircut.
M: ______________________________

(a) My pleasure.
(b) I'm sure you'll like it.
(c) Yes, I had my haircut short.
(d) Thanks. I knew you would say that.

해설

여자는 남자의 머리스타일이 맘에 든다는 칭찬 멘트를 던지고 있다. 칭찬을 들었을 때 가장 적절한 응대는 고맙다고 말하는 것이다. 정답은 고맙다며 그렇게 말할 줄 알고 있었다고 자신 있게 말하는 보기 (d)이다. (a)는 상대방이 감사하다고 말했을 때 적절한 응답표현이며, (c)는 'Did you get a haircut?' 이라고 물었을 때 대답으로 적절한 표현이다.

해석

W: 너 오늘 달라 보인다. 머리 잘랐니?
M: 응 잘랐어. 나 어때 보여?
W: 멋있어. 너 새로 자른 머리가 난 아주 마음에 들어.
M: ______________

(a) 천만에요.
(b) 너는 틀림없이 좋아할 거야.
(c) 응, 머리를 짧게 잘랐어.
(d) 고마워. 네가 그렇게 말해줄 줄 알고 있었어.

어휘

look different 다르게 보이다　get a haircut 머리를 자르다, 이발하다　My pleasure. 천만에요.

Part 1 · 2

Theme 03
약속 · 계획

30 DAYS TEPS 800+Final Sum-up

약속과 관련한 주제 유형의 경우 대개 선택지 이전의 문장이 의문문으로 출제가 되는 경우가 많다. 그러므로 질문의 의문사와 그 뒤 이어지는 단어들을 정확히 듣고 묻고 있는 내용이 무엇인지 파악해 놓아야 한다.

물론, 의문문을 사용하지 않고 평서문의 형태로 상대방에게 약속과 관련한 의향을 물어 볼 수도 있다. 'I was wondering if ~' 처럼 무언가를 할 건지 혹은 하지 않을 건지 여부와 약속의 구체적인 시간과 장소 등을 묻는 질문들이 등장한다.

계획 역시 약속과 마찬가지로 언제(when), 무엇을(what), 어디서(where) 등을 이용한 의문사 질문 등이 자주 등장하니, 잘 듣고 적절한 선택지의 답변을 고를 수 있도록 한다.

반드시 기억해 두어야 할 필수 관련 표현들

1. 약속의 표현들

How about a picnic this Sunday?	이번 주 일요일 소풍 어때?
When would you like to meet?	몇 시에 만날까?
How does six sound?	6시 어때요?
I'd like to book an appointment.	예약을 하고 싶습니다.
Let me check my schedule first.	먼저 제 일정 좀 확인할게요.
We can squeeze you in this afternoon.	오늘 오후 일정에 끼워 넣어 드릴게요.
What time is convenient for you?	몇 시가 편하세요?

2. 계획의 표현들

Let's get together sometime.	가끔 서로 만나자.
What's the plan for this weekend?	이번 주말 계획이 뭐니?
Do you have something in mind?	생각해 놓으신 게 있나요?
Let's try out a new Italian restaurant.	새로운 이태리 식당으로 가보자고요.
How about going for a drink?	한 잔 하러 갈까요?

PART 1/2

Theme 03
약속 · 계획

Mini-Test 음성파일을 듣고 다음 다섯 개 문항들을 직접 풀어보세요.

Part 1. *Choose the most appropriate response to the statement.*

1. (a) (b) (c) (d)

2. (a) (b) (c) (d)

3. (a) (b) (c) (d)

Part 2. *Choose the most appropriate response to complete the conversation.*

4. (a) (b) (c) (d)

5. (a) (b) (c) (d)

Challenge! Dictation!

바로 정답을 확인하지 마시고, 다시 한 번 문제를 듣고 빈칸을 받아 적으며 정답을 맞춰보세요.

1. M: Mr. James. Can we ______________________?
   M: ______________________

   (a) ______________________
   (b) Keep me ______________________
   (c) I'll see ______________________
   (d) ______________________

2. M: How about having dinner together? ______________________
   W: ______________________

   (a) You don't need to shout at me.
   (b) ______________________
   (c) I'm sorry I ______________________
   (d) I love ______________________

3. W: John is planing to ______________________
   M: ______________________

   (a) ______________________
   (b) He is not ______________________
   (c) I will ______________________
   (d) Can I ask why?

4. M: Jack and I ________________________. Would you like to come?
W: Yes, I'd love to. Can I ____________________________________?
M: Sure. ____
W: ____

(a) Okay. I'll ________________________________
(b) I'll come with you.
(c) Great. ___________________________________
(d) Yes, ____________________________________

5. W: James. ________________________________
M: I'm going to _____________________________
W: That sounds like fun. _____________________
M: ____

(a) Okay. I'll ________________________________
(b) I wish I could, but I have t________________
(c) ____
(d) Sure, find me later.

Theme 03
약속 • 계획

Answers

Part 01

1. W: Mr. James. Can we postpone the meeting for a couple of days?
   M: ______________________________

   (a) It won't be for long.
   (b) Keep me posted.
   (c) I'll see if I can reschedule it.
   (d) Tomorrow is fine with me.

해설

회의를 며칠간 연기할 수 있는지 여부를 묻고 있다. 정답은 일정을 변경할 수 있는지 알아보겠다고 답한 보기 (c)이다. (a)의 경우 'How long does it take ~?'와 같은 질문유형에 적합한 답변이고, 보기 (d)의 경우 회의가 연기되길 바라는 기간이 'for a couple of days'라고 했는데, '내일은 괜찮다'라고 답하는 것은 질문의 의도와 어울리지 않으므로 정답이 될 수 없다.

해석

W: 제임스 씨. 이틀 정도 회의를 연기해도 될까요?
M: ______________________

(a) 오래 걸리지 않을 겁니다.
(b) 계속 알려주세요.
(c) 재조정할 수 있는지 알아볼게요.
(d) 전 내일 괜찮아요.

어휘

postpone 연기하다, 미루다　　Keep me posted. 계속 알려주세요.　　reschedule 일정을 변경하다

2. M: How about having dinner together? It's my shout.
W: ______________________________

(a) You don't need to shout at me.
(b) Can I take a raincheck?
(c) I'm sorry I couldn't make it.
(d) I love going to dinner parties.

해설

함께 저녁을 먹자고 제안하며 자신이 쏘겠다고 말하고 있다. 정답은 '다음으로 미룰 수 있나요?' 라고 대답하는 (b)이다. (a)는 shout을 활용한 오답이고, (c)는 이미 잡았던 약속 장소에 나타나지 못했을 때, 후에 사과할 때 쓸 수 있는 표현이다. (d)의 경우, 같이 저녁을 먹자는 것이 저녁식사 파티에 가자는 것은 아니므로 정답이 될 수 있다.

해석

M: 저녁 같이 먹는 게 어때요? 제가 대접할게요.
W: ______________________________

(a) 저한테 소리 지를 필요 없어요.
(b) 다음으로 미루면 안 될까요?
(c) 가지 못해서 죄송합니다.
(d) 전 저녁식사 파티에 가는 것 좋아해요.

어휘

How about ~ ing? ~하는 게 어때요?
It's my shout. 내가 쏜다.
shout (at) ~에게 소리 지르다
take a raincheck 다음으로 미루다
make it (~에) 오다, 도착하다, (~을) 해내다

3. W: John is planing to save money to buy a new car.
M: ______________________________

(a) When did he buy a car?
(b) He is not interested in money.
(c) I will cross my fingers for him.
(d) Can I ask why?

해설

여자는 존이라는 제 3자가 차를 사기 위해 돈을 모으려 한다는 계획을 남자에게 말해주었다. 이에 적절한 응답은 그가 성공적으로 돈을 모을 수 있도록 행운을 빌어줘야겠다는 뜻인 보기 (c)가 적절하다. 이미 돈을 모으는 목적으로 자동차 구입을 얘기했는데, (d)와 같이 질문하는 것은 논리상 적절치 않다.

해석

W: 존은 새 차를 사기 위해 돈을 모으려고 계획중이에요.
M: ______________________________

(a) 그가 차를 언제 산거죠?
(b) 그는 돈에 관심이 없어요.
(c) 그를 위해 행운을 빌어줘야겠네요.
(d) 왜 그런지 물어도 될까요?

어휘

plan to ~을 하려고 계획하다
be interested in ~에 관심이 있다
cross one's fingers 행운을 빌어주다

Part 02

4. M: Jack and I are throwing a party this Sunday. Would you like to come?
W: Yes, I'd love to. Can I bring my friends along?
M: Sure. The more the better.
W: ______________________

(a) Okay. I'll think about it.
(b) I'll come with you.
(c) Great. What time should we be there?
(d) Yes, you're a better person than I am.

해설

파티에 친구들을 데려가도 되냐는 여자의 질문에 남자는 허락의 의미로 'The more the better.'라고 대답하고 있다. 이에 적절한 응답은 잘됐다며 도착해야 되는 시간을 물어보는 보기 (c)이다. (a)는 친구를 데려가도 되냐는 여자의 질문에 대한 남자의 대답으로 적절한 응답표현이고, (d)는 better를 이용한 오답이다.

해석

M: 잭하고 나는 이번 주 일요일에 파티를 열려고 해요. 당신도 올래요?
W: 네, 그럼요. 제 친구들을 데리고 가도 될까요?
M: 물론이죠. 사람은 많을수록 더 좋아요.
W: ______________________

(a) 알았어요. 생각해 볼게요.
(b) 나도 같이 갈게요.
(c) 잘됐네요. 몇 시에 가면 되나요?
(d) 네, 당신이 저보다 더 나은 사람이에요.

어휘

throw a party 파티를 열다
bring someone along ~를 데리고 가다
The more the better. 많을수록 좋다. 다다익선이다.

5. W: James. Where are you heading to?
M: I'm going to the gym to play ping pong.
W: That sounds like fun. Can I tag along?
M: ______________________________

(a) Okay. I'll pick you up at 7.
(b) I wish I could, but I have to finish this report.
(c) I don't see why not.
(d) Sure, find me later.

해설

체육관에 간다는 남자의 말에 대한 여자의 질문인 'Can I tag along?'이 문제해결의 열쇠다. tag along은 '따라가다'란 뜻으로 이에 대한 남자의 적절한 응답은 그래도 된다고 허락하는 보기 (c)이다. 이미 체육관으로 향하는 남자에게 같이 가자고 한 것인데 알았다며 나중에 데리러 가겠다는 (a)나 물론이라고 말하며 나중에 자신을 찾으라는 보기 (d)는 정답이 될 수 없다.

해석

W: 제임스. 어디로 가는 길인가요?
M: 탁구 치러 체육관에 가는 길이에요.
W: 재미있겠는데요. 나도 따라가도 되나요?
M: ______________________

(a) 알았어요. 내가 7시에 데리러 갈게요.
(b) 저도 그럴 수 있으면 좋겠지만, 이 보고서를 끝내야 해서요.
(c) 안될 것도 없죠.
(d) 물론이죠. 나중에 날 찾아요.

어휘

head to ~로 향하다	play ping pong 탁구 치다	pick someone up ~를 데리러 가다
gym 체육관	tag along 따라가다	

Part 1 · 2

Theme 04
부탁 • 요청 • 승낙 • 거절

30 DAYS TEPS 800+Final Sum-up

'부탁' 혹은 '요청'과 관련한 유형은 다음과 같은 몇 가지 정형화된 패턴들을 통해서 이루어진다.
(1) Can I ~?
(2) Could you ~?
(3) I am wondering if ~?
(4) Would you ~?

상대방이 '부탁' 혹은 '요청'을 할 경우, 그에 대한 대답은 '승낙'을 하거나 혹은 '거절'을 하는 내용이 등장한다. 승낙과 관련해서는 'Of course.', 'Sure.', 'Go ahead.' 등의 표현이 대표적으로 사용된다. 거절의 응답은 대부분 'No' 혹은 'Sorry'로 시작하는 경우가 많다.

부탁, 요청에 대한 대답으로는 직접적으로 승낙, 거절을 하는 것 이외에 '다른 사람에게 물어 보겠다'와 같은 회피형 대답 또한 등장하므로 놓치지 않도록 조심한다.

반드시 기억해 두어야 할 필수 관련 표현들

1. 부탁 • 요청

Could you do me a favor?	부탁 하나 들어줄래요?
I'm wondering if you could give me a hand.	절 좀 도와주실 수 있을까요.
Can I use your computer?	당신 컴퓨터를 사용해도 될까요?
Would you pass me the salt, please?	소금 좀 건네주시겠어요?
Do you have time to come by again?	다시 들르실 시간이 있으신가요?

2. 승낙 • 거절

Of course. Here you are.	물론이죠. 여기 있어요.
Be my guest.	그렇게 하세요.
Feel free to ask me any questions.	어떤 질문이라도 마음껏 물어보세요.
Sure, go ahead.	물론이죠. 그러세요.
Sorry, but I don't think I can do it.	미안하지만 제가 할 수 있을 것 같진 않아요.
No worries. I'm glad to be of help.	걱정 마세요. 도움이 될 수 있어서 기쁩니다.

PART 01/2

Theme 04
부탁 · 요청 · 승낙 · 거절

Mini-Test 음성파일을 듣고 다음 다섯 개 문항들을 직접 풀어보세요.

Part 1. *Choose the most appropriate response to the statement.*

1. (a) (b) (c) (d)

2. (a) (b) (c) (d)

3. (a) (b) (c) (d)

Part 2. *Choose the most appropriate response to complete the conversation.*

4. (a) (b) (c) (d)

5. (a) (b) (c) (d)

Challenge! Dictation!

바로 정답을 확인하지 마시고, 다시 한 번 문제를 듣고 빈칸을 받아 적으며 정답을 맞춰보세요.

1. W: ______________________________
   M: ______________________________

   (a) The pleasure is all mine.
   (b) I don't ______________________
   (c) Yes, ______________________
   (d) I think ______________________

2. M: Can I ______________________?
   Mine is not working.
   W: ______________________________

   (a) No worries. I'll ______________________
   (b) Don't you ______________________
   (c) ____________, but the battery is a bit low.
   (d) ______________________________

3. W: Do you think ______________________
   M: ______________________________

   (a) I'll ______________________
   (b) ______________________________
   (c) Yes, I think ______________________
   (d) You can ______________________

4. M: Amy. Do you ______________________________
W: Certainly. ______________________________
M: I was wondering if you could ____________________
W: ______________________________________

(a) How ______________________________________
(b) I can't believe you ____________________________
(c) I'm ______________________________________
(d) Stop ______________________________________

5. M: ________________________ for the 2 o'clock show.
W: There aren't any tickets left for the 2 o'clock show.
But we have ____________________________, which starts in two hours.
M: Then, can I get 3 tickets for the next show, please?
W: ______________________________________

(a) It will show at 3.
(b) ________________________. I'm glad to be of help.
(c) I'm sorry, but ______________________________
(d) Sure. ______________________________________

Theme 04
부탁 • 요청 • 승낙 • 거절

Answers

Part 01

1. W: Do you mind if I sit here?
M: ______________________________

(a) The pleasure is all mine.
(b) I don't mind sitting here.
(c) Yes, please take a seat.
(d) I think this seat is taken.

해설

'Do you mind ~ ?'로 상대방에게 허락을 구하는 질문의 경우, 승낙을 할 때는 'No'로 대답하고 그렇지 않을 때는 'Yes'라고 대답해야 한다는 것을 잊지 말자. (c)가 정답이 되기 위해서는 'Yes' 대신에 'No'가 되어야 한다. 정답은 직접적으로 말하지 않고 이미 다른 사람의 자리인 것 같다고 말하는 (d)이다.

해석

W: 제가 여기 앉아도 괜찮을까요?
M: ______________________________

(a) 천만에요.
(b) 전 여기 앉아도 괜찮습니다.
(c) 안됩니다. 앉으세요.
(d) 이 자리 이미 주인이 있는 것 같은데요.

어휘

mind 꺼리다　　The pleasure is all mine. 천만입니다.　　take a seat 자리에 앉다

2. M: Can I use your laptop for a second? Mine is not working.
W: ______________________________

(a) No worries. I'll work on it slowly.
(b) Don't you have yours?
(c) Sure, but the battery is a bit low.
(d) I'll have it looked at by an expert.

해설

자신의 것이 작동이 안 된다며 상대방에게 컴퓨터를 쓸 수 있는지 여부를 물어보고 있다. 정답은 배터리는 낮지만 쓰라고 허락을 하고 있는 보기 (c)가 정답이다. 질문의 핵심은 여자의 컴퓨터를 쓸 수 있냐 없느냐의 여부이므로 (a)와 (d)는 모두 정답이 될 수 없다. 이미 남자는 자신의 것은 고장이 났다고 말했으므로 (b) 역시 오답이다.

해석

M: 잠깐만 당신의 랩탑 컴퓨터 써도 될까요? 제 것이 작동을 하지 않네요.
W: ______________________

(a) 걱정 마세요. 제가 천천히 해결해 가겠습니다.
(b) 당신은 본인 컴퓨터가 없나요?
(c) 물론이죠. 하지만 배터리가 조금밖에 없습니다.
(d) 전문가에게 맡기도록 하겠습니다.

어휘

laptop 랩탑 컴퓨터
work 작동하다
No worries. 걱정 마세요. 문제없어요.
work on 일을 계속하다, 풀어나가다
expert 전문가

3. W: Do you think you can fix this problem?
M: ______________________________

(a) I'll fix you a sandwich.
(b) You can count on me.
(c) Yes, I think I know you.
(d) You can thank me later.

해설

상대방에게 문제를 해결할 수 있는지 여부를 묻고 있다. 정답은 해결할 수 있으니 자신을 믿으라고 말하는 보기 (b)이다. 보기 (a)는 동사 fix의 다른 의미를 활용한 오답이다.

해석

W: 이 문제를 해결할 수 있을 거라고 생각해요?
M: ______________________

(a) 내가 샌드위치 싸줄게.
(b) 절 믿으셔도 됩니다.
(c) 네, 저 당신을 아는 것 같아요.
(d) 나중에 고마워 하셔도 됩니다.

어휘

fix 고치다
count on ~를 믿다, ~에게 의지하다
fix someone a sandwich ~에게 샌드위치를 싸주다

Part 02

4. M: Amy. Do you have a minute?
W: Certainly. What's going on?
M: I was wondering if you could give me some advice on writing a contract.
W: ______________________________

(a) How did the contract go?
(b) I can't believe you dragged me into this.
(c) I'm afraid I can't.
(d) Stop wandering around.

해설

남자가 여자에게 계약서를 작성하는 데 있어서 조언을 줄 수 있을지 여부를 묻고 있다. 정답은 '유감이지만 그럴 수 없다'고 거절한 보기 (c)이다. 계약서의 작성단계일 뿐인데 계약이 어떻게 되었는지 묻고 있는 (a)와 동사 wonder의 유사발음인 wander를 활용한 보기 (d)는 모두 오답이다.

해석

M: 에이미. 시간 있어요?
W: 물론이죠. 무슨 일이죠?
M: 저 계약서를 작성하는데 있어서 제게 조언을 좀 해주실 수 있을지 궁금해서요.
W: ______________________

(a) 계약이 어떻게 되었나요?
(b) 네가 날 이 일에 끌어들였다니 믿을 수가 없군.
(c) 유감이지만 그럴 수 없어요.
(d) 그만 좀 떠돌아다녀요.

어휘

have a minute 시간이 있다
What's going on? 무슨 일이죠?
advice 조언, 충고
contract 계약
wander 방황하다, 떠돌아다니다
drag someone into A ~를 A로 끌어들이다

5. M: I'd like to buy tickets for the 2 o'clock show.
W: There aren't any tickets left for the 2 o'clock show. But we have some tickets left for the next show, which starts in two hours.
M: Then, can I get 3 tickets for the next show, please?
W: ______________________________

(a) It will show at 3.
(b) Don't mention it. I'm glad to be of help.
(c) I'm sorry, but tickets are not available.
(d) Sure. Here they are.

해설

남자는 2시 쇼 티켓을 요청했지만, 표가 없고 다음 쇼에 대한 티켓이 남아있다고 하자 다음 쇼 티켓을 달라고 요청하고 있다. 여자의 응답으로 적절한 것은 표를 건네주는 보기 (d)이다. (b)는 상대방이 감사의 마음을 표현했을 때 가능한 응답 표현이고, (c)의 경우 해당 시간의 표가 남아 있다고 했는데, 티켓이 없다고 하는 것은 흐름상 적절치 못하다.

해석

M: 2시 쇼 티켓을 구입하고 싶습니다.
W: 2시 쇼 티켓이 남아있지가 않습니다. 하지만 2시간 지나서 시작하는 다음 쇼 티켓은 조금 남아있네요.
M: 그러면 다음 쇼로 세 장 주시겠습니까?
W: ______________________

(a) 그것은 3시에 방영할 겁니다.
(b) 별말씀을요. 도와 드릴 수 있어서 기쁩니다.
(c) 죄송합니다만, 표가 없습니다.
(d) 물론이죠. 여기 있습니다.

어휘

Don't mention it. 별말씀을요.　available 이용 가능한, 사용 가능한　Here you are. 여기 있습니다.

Part 1 · 2

Theme 05
격려 • 위로 • 불만 • 유감

30 DAYS TEPS 800+Final Sum-up

음성에서 'worried' 혹은 'nervous'와 같은 표현 등을 이용해 무언가를 걱정하는 내용이 나오면 대부분 이에 대한 적절한 응답으로 '격려'나 '위로'의 표현이 등장한다.

상대방이 한 말에 대해서 '격려', '위로' 또는 '유감'을 나타내는 경우 사용되는 문장들은 일상회화에서 전형적으로 자주 사용되는 표현들이 등장하니 이들을 사전에 숙지해 두도록 한다.

음식이 맛이 없다던가, 같이 일하는 동료의 태도에 짜증이 난다던가와 같은 '불만'을 표시하는 내용이 등장한다면, 상대방의 의견에 동의를 하거나 혹은 이에 대한 해결방안을 짧게 제시하는 문장들이 정답 선택지로 등장하는 경우가 많다.

반드시 기억해 두어야 할 필수 관련 표현들

1. 격려 • 위로 • 유감

Cheer up!	기운 내!
Look on the bright side.	긍정적으로 생각해.
I'm sure you can make it.	네가 해낼 수 있을 거라고 믿어.
It's not the end of the world.	세상이 끝난 것은 아니잖아.
What a pity!	그것 참 유감이군요.
I'm sorry to hear that.	유감입니다.
There is nothing to worry about.	걱정할 것 없어요.
Tough it out.	참고 버티세요.

2. 불만

I can't put up with him anymore.	더 이상 그를 봐줄 수가 없어요.
I can't tolerate his bad manner.	그의 나쁜 매너를 참을 수가 없어요.
This music stinks.	이 음악 형편없다.
There's nothing I can do about it.	그것에 대해 내가 할 수 있는 게 아무것도 없어.
I'm tired of your complaints.	네 불평에 진절머리가 나.
Excuse me. This is not what I ordered.	저기요. 이거 제가 주문한 게 아닌데요.
I can't believe you just said that.	네가 그 말을 했다니 믿을 수가 없다.

PART 1/2

Theme 05
격려 · 위로 · 불만 · 유감

Mini-Test

음성파일을 듣고 다음 다섯 개 문항들을 직접 풀어보세요.

Part 1. *Choose the most appropriate response to the statement.*

1. (a) (b) (c) (d)

2. (a) (b) (c) (d)

3. (a) (b) (c) (d)

Part 2. *Choose the most appropriate response to complete the conversation.*

4. (a) (b) (c) (d)

5. (a) (b) (c) (d)

Challenge! Dictation!

바로 정답을 확인하지 마시고, 다시 한 번 문제를 듣고 빈칸을 받아 적으며 정답을 맞춰보세요.

1. W: I feel horrible. I ______________________ to John.
   M: ______________________

   (a) John ______________________
   (b) No, John didn't say that.
   (c) ______________________
   (d) ______________________

2. W: Excuse me. This ______________________
   M: ______________________

   (a) No worries. I will ______________________
   (b) Can I ______________________
   (c) Are you ______________________
   (d) I'm terribly sorry. ______________________

3. W: I failed ______________________
   M: ______________________

   (a) I will ______________________
   (b) It happened some time ago.
   (c) When ______________________
   (d) ______________________

4. M: Did something happen? Why is everyone crying?
W: We ______________________________ in San Deigo.
And he told us that my grandfather ________________
M: Oh, you must feel devastated. __________________
W: ____

(a) It's okay. I ________________________________
(b) ____
(c) Don't worry. I didn't _________________________
(d) I appreciate ________________________________

5. W: I'm afraid this class is _______________________
M: I understand. But you'll ________________________
W: I don't know. I think I've lost ___________________
M: ____

(a) I know. ____________________________________
(b) You ______________________________ if you want to.
(c) Cheer up. I'm sure you _________________________
(d) Do not _____________________________________

Theme 05
격려 · 위로 · 불만 · 유감

Answers

Part 01

1. W: I feel horrible. I shouldn't have said that to John.
   M: ______________________________

   (a) John is a great guy.
   (b) No, John didn't say that.
   (c) Beats me.
   (d) Don't blame yourself.

해설

여자는 존에게 하지 말았어야 하는 말을 했다는 것을 후회하고 있다. 이에 적절한 응답은 자신을 책망하지 말라고 위로해 주는 보기 (d)이다.

해석

W: 기분이 너무 좋지 않아. 그 말을 존에게 하지 말았어야 했는데.
M: ______________________________

(a) 존은 좋은 녀석이야.
(b) 아니, 존은 그 말 하지 않았어.
(c) 나도 모르겠어.
(d) 자신을 책망하지는 마.

어휘

should not have + pp ~하지 말았어야 했다
guy 남자, 녀석
Beats me. 나도 모르겠다.
blame 비난하다, 책망하다

2. W: Excuse me. This dish is cold.
M: ______________________________

(a) No worries. I will bring you a coat.
(b) Can I take your order?
(c) Are you being served?
(d) I'm terribly sorry. I will get you another one.

해설

여자가 자신의 음식이 차갑다고 말하기 위해서 상대방을 부를 때 격식을 차리는 'Excuse me.'라고 한 것으로 보아 식당에서 음식 관련 불만을 제기하는 것임을 알 수 있다. 정답은 다른 것으로 가져다주겠다고 말한 보기 (d)이다. (a)는 cold에서 '추위'를 떠올리도록 해 만들어진 보기다.

해석

W: 저기요. 음식이 차갑네요.
M: ______________________

(a) 걱정 마세요. 제가 코트를 가져다 드릴게요.
(b) 주문을 받아도 될까요?
(c) 주문하셨나요?
(d) 정말 죄송합니다. 다른 걸로 가져다 드릴게요.

어휘

dish 음식　　No worries. 걱정하지 마. 괜찮아요.　　order 주문

3. W: I failed the written test for my driver's license.
M: ______________________________

(a) I will teach you how to drive.
(b) It happened some time ago.
(c) When did you get the driver's license?
(d) I'm sure you'll do better next time.

해설

여자는 운전면허증 필기시험에 떨어졌다고 말하고 있다. 이에 대한 적절한 응답은 다음번에는 더 잘 할 수 있을 거라고 격려해 주는 보기 (d)이다. 필기시험에 떨어졌는데, 운전하는 방법을 가르쳐 준다는 것은 적절치 못하고, (c) 역시 운전면허증을 취득하지도 못한 사람에게 언제 땄냐고 물어보는 것은 말이 안 된다.

해석

W: 나 운전면허 필기시험 떨어졌어.
M: ______________________

(a) 내가 운전하는 방법을 가르쳐 줄게.
(b) 그 일은 얼마 전에 일어났어요.
(c) 넌 언제 운전면허증을 받은 거니?
(d) 너 다음번에는 잘 할 수 있을 거라고 확신해.

어휘

fail 실패하다　　driver's license 운전면허증

Part 02

4. M: Did something happen? Why is everyone crying?
W: We Just got a call from my uncle in San Deigo. And he told us that my grandfather passed away this morning.
M: Oh, you must feel devastated. I'm really sorry for your loss.
W: ______________________________

(a) It's okay. I can make it up to him.
(b) That's sweet of you to say.
(c) Don't worry. I didn't lose much.
(d) I appreciate your condolence.

해설

할아버지가 돌아가셨단 소식을 전하는 여자에게 남자는 위로의 말을 건네고 있다. 정답은 그 위로에 감사를 표하는 (d)이다. (b)는 상대방이 'You look beautiful.'과 같이 자신을 칭찬했을 때, 그에 대한 고마움의 표시로 사용하는 응답이므로 지금과 같은 상황에서는 적절치 않다.

해석

M: 무슨 일이 있나요? 왜 모든 사람들이 울고 있죠?
W: 방금 샌디에이고에 계시는 삼촌에게서 전화를 받았는데, 오늘 아침에 할아버지께서 돌아가셨다고 말씀하셨어요.
M: 아, 상심이 크시겠군요. 심심한 위로를 표합니다.
W: ______________________

(a) 괜찮아요. 내가 그에게 보상해 줄 수 있어.
(b) 그렇게 말해주다니 정말 친절하구나.
(c) 걱정 마요. 저 많이 잃지 않았어요.
(d) 위로 감사합니다.

어휘

pass away 사망하다
make it up to ~에게 보상하다
devastated 상심한, 좌절한
condolence 위로, 위안
I'm sorry for your loss. (누군가의 죽음을 위로할 때 쓰는 표현) 상심이 크시겠어요.

5. W: I'm afraid this class is too difficult for me.
M: I understand. But you'll get better with time.
W: I don't know. I think I've lost confidence in myself.
M: ______________________________

(a) I know. It's very confidential.
(b) You can take a higher level class if you want to.
(c) Cheer up. I'm sure you can pull it off.
(d) Do not lose your sanity.

해설

여자는 수업이 어렵다고 걱정하며 자신감을 잃은 것 같다고 얘기하고 있다. 이에 적절한 응답은 여자를 격려해 주는 표현일 것이다. 정답은 힘내라고 말해주며 해낼 수 있을 거라 격려해주는 보기 (c)이다. (a)는 confidence와 발음이 비슷한 confidential을 이용한 오답이고, 수업이 어렵다는데 더 높은 수업을 들으라고 하는 것은 일관성이 없으므로 (b) 역시 오답이다. 여자가 화가 나서 이성을 잃을 것 같다는 것이 아니라 자신감을 잃은 것이기에 (d) 역시 정답이 될 수 없다.

해석

W: 유감스럽지만 이 수업은 제게 너무 어려운 것 같아요.
M: 이해해요. 하지만 시간이 지나면 괜찮아질 거예요.
W: 잘 모르겠어요. 전 자신감을 잃어버린 것 같아요.
M: ______________________

(a) 알아요. 그건 매우 기밀사항이죠.
(b) 원하면 더 높은 수준의 수업을 들어도 되요.
(c) 기운 내요. 전 당신이 해낼 수 있을 거라고 확신해요.
(d) 이성을 잃지는 마요.

어휘

confidence 자신감
confidential 기밀사항(의)
Cheer up! 기운 내. 힘 내.
pull something off ~을 해내다
sanity 이성

Part 1 · 2

Theme 06
의견교환 · 동의 · 반대 · 선호

30 DAYS TEPS 800 + Final Sum-up

서로간의 '의견교환'을 통해서 이에 대한 동의, 반대 혹은 선호를 이야기하는 내용이 출제 된다.

'의견교환'과 관련해서는 다음과 같은 몇 가지 정형화된 질문 패턴들이 등장한다.
(1) What do you think of ~?
(2) Do you have any opinion on ~?
(3) Don't (Do) you think ~?
(4) Are you saying ~?

상대방의 말에 '동의'를 하는 경우에는, 'You can say that again.', 'You are telling me.', 'Exactly!', 'I think so, too.'와 같은 몇 가지 정형화된 대답표현들이 등장하기도 한다.

반드시 기억해 두어야 할 필수 관련 표현들

1. 의견교환

What do you think of my new hairstyle? 내 새 머리스타일 어때?
Do you have any opinion on this? 이것에 대해 의견이 있으신가요?
Don't you think I can become a professional soccer player?
내가 프로 축구선수가 될 수 있을 거라 생각하지 않는 거니?
Are you saying that my brother is handsome?
지금 우리 오빠가 잘 생겼다고 말하는 거야?

2. 동의 · 반대

You said it! 동감이야.
I couldn't agree with you more. 나도 같은 생각이야.
That's what I thought. 나도 그렇게 생각했어.
That's right! 맞아!
That sounds like a great idea! 좋은 생각 같아요!
No, I didn't mean that. 아뇨. 그런 말이 아니었어요.
I don't think you're right. 네 말에 동의 못해.

3. 선호

I like reading books. 난 책 읽는 것을 좋아해요.
I prefer being alone. 나 혼자 있는 게 더 좋아요.

PART 01/2

Theme 06
의견교환 · 동의 · 반대 · 선호

Mini-Test 음성파일을 듣고 다음 다섯 개 문항들을 직접 풀어보세요.

Part 1. *Choose the most appropriate response to the statement.*

1. (a) (b) (c) (d)

2. (a) (b) (c) (d)

3. (a) (b) (c) (d)

Part 2. *Choose the most appropriate response to complete the conversation..*

4. (a) (b) (c) (d)

5. (a) (b) (c) (d)

Challenge! Dictation!

바로 정답을 확인하지 마시고, 다시 한 번 문제를 듣고 빈칸을 받아 적으며 정답을 맞춰보세요.

1. M: Are you saying that ______________________________
W: ______________________________________

(a) No, you're ______________________________
(b) Yes, she's ______________________________
(c) No, that's not ______________________________
(d) Yes, you did.

2. M: ______________________________________
W: ______________________________________

(a) ______________________________, his idea is wrong.
(b) ______________________________________
(c) He is ______________________________
(d) That's just ______________________________

3. W: I think ______________________________, don't you think?
M: ______________________________________

(a) Yes, I think he loves learning English, too.
(b) I need more time before __________________________
(c) I don't ______________________________
(d) ______________________________________

4. M: The traffic is getting worse and worse.
W: Right. It seems like more and more people ____________ __________________
M: I think government should impose higher tax on gasoline. Then, people may ____________________________________ instead of driving.
W: ____

(a) I'll __________________________
(b) They ________________________
(c) Okay. Let's hit the road.
(d) I think _______________________

5. W: Tom, you ____________________________________
M: To be honest, I don't ___________________________
W: I'm sorry, then _______________________________
M: ____

(a) Actually, I ___________________________________
(b) I think you're _________________________________
(c) Yes, I really enjoyed your food.
(d) Thanks. For your information, ____________________

Theme 06
의견교환 · 동의 · 반대 · 선호

Answers

Part 01

1. M: Are you saying that I'm not good enough for her?
   W: ________________________________

   (a) No, you're not supposed to go there.
   (b) Yes, she's way out of your league.
   (c) No, that's not what she told me.
   (d) Yes, you did.

해설

'Are you saying ~?'은 '~라고 말하는 건가요?'란 질문으로 이미 상대방이 한 말에 대해서 그 진위 여부를 물어보는 질문형태이다. '내가 그녀에게 충분하지 않다는 건가요?'란 질문에 가장 적절한 답변은 보기 (b)이다. 상대방이 한 말에 대해서 그 진위 여부를 묻는 것이므로 (c), (d)는 정답이 될 수 없다.

해석

M: 제가 그녀에게 충분치 못한 사람이라고 말씀하시는 건가요?
W: ________________________________
(a) 아뇨, 당신은 그곳에 가면 안 돼요.
(b) 네, 그녀는 당신보다 훨씬 잘난 사람이에요.
(c) 아뇨, 그녀가 제게 말한 건 그게 아니에요.
(d) 네, 당신은 그랬어요.

어휘

good enough for ~에게 충분히 좋은　be supposed to ~하기로 되어 있다　way out of one's league ~의 수준을 벗어나는, ~보다 훨씬 잘난

2. M: What do you think of our new boss?
W: ______________________________

(a) In my opinion, his idea is wrong.
(b) Grumpy and obnoxious.
(c) He is a father of four children.
(d) That's just what I'm thinking.

해설

'What do you think of + 사람?' 형태의 질문은 그 사람의 성격들과 관련해 어떻게 생각하는지 물어보는 질문 형태이지 그 사람에 대한 개인 정보나 특정 사실의 진위 여부를 물어보는 질문 형태가 아니다. 그러므로 정답은 (b)이다.

해석

M: 새로 오신 상사에 대해서 어떻게 생각해요?
W: ______________________________

(a) 제 의견으로는 그의 생각은 틀린 것 같아요.
(b) 투덜거리고 불쾌한 사람이죠.
(c) 그는 네 아이의 아버지에요.
(d) 그건 그냥 제가 생각하는 겁니다.

어휘

What do you think of ~? ~을 어떻게 생각해요?
opinion 의견
grumpy 투덜거리는
obnoxious 불쾌한, 기분 나쁜

3. W: I think John is not into learning English, don't you think?
M: ______________________________

(a) Yes, I think he loves learning English, too.
(b) I need more time before I make a decision.
(c) I don't think he is learning English.
(d) Can't argue with that.

해설

'be into'라는 숙어표현을 알고 있어야 한다. 여자는 존이 영어를 배우는 것을 좋아하지 않는다고 생각하고 있고, 남자 역시 이에 동의한다는 (d)가 정답이 된다. 여자의 질문은 남자가 결정을 내리기 위해 더 많은 시간을 필요로 하는 성질의 것이 아니므로 (b)는 정답이 될 수 없다.

해석

W: 전 존이 영어 배우는 것을 좋아하지 않는다고 생각해요. 그렇게 생각하지 않아요?
M: ______________________________

(a) 네, 저도 그가 영어 배우는 것을 아주 좋아한다고 생각해요.
(b) 결정을 내리기 전에 좀 더 많은 시간이 필요해요.
(c) 전 그가 영어를 공부하고 있다고 생각하지 않아요.
(d) 그런 것 같아요.

어휘

be into ~을 좋아하다
make a decision 결정을 내리다
Can't argue with that. 동감합니다. 왈가불가할 필요가 없군요.

Part 02

4. M: The traffic is getting worse and worse.
W: Right. It seems like more and more people are driving to work.
M: I think government should impose higher tax on gasoline. Then, people may start using public transportation more often instead of driving.
W:_______________________________________

(a) I'll support your policy.
(b) They should have listened to you.
(c) Okay. Let's hit the road.
(d) I think you have a point there.

해설

남자의 의견은 정부가 기름에 세금을 더 많이 부과하면 사람들이 대중교통을 더 자주 이용할지도 모른다는 내용이다. 정답은 동의를 표시하는 보기 (d)이다. 한 개인의 의견이므로 (a)는 정답으로 적절치 못하다.

해석

M: 교통상황이 점점 더 심각해져 가네요.
W: 그러네요. 점점 더 많은 사람들이 자가용으로 출근하는 것처럼 보여요.
M: 전 정부가 기름에 더 높은 세금을 부과해야 한다고 생각해요.
그러면 사람들이 운전을 하는 대신에 더 자주 대중교통을 사용하기 시작할지도 모르잖아요.
W: ___________________________

(a) 당신의 정책을 지지하겠습니다.
(b) 그들은 당신 말을 들었어야 했어요.
(c) 알겠어요. 출발합시다.
(d) 당신 말에 일리가 있는 것 같네요.

어휘

drive to work 운전해서 출근하다	government 정부	public transportation 대중교통
get worse and worse 점점 더 악화되다	impose 부과하다	policy 정책
	tax 세금	Let's hit the road. 출발합시다.

5. W: Tom, you don't seem to be enjoying your food.
M: To be honest, I don't like Indian food at all.
W: I'm sorry, then I'll cook something else for you.
M: ______________________________

(a) Actually, I prefer green tea.
(b) I think you're a good cook.
(c) Yes, I really enjoyed your food.
(d) Thanks. For your information, I like chinese dishes.

해설

여자가 해 준 인도 음식을 좋아하지 않는다고 남자는 말하고 있다. 다른 요리를 해주겠다는 여자의 말에 적절한 응대는, 다소 뻔뻔스러울 수도 있지만 보기 (d)이다. 음식 이야기를 하는데 음료의 종류를 언급하는 (a)는 어울리지 않고 (b), (c) 역시 대화문의 상황과 반대되는 내용의 응답이다.

해석

W: 탐, 음식을 맛있게 드시는 것 같지 않아 보여요.
M: 솔직히 말씀드려서, 전 인도 음식을 전혀 좋아하지 않습니다.
W: 죄송해요, 다른 걸로 요리해드릴게요.
M: ______________________

(a) 사실, 전 녹차가 더 좋습니다.
(b) 전 당신이 훌륭한 요리사라고 생각해요.
(c) 네. 정말로 음식 맛있게 먹었습니다.
(d) 고맙습니다. 참고로 전 중국음식을 좋아합니다.

어휘

seem ~처럼 보이다
prefer ~을 선호하다
for your information 참고로 말하자면
to be honest 솔직히

Part 1 · 2

Theme 07
쇼핑 · 길 안내

30 DAYS TEPS 800+Final Sum-up

가게나 백화점에서의 쇼핑과 관련한 내용이 등장하는 경우에는 주로 가격흥정, 교환, 환불 등의 상황이 주로 출제가 된다.

쇼핑과 관련해서 일상생활에서 자주 사용되는 정형화된 표현들이 자주 등장하므로 사전에 정리해두면 청해 시 많은 도움이 된다.

길 안내와 관련한 질문은 다음 몇 가지 정형화된 패턴들로 질문이 이루어는 경우가 많으니 미리 숙지해 두도록 하자.
(1) Could you tell me how I can get to ~?
(2) Where is ~?
(3) How can I get ~?
(4) Is this the way to ~?

반드시 기억해 두어야 할 필수 관련 표현들

1. 쇼핑

Where is the fitting room?	탈의실이 어디 있나요?
What's your price range?	원하시는 가격대가 어떻게 되세요?
Do you have this in different colors?	이거 다른 색상으로도 있나요?
I'd like to return this shirt that I bought.	제가 샀던 이 셔츠를 반품하고 싶어요.
Can I try this on?	이거 입어 봐도 되나요?
I'd like to have a refund on this item.	이 제품 환불받고 싶습니다.
Does this come in red?	이거 빨간 색상으로도 나오나요?
Will that be all?	이게 다 인가요?

2. 길 안내

You can't miss it.	금방 찾으실 거예요.
You can go there by subway.	전철타고 가시면 돼요.
You should turn right.	오른쪽으로 도세요.

Can you give me directions to the nearest post office?
가장 가까운 우체국으로 가는 길 좀 설명해 주실래요?
Excuse me, how can I get to the city library?
실례합니다. 시 도서관으로 어떻게 갈 수 있나요?
You just walk straight up Lake Street for two blocks.
레이크 가에서 두 블록 정도 쭉 걸어가시면 돼요.

PART 1/2

Theme 07
쇼핑 · 길 안내

Mini-Test 음성파일을 듣고 다음 다섯 개 문항들을 직접 풀어보세요.

Part 1. *Choose the most appropriate response to the statement.*

1. (a) (b) (c) (d)

2. (a) (b) (c) (d)

Part 2. *Choose the most appropriate response to complete the conversation.*

3. (a) (b) (c) (d)

4. (a) (b) (c) (d)

5. (a) (b) (c) (d)

Challenge! Dictation!

바로 정답을 확인하지 마시고, 다시 한 번 문제를 듣고 빈칸을 받아 적으며 정답을 맞춰보세요.

1. M: Do you ______
   W: ______

   (a) It ______
   (b) I think blue ______
   (c) Yes, but ______
   (d) Try a smaller size.

2. W: Excuse me. Is this ______
   M: ______

   (a) Sorry, but ______
   (b) Yes, ______
   (c) No, it ______
   (d) You can ______

3. W: The total ______
   M: Can I ______
   W: Of course. But if you pay by cash, we'll ______
   M: ______

   (a) I think ______
   (b) Then, I'll ______
   (c) I think I can afford it.
   (d) It's okay. I will ______

4. M: Excuse me. I'm ______________________
W: It's on the second floor. You can ______________________
M: Do you know ______________________
W: ______________________

(a) Sure. You can take ______________________
(b) It ______________________
(c) You can ______________________
(d) I guess it's ______________________

5. W: Could you tell me how ______________________
M: Sure. You ______________________ and get off at the next stop.
W: Do you think ______________________
M: ______________________

(a) What ______________________
(b) It's ______________________
(c) I think it will ______________________
(d) If I were you, ______________________

Theme 07
쇼핑 · 길 안내

Answers

Part 01

1. M: Do you have this hat in different colors?
W: ______________________________

(a) It perfectly fits you.
(b) I think blue goes better with you.
(c) Yes, but they're all out of stock now.
(d) Try a smaller size.

해설

원하는 모자가 다른 색상으로 있는지 여부를 묻고 있다. 정답은 있지만 현재 재고가 없다고 대답한 보기 (c)이다. 보기 (b)는 상대가 'Which color suits me better?'와 같이 질문했을 때 적절한 답변이고, 나머지 보기들은 색상에 관한 질문과는 전혀 상관없는 답변들이다.

해석

M: 이 모자 다른 색상으로도 있나요?
W: ______________________

(a) 딱 손님에게 맞으세요.
(b) 파랑색이 더 잘 어울리는 것 같아요.
(c) 네, 하지만 지금은 재고가 없습니다.
(d) 작은 사이즈로 입어보세요.

어휘

fit 맞다, 알맞다 go better 더 잘 어울리다 out of stock 재고가 없는

2. W: Excuse me. Is this the right way to the National Museum?
M: ______________________________

(a) Sorry, but I'm a stranger here myself.
(b) Yes, it opens at 9:30.
(c) No, it won't take more than an hour.
(d) You can either take a bus or the subway.

해설

박물관으로 가고 있는 길이 맞는지 여부를 묻고 있는 질문이다. 맞는다고 하거나 틀리다면 길을 안내해주는 답변을 예상해 볼 수 있지만, 여기서는 자신도 알지 못한다는 것을 간접적으로 둘러서 말한 (a)가 정답이다. 보기 (d)의 경우, 'How can I get to the museum?'과 같은 질문에 적절한 응답이다.

해석

W: 실례합니다. 이 길이 국립 박물관으로 가는 길이 맞나요?
M: ______________________

(a) 미안합니다. 저도 이곳이 처음이네요.
(b) 네, 9시 30분에 문을 엽니다.
(c) 아뇨, 1시간 이상 걸리지 않을 겁니다.
(d) 버스를 타시거나 전철을 타시면 됩니다.

어휘

stranger 이방인, 외지인 take a bus 버스를 타다 subway 전철

Part 02

3. W: The total comes to 525 dollars.
   M: Can I pay by credit cards?
   W: Of course. But if you pay by cash, we'll give you 10 percent off the total price.
   M: ______________________________

   (a) I think that's a rip off.
   (b) Then, I'll give you 20 percent off.
   (c) I think I can afford it.
   (d) It's okay. I will just charge it to my Visa card.

해설

물건을 계산할 때, 결제 수단과 관련해 대화를 나누는 내용이다. 남자가 카드로 계산 가능여부를 묻자 여자는 가능하지만, 현금으로 계산해 주면 물건 값을 할인해 주겠다고 제안하고 있다. 정답은 괜찮다며 그냥 신용카드로 계산하겠다고 하는 보기 (d)이다. (b)는 점원인 여자가 할 수 있는 말이고, 할인을 해주겠다고 했는데 바가지라고 하는 것은 적절치 못한 응답이다.

해석

W: 전부해서 525달러입니다.
M: 신용카드로 계산해도 될까요?
W: 물론이죠. 하지만 손님께서 현금으로 계산하시면, 전체 금액의 10퍼센트를 할인해 드리겠습니다.
M: ______________________

(a) 그거 바가지인 것 같은데요.
(b) 그러면 20%를 할인해 드릴게요.
(c) 그것을 구입할 수 있을 것 같습니다.
(d) 괜찮습니다. 제 비자카드로 계산하겠습니다.

어휘

come to (금액이) ~가 되다　　pay by cash 현금으로 계산하다　　rip off 바가지

4. M: Excuse me. I'm looking for the men's clothing section.
W: It's on the second floor. You can take either the escalator or elevator.
M: Do you know by any chance where the elevator is?
W: ______________________________

(a) Sure. You can take the stairs if you want to walk.
(b) It should be at the end of this aisle.
(c) You can purchase it on the third floor.
(d) I guess it's on sale now.

해설

남자는 여자에게 엘리베이터가 어디 있는지 알고 있냐고 묻고 있다. 엘리베이터의 위치를 알려주거나 혹은 모른다는 회피형 답변이 나올 것을 예상해 볼 수 있다. 정답은 복도 끝이란 구체적인 위치를 알려주는 (b)가 된다. 나머지는 엘리베이터의 위치와는 관련이 없으므로 정답이 될 수 없다.

해석

M: 실례합니다. 남성복 코너를 찾고 있습니다.
W: 2층에 있습니다. 에스컬레이터나 엘리베이터를 타시면 됩니다.
M: 혹시 엘리베이터가 어디에 있는지 아시나요?
W: ______________________________

(a) 물론이죠. 걷고 싶으시면 계단을 이용하실 수 있으세요.
(b) 복도 맨 끝에 있을 겁니다.
(c) 3층에서 사실 수 있습니다.
(d) 지금 세일하는 것 같아요.

어휘

look for ~을 찾다	by any chance 혹시	purchase 구입하다
men's clothing 남성복	aisle 복도	on sale 할인중인

5. W: Could you tell me how I can get to the City Shopping mall?
M: Sure. You need to take a bus from here and get off at the next stop.
W: Do you think I can get there on foot?
M: ______________________________

(a) What size are you?
(b) It's none of your business.
(c) I think it will get you there in 20 minutes.
(d) If I were you, I'd just take a bus.

해설

시티 쇼핑몰까지 가는 방법을 물어본 여자에게 남자는 버스를 타고 갈 것을 권하지만 여자는 걸어서 갈 수 있을지를 다시 묻고 있다. 이에 적절한 대답은 그냥 버스를 타는 게 좋을 거라고 간접적으로 말하는 보기 (d)이다. (a)는 foot을 통해서 오해하도록 만든 오답이고, (c)는 버스가 데려다 주는 시간을 얘기하고 있으므로 여자의 질문에 대한 적절한 답변이 되지 못한다.

해석

W: 시티 쇼핑몰로 어떻게 갈 수 있는지 알려주실래요?
M: 물론이죠. 여기서 버스를 타시고 다음 정류장에서 내리시면 됩니다.
W: 걸어서 갈수 있을까요?
M: ______________________

(a) 사이즈가 어떻게 되세요?
(b) 당신이 상관할 바 아닙니다.
(c) 버스로 20분이면 도착할 겁니다.
(d) 제가 당신이라면, 그냥 버스를 탈 겁니다.

어휘

get off 내리다
stop 정류소
It's none of your business. 당신이 상관할 바 아닙니다.

Part 1 · 2

Theme 08
건강 · 식당

30 DAYS TEPS 800+Final Sum-up

Part 1/2에서 식당을 주제로 한 대화문은 보통 음식주문, 좌석배정, 음식 값 계산 등과 관련한 내용이 주로 출제된다. 식당에서 자주 쓰이는 일상회화들을 사전에 숙지해 두는 것이 문제 풀이에 큰 도움이 된다.

Part 1에서의 건강과 관련한 내용은 주로 어디가 아프다거나 혹은 아파 보인다는 말에 대한 답변을 고르는 형태가 등장한다.

병원 의사선생님과의 진료 예약이 있다거나 혹은 약국에서 약을 타는데 있어서 간단히 사용할 수 있는 표현들이 출제되기도 한다.

반드시 기억해 두어야 할 필수 관련 표현들

1. 건강

Are you coming down with a cold?	너 감기 걸렸니?
I'm not feeling well today.	오늘 몸이 좋지가 않아요.
What's the problem?	어디가 아프신가요?
Are you allergic to any medicine?	알레르기가 있는 약이 있으신가요?
I have a toothache.	치통이 있네요.
Take this pill.	이 약 드세요.
I have an appointment with Dr. Johnson.	존슨 선생님과 진료 예약이 되어 있습니다.

2. 식당

Are you being served?	주문하셨나요?
Are you ready to order?	주문하실 준비가 되셨나요?
How many are there in your party?	일행이 몇 명이나 되시죠?
I lost my appetite.	식욕을 잃었어요.
What would you like this morning?	오늘 아침은 뭘 드시겠습니까?
Could we have a few more minutes?	좀 이따 오시겠어요?
Bring me the check, please.	계산서 가져다주세요.
Please put it on my bill.	제 계산서에 올려주세요.

PART 01/2

Theme 08
건강·식당

Mini-Test 음성파일을 듣고 다음 다섯 개 문항들을 직접 풀어보세요.

Part 1. *Choose the most appropriate response to the statement.*

1. (a) (b) (c) (d)

2. (a) (b) (c) (d)

Part 2. *Choose the most appropriate response to complete the conversation.*

3. (a) (b) (c) (d)

4. (a) (b) (c) (d)

5. (a) (b) (c) (d)

Challenge! Dictation!

바로 정답을 확인하지 마시고, 다시 한 번 문제를 듣고 빈칸을 받아 적으며 정답을 맞춰보세요.

1. W: ____, sir?
   M: ____

   (a) Make that two.
   (b) I ______________________________
   (c) I think ________________________
   (d) ________________________________

2. W: How long ____
   M: ____

   (a) It took ________________________
   (b) I think I'd ____________________
   (c) ________________________________
   (d) It will not take that long.

3. M: Are the test results out now?
   W: Yes, and it shows that ____________________________
   M: ____, then?
   W: ____

   (a) I'm here to ____________________
   (b) It doesn't _____________________
   (c) ________________________________
   (d) You should _____________________

4. W: Where do you ____
M: Well, I don't feel like having lunch today.
I think ____
W: But skipping lunch is ________________________________
M: ____

(a) Maybe I ____________________________
(b) Thanks. ____________________________
(c) Now you're talking!
(d) Then, I'll ____________________________

5. M: Oh, my. I __________________________________. I'm stuffed.
W: ________________________. I really don't think I can eat more.
M: What should ____
W: ____

(a) Don't worry. I'll ______________________
(b) We can ____________________________
(c) Everything is ________________________
(d) ____________________________________

Theme 08
건강 • 식당

Answers

Part 01

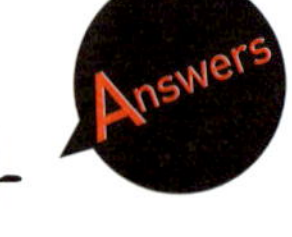

1. W: How would you like your eggs, sir?
M: ______________________________

(a) Make that two.
(b) I like them very much.
(c) I think it's too scrambled.
(d) Sunny-side up, please.

해설

식당에서 계란을 어떻게 요리해서 가져오기를 원하는지 물어보고 있다. 정답은 (d)이다. 보기 (a)는 보통 같이 온 일행이 무언가를 주문했을 때, 자신도 똑같은 것을 달라는 말을 할 때 쓸 수 있는 표현이다. (c)는 계란요리의 한 종류인 scrambled egg의 scramble을 이용한 오답이다.

해석

W: 계란은 어떻게 해 드릴까요?
M: ______________________________

(a) 같은 걸로 주세요.
(b) 전 그들을 매우 많이 좋아해요.
(c) 너무 뒤죽박죽 된 것 같아요.
(d) 노른자는 놔두고 한쪽만 프라이 해주세요.

어휘

scramble 뒤섞다, 뒤범벅을 만들다
sunny-side up 노른자는 놔두고 한쪽만 프라이한 계란

2. W: How long have you had this symptom?
M: ______________________________

(a) It took less than a week.
(b) I think I'd better go see a doctor.
(c) As long as I can remember.
(d) It will not take that long.

해설

병원에서 의사가 환자에게 물어볼 수 있는 질문 유형으로 얼마나 오랫동안 병의 증상이 있어왔는지 묻고 있다. 이에 대한 적절한 응답은 자신이 기억하는 한은 계속 그래왔다는 의미를 가진 보기 (c)가 정답이다.

해석

W: 얼마나 오랫동안 증상이 지속되셨나요?
M: ______________________________

(a) 일주일보다 적게 걸렸어요.
(b) 병원에 가봐야 할 것 같아요.
(c) 굉장히 오랫동안요.
(d) 그렇게 오래 걸리지 않을 겁니다.

어휘

symptom 증상
had better ~하는 편이 낫다
As long as I can remember. 아주 오랫동안

Part 02

3. M: Are the test results out now?
W: Yes, and it shows that your glucose level is a little high.
M: What should I do, then?
W: ______________________________

(a) I'm here to take my blood pressure.
(b) It doesn't look good at all.
(c) Work out more and eat less sweets.
(d) You should cram for the test.

해설

병원에서의 검진결과가 혈당이 높다고 나오자 어떻게 해야 하는지 남자가 묻고 있다. 정답은 운동을 많이 하고 단 것을 적게 먹으라고 해결책을 제시해준 보기 (c)이다. 보기 (d)는 맨 처음에 언급된 test를 활용한 오답 보기이다.

해석

M: 검진 결과가 이제 나왔나요?
W: 네. 혈당 수치가 약간 높게 나왔네요.
M: 그러면 어떻게 해야 하나요?
W: ______________

(a) 혈압을 재러 왔습니다.
(b) 전혀 좋아 보이지 않는군요.
(c) 운동을 열심히 하시고 단 것을 적게 드세요.
(d) 벼락치기로 공부해야 합니다.

어휘

glucose level 혈당 수치
blood pressure 혈압
work out 운동하다
sweet 단 것
cram 벼락치기 공부를 하다

4. W: Where do you want to go for lunch?
M: Well, I don't feel like having lunch today. I think I'll just skip it.
W: But skipping lunch is not good for your health.
M: ________________________________

(a) Maybe I should get it checked.
(b) Thanks. Your advice really worked.
(c) Now you're talking!
(d) Then, I'll just have something light.

해설

점심을 거르겠다는 남자의 말에 여자는 점심을 거르는 것은 건강상 좋지 않다고 충고하고 있다. 이에 적절한 대답은 그렇다면 가볍게 먹겠다고 말한 보기 (d)이다. 보기 (b)는 상대방의 조언을 듣고 그것을 실천 후 효과를 봤을 때 사용하기에 적절하다.

해석

W: 점심 먹으러 어디로 가고 싶으세요?
M: 음, 오늘은 점심을 먹고 싶지가 않네요. 그냥 거를까 봐요.
W: 하지만 점심을 거르는 것은 건강에 좋지 않아요.
M: ________________________

(a) 아마도 확인해봐야 할 것 같아요.
(b) 고마워요. 조언해 주신 내용이 통했어요.
(c) 이제야 말이 통하는 군요!
(d) 그러면 그냥 가볍게 먹을게요.

어휘

feel like ~ing ~하고 싶다
skip 건너뛰다, 거르다
work 통하다, 먹히다
Now you're talking! 이제야 말이 통하는군요.

5. M: Oh, my. I really ate like a horse. I'm stuffed.
W: So am I. I really don't think I can eat more.
M: What should we do with the leftovers?
W: ______________________________

(a) Don't worry. I'll pick up the tab.
(b) We can doggy back them for later.
(c) Everything is still up in the air.
(d) Please help yourself.

해설

음식을 배가 터지도록 먹은 후에 남은 음식들을 어떻게 처리할 건지를 묻고 있다. 식당에서 음식을 싸갈 때 사용하는 어휘인 doggy back을 알고 있다면 쉽게 정답을 찾아낼 수 있다. 나중을 위해서 음식을 포장할 수 있음을 언급하는 (b)가 정답이다.

해석

M: 아, 이런. 나 정말로 엄청 먹었어. 배가 꽉 찼어.
W: 나도 그래. 정말 더 이상은 먹지 못할 것 같다.
M: 남은 음식은 어떻게 하지?
W: ______________________

(a) 걱정 마. 내가 계산할게.
(b) 나중을 위해서 포장해가자.
(c) 아무것도 정해진 게 없습니다.
(d) 마음껏 드세요.

어휘

eat like a horse 엄청 먹다
be stuffed 배가 꽉 차다
leftover 남은 음식
pick up the tab 계산하다
doggy back (남은 음식을) 포장해 가다
up in the air 미결의
Please help yourself. 마음껏 드세요.

Part 1 • 2

Theme 09
학교 • 직장

30 DAYS TEPS 800+Final Sum-up

Part 1/2에서 등장하는 학교생활과 관련한 내용은 주로 시험에 대한 반응, 강좌 수강신청, 출석참여도, 강의에 대한 평가와 관련한 내용들이 등장한다.

학교생활과 관련된 대화문들은 다른 주제들과 마찬가지로 필수적으로 사용되는 빈출 어휘와 표현들이 있으니 시험 전 반드시 미리 정리해 두는 노력이 필요하다.

Part 1/2에 등장하는 직장과 관련한 내용은 구직활동, 보고서 제출, 회의참석 및 진행 여부, 승진, 휴가신청 등과 관련한 대화문이 등장한다.

반드시 기억해 두어야 할 필수 관련 표현들

1. 학교

Why were you late for class?	너 수업에 왜 늦은 거니?
The class was way over my head.	그 수업은 너무 어려웠어.
What is your major?	전공이 어떻게 되세요?
How many classes are you taking this semester?	이번 학기 몇 과목이나 들으세요?
I've missed a few classes.	수업을 몇 번 빼먹었어요.
What's you policy on late papers?	늦게 낸 리포트는 어떻게 처리하시나요?

2. 직장

Are you currently employed?	현재 직장이 있으신가요?
I'll do my best.	최선을 다할게요.
How did the meeting go?	회의가 어땠나요?
I think I have to work overtime.	초과근무를 해야 할 것만 같아요.
What is on the agenda for this meeting?	이 회의의 안건이 뭐죠?
Can you tell me about the position?	그 일에 대해서 얘기 좀 해주시겠어요?

PART 1/2

Theme 09
학교 · 직장

Mini-Test 음성파일을 듣고 다음 다섯 개 문항들을 직접 풀어보세요.

Part 1. *Choose the most appropriate response to the statement.*

1. (a) (b) (c) (d)

2. (a) (b) (c) (d)

3. (a) (b) (c) (d)

Part 2. *Choose the most appropriate response to complete the conversation.*

4. (a) (b) (c) (d)

5. (a) (b) (c) (d)

Challenge! Dictation!

바로 정답을 확인하지 마시고, 다시 한 번 문제를 듣고 빈칸을 받아 적으며 정답을 맞춰보세요.

1. M: Can I ______________________________
   W: ______________________________

   (a) You ______________________
   (b) Yes, ______________________
   (c) You can ______________________ over there.
   (d) Shoot. ______________________

2. M: Is your husband ______________________________
   W: ______________________________

   (a) Yes, he is trying to ______________________
   (b) I am working ______________________
   (c) No, he got ______________________
   (d) Let me think about it.

3. W: Professor Johnson. What's ______________________________
   M: ______________________________

   (a) You have to ______________________
   (b) It is difficult to ______________________
   (c) I simply ______________________
   (d) I can't believe ______________________

4. M: ______________________________ today?
W: I had International Commerce Law.
M: ______________________________
W: ______________________________

(a) It ______________________, I guess.
(b) ______________________
(c) It will be ______________________
(d) It was ______________________

5. M: My brother ______________________________
W: That's great. I myself got a new job last week.
M: Why didn't you tell me? ______________________
W: ______________________________

(a) I'm not ______________________
(b) Yeah, I am ______________________
(c) Sure. ______________________
(d) They are doing great.

Theme 09
학교 · 직장

Answers

Part 01

1. M: Can I ask some details about the position?
   W: ________________________________

   (a) You could've told me earlier.
   (b) Yes, you are hired.
   (c) You can pick up the application form over there.
   (d) Shoot. I'll be glad to answer them.

해설

직책과 관련한 세부사항을 물어도 되는지 질문하고 있다. 정답은 (d)이다. 무언가를 질문해도 되냐고 물을 때 네이티브들은 '그러세요'란 의미로 'Shoot'이라고 대답한다.

해석

M: 그 직책과 관련해서 몇 가지 자세하게 물어도 될까요?
W: ____________________

(a) 제게 좀 더 일찍 말씀해 주실 수도 있었잖아요.
(b) 네, 채용되셨습니다.
(c) 저쪽에서 신청서를 가져가시면 됩니다.
(d) 물어보세요. 기꺼이 대답해 드리겠습니다.

어휘

detail 세부사항
position 지위, 직책
hire 고용하다
application form 신청서
Shoot 말해 봐요. 물어봐요

2. M: Is your husband currently employed?
W: ______________________________

(a) Yes, he is trying to employ two more people.
(b) I am working as an accountant.
(c) No, he got sacked a few weeks ago.
(d) Let me think about it.

해설

여자의 남편이 직업을 갖고 있는지 여부를 묻고 있다. 정답은 해고당했다고 대답하는 보기 (c)이다. 보기 (a)는 동사 employ를 활용한 오답이고, 남편의 고용여부를 묻는 질문에 보기 (d)는 적절한 응답이 아니다.

해석

M: 남편 분이 현재 직업이 있으신가요?
W: ______________________

(a) 네, 두 명의 사람을 더 고용하려고 하는 중이에요.
(b) 전 회계사로 일하고 있습니다.
(c) 아뇨, 몇 주 전에 해고당했습니다.
(d) 생각해보도록 할게요.

어휘

currently 현재
accountant 회계사
get sacked 해고당하다
be employed 고용되다

3. W: Professor Johnson. What's your policy on late assignments?
M: ______________________________

(a) You have to submit it by this Wednesday.
(b) It is difficult to accept the outcome.
(c) I simply take off points.
(d) I can't believe you're late again.

해설

과제를 늦게 제출했을 때 내릴 수 있는 처벌이 답변으로 나와야 한다. 정답은 간단히 점수를 깎는다고 대답한 보기 (c)이다. 보기 (a)는 'When should I submit the report?'와 같은 질문에 적절한 응답이며, 보기 (d)는 형용사 late를 활용한 오답이다.

해석

W: 존슨 교수님. 과제를 늦게 제출하면 어떻게 되나요?
M: ______________________

(a) 이번 주 수요일까지는 제출해야 합니다.
(b) 결과를 받아들이기가 어렵네요.
(c) 간단히 점수를 깎습니다.
(d) 또 지각을 하다니 믿을 수가 없군요.

어휘

professor 교수
submit 제출하다
outcome 결과
policy 정책
accept 받아들이다
take off points 점수를 깎다
late assignment 늦게 제출한 과제

Part 02

4. M: What class did you have today?
W: I had International Commerce Law.
M: How was the lecture?
W: ____

(a) It will be boring, I guess.
(b) It was way over my head.
(c) It will be finished before you know it.
(d) It was held outdoors.

해설

'How was the lecture?'는 강의의 난이도 혹은 재미 여부 등을 포함한 강의 자체에 대한 내용을 묻는 질문이다. 그러므로 정답은 (b)이다. (a)는 이미 들은 강의에 대한 질문에 적절치 않은 답변이고, 보기 (d)의 경우 'Where did the lecture take place?'와 같은 질문에 어울리는 응답이다.

해석

M: 오늘 무슨 수업을 들었니?
W: 국제 상법을 들었어요.
M: 강의는 어땠니?
W: ________________________

(a) 지겨울 거 같아요.
(b) 너무 어려웠어요.
(c) 금방 끝날 거예요.
(d) 야외에서 열렸어요.

어휘

commerce 통상, 무역 lecture 강의 over one's head 어려운, 난해한

5. M: My brother landed a job right after graduation.
W: That's great. I myself got a new job last week.
M: Why didn't you tell me? Are you hanging in there?
W: ____

(a) I'm not interested in a full-time job.
(b) Yeah, I am hanging out with him a lot.
(c) Sure. I'm keeping myself busy.
(d) They are doing great.

해설

새 직장을 얻었다는 여자의 말에 남자는 'Are you hanging in there?'라고 묻고 있다. 'hang in there'는 어떤 상황을 견디거나 버텨나가는 것을 의미한다. 그러므로 정답은 바쁘게 지내고 있다고 답변한 보기 (c)이다. 보기 (b)는 동사 hang을 활용한 오답이다.

해석

M: 우리 형이 졸업 후에 바로 취직을 했어요.
W: 잘됐네요. 저도 저번 주에 새 직장을 구했어요.
M: 왜 말 안했어요? 일은 할 만한가요?
W: ________________________

(a) 전 풀타임 직업에는 관심 없어요.
(b) 네, 전 그랑 많이 어울려 놀고 있어요.
(c) 물론이죠. 바쁘게 지내고 있답니다.
(d) 그들은 잘 지내고 있어요.

어휘

land a job 직업을 얻다
Are you hanging in there? 잘 지내요? 잘 버티고 있나요?
hang out with ~와 어울려 놀다
keep oneself busy 바쁘게 지내다

Part 1 · 2

Theme 10
전화

30 DAYS TEPS 800+Final Sum-up

Part 1/2에서 등장하는 전화문의 내용은 크게 복잡하지 않다. 간단하게 통화하고자 하는 사람의 이름을 대며 바꿔달라고 요청하는 내용이 가장 일반적이고, 제 3자와의 통화를 요청하여 이를 연결해주는 상황의 대화문이 등장하기도 한다.

전화통화에서 자주 사용되는 정형화된 표현들이 있으므로 이들을 사전에 숙지해 두어야 한다. 예를 들어 전화 통화를 요청할 때는 'May I speak~?' 혹은 'I'd like to speak to ~?'의 형태가 주로 쓰이며, 전화를 받을 사람이 없다는 의미로 'He just stepped out', 'He's not in', 'He's in the meeting' 등의 표현 역시 정형화된 답변이다.

전화통화와 관련해서 가장 대표적으로 등장하는 다음 상황들을 기억해두자.
(1) 전화통화 요청
(2) 부재중인 상대방을 위한 메시지 전달
(3) 잘못 걸린 전화, 통화상태 불량 등

반드시 기억해 두어야 할 필수 관련 표현들

I'd like to speak to Tom, please.	탐과 통화하고 싶습니다.
Would you like to leave a message?	메시지 남기시겠어요?
She is on another line.	그녀는 통화중이에요.
She just stepped out.	금방 나가셨습니다.
Please hold.	잠시만 기다려 주세요.
I'm returning your call.	전화하셨다고 하셔서 전화 드립니다.
I'll connect you to the department.	그 부서로 연결시켜 드리겠습니다.
I think the lines are crossed.	전화가 혼선이 된 것 같아요.
He's not in.	지금 내부에 안 계십니다.
Please have him call me.	제게 전화 좀 달라고 해주세요.

PART 01/2

Theme 10
전화

Mini-Test 음성파일을 듣고 다음 다섯 개 문항들을 직접 풀어보세요.

Part 1. *Choose the most appropriate response to the statement.*

1. (a) (b) (c) (d)

2. (a) (b) (c) (d)

3. (a) (b) (c) (d)

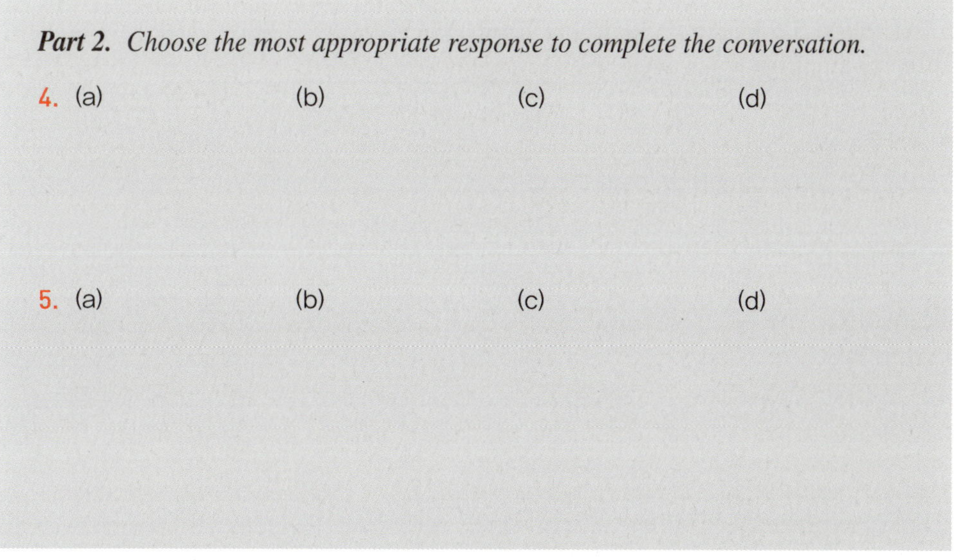

Part 2. *Choose the most appropriate response to complete the conversation.*

4. (a) (b) (c) (d)

5. (a) (b) (c) (d)

Challenge! Dictation!

바로 정답으로 확인하지 마시고, 문제를 듣고 빈칸을 받아 적으며 다시 한 번 정답을 맞춰보세요.

1. W: May I ____________________
M: ____________________

(a) Of course. ____________________
(b) ____________________, a friend of Edward's.
(c) You ____________________
(d) Mr. Humphrey is ____________________

2. W: Could you ____________________
M: ____________________

(a) You're ____________________
(b) Please hold. ____________________
(c) Don't worry. ____________________
(d) Could I call you back?

3. M: Hello. I'd like to speak to Mr. Brenson.
W: Yes, and it shows that ____________________

(a) Please ____________________
(b) He is standing right over there.
(c) ____________________
(d) I will ____________________

4. W: Hello. I'm calling to ________________________
M: No problem. ________________________, ma'am?
W: On Tuesday morning ________________________
M: ________________________

(a) Don't worry. I'll ________________
(b) Sorry, but tickets are ________________
(c) Hang on for a second. I'll ____________
(d) How ________________________

5. W: Hello, Max. This is Jenny. Did I ________________
M: Actually, you did. I'm in the middle of doing something very important right now.
W: Oh, I'm sorry. ________________________
M: ________________________

(a) You could've asked me earlier.
(b) Sure. I'll ________________________. Bye.
(c) I'll ________________________ around 6 or 7.
(d) I will ________________________.

Theme 10 전화

Answers

Part 01

1. W: May I ask who's calling?
   M: ______________________________

   (a) Of course. Feel free to ask me any questions.
   (b) This is John Carter, a friend of Edward's.
   (c) You must have dialed a wrong number.
   (d) Mr. Humphrey is not available right now.

해설

여자는 전화를 건 사람이 누구인지 묻고 있다. 이 경우, 예상할 수 있는 것은 자신이 누구인지 밝히는 것일 것이다. 정답은 보기 (b)이다. (a)는 'Can I ask you something?' 과 같이 상대방이 구체적인 질문을 던지지 않은 경우 적절한 응대 표현이다.

해석

W: 전화거신 분은 누구시죠?
M: ______________________

(a) 물론이죠. 무슨 질문이든지 물으셔도 됩니다.
(b) 전 존 카터라고 합니다. 에드워드의 친구죠.
(c) 전화를 잘못 거신 것 같네요.
(d) 험프리 씨는 지금 전화를 받지 못하십니다.

어휘

Feel free to 마음껏 ~하라	이 틀림없다	available 이용 가능한
You must have + pp 당신 ~ 했음	dial 전화 걸다	

2. W: Could you connect me to the Personnel Department?
M: ______________________________

(a) You're very well connected.
(b) Please hold. I will put you through.
(c) Don't worry. I'm almost done.
(d) Could I call you back?

해설

여자는 특정 장소로의 전화 연결을 부탁하고 있다. 상대방을 전화 연결 시켜줄 때 쓰이는 가장 대표적인 어구는 'put a person through'로 정답은 (b)이다. (a)는 connect를 활용한 오답보기이고, (c)의 경우 'Haven't you finished the report yet?(아직 보고서 끝내지 않았나요?)'와 같은 질문에 적절한 응대 표현이다.

해석

W: 인사과로 전화 연결시켜 주시겠습니까?
M: ______________________

(a) 당신은 인맥이 풍부하군요.
(b) 잠시만 기다려주세요. 연결시켜 드리겠습니다.
(c) 걱정하지 마세요. 거의 다 됐습니다.
(d) 내가 다시 전화 걸어도 될까요?

어휘

connect (to) ~로 연결하다
Personnel Department 인사부(과)
well connected 인맥이 많은
Please hold. 기다려 주세요.
put a person through ~를 전화 연결시켜 주다

3. M: Hello. I'd like to speak to Mr. Brenson.
W: ______________________________

(a) Please have him call me back when he returns.
(b) He is standing right over there.
(c) There's no one here by that name.
(d) I will tell him you called.

해설

남자는 제 3자와의 통화를 요청하고 있다. 정답은 '그런 사람 없다'고 대답한 보기 (c)이다. 보기 (a)의 경우 'Can I take your message?(메시지 남겨 드릴까요?)'와 같은 질문에 적절한 응대 표현이다.

해석

M: 여보세요. 브렌슨 씨와 통화하고 싶습니다.
W: ______________________

(a) 그가 돌아오면 제게 전화 좀 해달라고 전해주세요.
(b) 그는 바로 저기에 서 있습니다.
(c) 그런 이름을 가지신 분 안 계시는데요.
(d) 당신이 전화했다고 말씀드릴게요.

어휘

return 돌아오다
over there 저기에, 저쪽에
There's no one here by that name. 그런 사람 없습니다.

Part 02

4. W: Hello. I'm calling to make a reservation for a ticket to Tokyo.
M: No problem. When time do you want to leave, ma'am?
W: On Tuesday morning as early as possible.
M: ______________________________

(a) Don't worry. I'll keep in touch.
(b) Sorry, but tickets are fully booked on Tuesday night.
(c) Hang on for a second. I'll go check my schedule.
(d) How does 8:30 sound?

해설

여자가 떠나고 싶은 날짜는 화요일 아침 가능한 빠른 시간이다. 정답은 구체적인 시간대를 들어 제안하고 있는 보기 (d)가 정답이다.

해석

W: 여보세요. 동경으로 가는 티켓을 예약하려고 전화했습니다.
M: 문제없습니다. 언제 떠나시고 싶으신가요?
W: 화요일 아침 가능하면 빨리요.
M: ______________________

(a) 걱정 마세요. 계속 연락드리겠습니다.
(b) 죄송합니다, 화요일 밤에는 예약이 꽉 차있네요.
(c) 잠시만요. 가서 제 일정표를 확인해 볼게요.
(d) 8:30분은 어떠세요?

어휘

make a reservation 예약을 하다
as early as possible 가능한 빨리
keep in touch 계속 연락하다
fully booked 예약이 꽉 찬
Hang on for a second. 잠시만요.

5. W: Hello, Max. This is Jenny. Did I call you at a bad time?
M: Actually, you did. I'm in the middle of doing something very important right now.
W: Oh, I'm sorry. When can I call you back?
M: ____

(a) You could've asked me earlier.
(b) Sure. I'll talk to you later. Bye.
(c) I'll have him call you around 6 or 7.
(d) I will ring you when I'm done.

해설

남자가 무언가 중요한 일을 하는 중이라 전화를 받을 수 없다고 말하자 여자는 언제 다시 전화를 해도 되냐고 묻고 있다. 구체적인 시간을 들어 상대방이 전화를 할 수 있는 시간을 알려줄 수도 있겠지만, 반대로 본인이 일이 끝나면 전화 준다고 할 수도 있을 것이다. 정답은 보기 (d)이다.

해석

W: 여보세요, 맥스야. 나 제니야. 내가 안 좋은 때 전화건거니?
M: 사실, 그래. 나 지금 굉장히 중요한 무언가를 하고 있는 중이거든.
W: 아, 미안해. 언제 다시 전화하면 될까?
M: ____________________________

(a) 좀 더 일찍 물어볼 수 있었잖아.
(b) 물론이지. 나중에 다시 얘기하자. 안녕
(c) 그가 당신께 6시 혹은 7시에 전화 드리도록 할게요.
(d) 다되면 내가 전화를 할게.

어휘

in the middle of ~을 한창중인 ring 전화하다

Part 3

Theme 11
호텔 • 공항 • 은행

30 DAYS TEPS 800+Final Sum-up

여행이라는 큰 주제 안에서 TEPS에 등장하는 내용 중 하나는 호텔과 관련한 대화문이다. 여행지에서 숙박을 위해 방을 예약하거나 이미 한 예약에 대해 확인을 하는 대화문과 check in 또는 check out의 상황에서 호텔에 관한 정보(식사시간, 모닝콜 서비스 여부 등)와 관련해 대화를 나누는 상황이 등장한다.

공항에서의 대화문 역시 TEPS에서 빠지지 않고 등장하는 주제 중 하나이다. 일반적으로 공항의 출국 또는 입국 수속 상황에서 공항직원과 이루어지는 대화문들이 자주 등장하니 관련 표현들을 미리 숙지해 두는 것이 중요하다. 공항과는 관계가 없지만, 여행이라는 큰 주제에서 볼 때, 여행 계획과 관련해서 나누는 대화문 역시 단골 출제 주제이다.

은행과 관련한 주제는 크게 돈의 환전과 예금 계좌 계설이라는 두 가지 내용과 관련한 대화문이 등장한다. 은행과 관련한 대화문 역시 이 상황에서만 사용되는 몇 가지 빈출 어휘와 표현들이 있으니 반드시 미리 학습해 두어 대화문 청취 시 도움이 될 수 있도록 해야 한다.

반드시 기억해 두어야 할 필수 관련 표현들

1. 호텔

I reserved a room with a double bed.	더블 침대 방으로 예약했습니다.
What are your weekend rates?	주말 요금이 어떻게 되나요?
I'm sorry but we're fully booked.	죄송하지만 예약이 꽉 찼습니다.
It's reserved under the name of Michael Chang.	마이클 창이란 이름으로 예약했습니다.
Please make up my room.	방청소를 부탁합니다.
Can I make an outside call on this line?	이 전화로 외부전화를 할 수 있나요?

2. 공항

What's the weight limit on luggage?	수화물 제한 중량이 어떻게 되나요?
This is your boarding pass.	여기 탑승권이 있습니다.
May I ask what the purpose of your visit is?	방문하신 목적이 뭐죠?
I'd like to book a flight to Japan.	일본으로 가는 비행기 표를 예약하고 싶습니다.

3. 은행

May I open an account?	계좌를 개설할 수 있을까요?
I want to cash this check.	이 수표를 현금화하고 싶습니다.
I'd like to make an withdrawal.	출금을 하고 싶습니다.
I'd like to make a deposit.	예금을 하고 싶습니다.

PART 03

Theme 11
호텔 · 공항 · 은행

Mini-Test 음성파일을 듣고 다음 다섯 개 문항들을 직접 풀어보세요.

Part 3. *Choose the option that best answers the question.*

1. (a) (b) (c) (d)

2. (a) (b) (c) (d)

3. (a) (b) (c) (d)

4. (a) (b) (c) (d)

5. (a) (b) (c) (d)

Challenge! Dictation!

바로 정답을 확인하지 마시고, 다시 한 번 문제를 듣고 빈칸을 받아 적으며 정답을 맞춰보세요.

1. W: Good afternoon. May I see your ________________, please?
   M: Here you are.
   W: Thank you. Do you have any luggage to check in, Mr. Park?
   M: Yes, these two suitcases.
   W: Could you please ________________________________?
   M: Okay. What's the ____________________ on luggage?
   W: You're allowed only 30 kilos per bag.
   M: That's good. I've already weighed them at home. They were only 25 kg each.

   Q: What is the man most likely doing?
   (a) ____________________________ the checkpoint.
   (b) ____________________________ his luggage.
   (c) Packing his luggage.
   (d) Checking in.

2. W May I see your passport and __________________, please?
   M: Sure. Here you go.
   W: Thanks. May I ask what the purpose of your visit is?
   M: I'm here for Exhibition on Data Engineering.
   W: So, you're ________________________________, right?
   M: That's right.
   W: Looks like everything is in order. Have a nice trip in New York.

   Q: Which is correct about the man in the conversation?
   (a) He is ______________________________________
   (b) He is on vacation.
   (c) He is ______________________________________
   (d) He is from New York.

3. M: I'd like to ______________________________, please.
W: Do you have an account at this bank? Because if you don't have one, you can't cash the check.
M: Sure. I have a ______________________________
W: Good. Could you please endorse it on the back?
M: Sure. Here you are.
W: Thanks. How do you want your money?
M: Please give me the whole amount in 50 dollar bills.
W: Here's your money. Have a lovely day.

Q: What can be inferred from the conversation?
(a) The check was ______________________________
(b) The bank doesn't cash checks for ______________________________
(c) The man wants to ______________________________ 50 dollars.
(d) The man cashed the check into his savings account.

4. W: May I help you?
M: Yes, please. I'd like to ______________________________
W: What kind of account would you like to open?
M: I'd like to open a savings account.
W: Do you have some ID?
M: Yes, here's my passport.
W: No problem. Please ______________________________ and tell me how much you would like to open the account with.
M: 50 dollars. And I also would like to order some personal checks.

Q: What is the conversation mainly about?
(a) ______________________________
(b) Making a withdrawal
(c) Opening a ______________________________
(d) Depositing money

5. M: Hi, I have a reservation for a single room for one week beginning today.

W: Okay. What's your name?

M: Frank Jones.

W: One minute, please. I just have ______________________________, and your room is located on the sixth floor. Here is your key.

M: Thanks.

W: Do you have any luggage?

M: Yes, I have three suitcases.

W: Okay. The ____ will help you to your room.

Q: Which is not true according to the conversation?

(a) The man ____ for a room today.

(b) The man's room is on the sixth floor.

(c) The man has received his room key from the woman.

(d) Someone will ____

Theme 11

Answers 호텔 · 공항 · 은행

Part 03

1. W: Good afternoon. May I see your passport and ticket, please?
M: Here you are.
W: Thank you. Do you have any luggage to check in, Mr. Park?
M: Yes, these two suitcases.
W: Could you please put them on the conveyor belt?
M: Okay. What's the weight limit on luggage?
W: You're allowed only 30 kilos per bag.
M: That's good. I've already weighed them at home. They were only 25 kg each.

Q: What is the man most likely doing?

(a) Going through the checkpoint.
(b) Looking for his luggage.
(c) Packing his luggage.
(d) Checking in.

해설

공항과 관련한 주제에서 대표적으로 등장하는 것이 바로 Check-in과 관련한 상황이다. 보통 비행기 표 예약 티켓을 들고 공항에 가게 되면, Check-in counter에서 표를 보여준 후 탑승권(boarding pass)을 받고, 가지고 온 여행 가방을 저울에 잰 후 비행기에 실을 수 있을지 없을지 결정하는 절차를 밟는다. 그러므로 현재 남자가 하고 있는 것인 탑승 수속으로 (d)가 정답이다.

해석

W: 좋은 오후입니다. 티켓과 여권 좀 보여주시겠습니까?
M: 여기 있습니다.
W: 고맙습니다. 수속하실 짐이 있으신가요, 박 선생님?
M: 네, 여기 여행 가방이 두 개 있습니다.
W: 가방들을 컨베이어 벨트 위에다 올려 주시겠어요?
M: 네. 가방의 제한 무게가 어떻게 되나요?
W: 가방 당 30킬로만이 허용됩니다.
M: 좋네요. 벌써 집에서 제가 무게를 잿습니다. 각각 겨우 25kg밖에 되지 않았어요.

Q: 남자는 무엇을 하고 있는가?
(a) 검문소를 지나기
(b) 그의 가방을 찾기
(c) 그의 짐을 싸기
(d) 탑승 수속하기

어휘

passport 여권	suitcase 여행가방	be allowed 허용되다
luggage 수화물, 가방	weight limit 무게 제한	weigh 무게를 재다

2. W: May I see your passport and declaration form, please?
M: Sure. Here you go.
W: Thanks. May I ask what the purpose of your visit is?
M: I'm here for the Exhibition on Data Engineering.
W: So, you're on a business trip, right?
M: That's right.
W: Looks like everything is in order. Have a nice trip in New York.

Q: Which is correct about the man in the conversation?

(a) He is booking a flight
(b) He is on vacation.
(c) He is going through customs.
(d) He is from New York.

해설

공항관련 문제에서 또 하나 반드시 알아두어야 하는 상황이 바로 세관 통과 시의 상황이다. 해외의 공항에 도착하게 되면, 모든 여행객은 세관을 통과해야 하는데, 여행객은 세관원에게 여권과 세관신고서를 보여주고, 이때 세관원은 여행객에게 여행을 온 목적, 머물게 될 장소 등을 통상적으로 물어본다. 그러므로 정답은 (c)이다.

해석

W: 여권과 세관신고서를 볼 수 있을까요?
M: 물론이죠. 여기 있습니다.
W: 감사합니다. 여행 오신 목적이 무엇인가요?
M: 자료공학과 관련한 전시회에 참석하기 위해서 왔습니다.
W: 그럼, 출장중이신 거네요. 그렇죠?
M: 맞습니다.
W: 모든 게 문제가 없어 보이네요. 뉴욕에서 즐거운 여행되세요.

Q: 대화에서 남자에 관해 옳은 것은 무엇인가?
(a) 그는 비행기를 예약하고 있다.
(b) 그는 휴가중이다.
(c) 그는 세관을 통과하는 중이다.
(d) 그는 뉴욕에서 왔다.

어휘

declaration form 세관 신고서	on a business trip 출장중인	on vacation 휴가중인
purpose 목적	in order 알맞은, 타당한	customs 세관(심사)
Exhibition 전시회	book 예약하다	

3. M: I'd like to cash this check, please.
W: Do you have an account at this bank? Because if you don't have one, you can't cash the check.
M: Sure. I have a savings account at your bank.
W: Good. Could you please endorse it on the back?
M: Sure. Here you are.
W: Thanks. How do you want your money?
M: Please give me the whole amount in 50 dollar bills.
W: Here's your money. Have a lovely day.

Q: What can be inferred from the conversation?

(a) The check was issued by a different bank.
(b) The bank doesn't cash checks for non-account holders.
(c) The man wants to withdraw 50 dollars.
(d) The man cashed the check into his savings account.

해설

은행에서 수표를 현금화하려고 하는 상황의 대화문이다. 수표를 현금화 하고 싶다고 하는 남자의 질문에 여자는 본 은행의 계좌가 개설되어 있는지를 물어보고, 만약 계좌를 가지고 있지 않다면 수표를 현금화할 수 없다고 말하고 있다. 그러므로 정답은 '은행은 계좌를 가지고 있지 않은 사람에게는 수표를 현금화시켜 주지 않는다'고 한 (b)가 정답이다.

해석

M: 이 수표를 현금화 해주세요.
W: 저희 은행에 계좌가 있으신가요? 왜냐면 계좌가 없으시다면 수표를 현금화 해드릴 수가 없습니다.
M: 물론이죠. 이 은행에 예금계좌를 갖고 있습니다.
W: 알겠습니다. 뒷부분에 배서해 주시겠습니까?
M: 물론이죠. 여기 있습니다.
W: 감사합니다. 돈을 어떻게 드릴까요?
M: 전체 금액을 50달러 지폐들로 주십시오.
W: 돈 여기 있습니다. 좋은 하루 되십시오.

Q: 대화로부터 추론할 수 있는 것은 무엇인가?
(a) 수표는 다른 은행에서 발행되었다.
(b) 은행은 계좌를 갖고 있지 않은 사람들에게는 수표를 현금화 해주지 않는다.
(c) 남자는 50달러를 출금하기를 원한다.
(d) 남자는 수표를 현금화하여 그의 저축계좌에 넣었다.

어휘

cash 현금으로 바꾸다	savings account 저축계좌	issue 발행하다
check 수표	endorse 배서하다	withdraw 출금하다

4. W: May I help you?
M: Yes, please. I'd like to open an account.
W: What kind of account would you like to open?
M: I'd like to open a savings account.
W: Do you have some ID?
M: Yes, here's my passport.
W: No problem. Please fill out this application form and tell me how much you would like to open the account with.
M: 50 dollars. And I also would like to order some personal checks.

Q: What is the conversation mainly about?

(a) Setting up an account
(b) Making a withdrawal
(c) Opening a checking account
(d) Depositing money

해설

대화문의 주제가 무엇인지 파악해야 한다. 대부분의 대화문에서 주제가 되는 내용은 초반에 등장하는 경우가 많다. 남자가 처음에 한 말 'I'd like to open an account(계좌를 개설하고 싶습니다)'를 통해서 계좌 개설이 본 대화문의 주제임을 알 수 있다. open을 set up으로 대신 표현한 (a)가 정답이다.

해석

W: 도와 드릴까요?
M: 네. 계좌를 만들고 싶습니다.
W: 어떤 종류의 계좌를 만드시길 원하시나요?
M: 저축 계좌를 만들고 싶습니다.
W: ID를 갖고 계신게 있나요?
M: 네, 여기 제 여권이 있습니다.
W: 문제없습니다. 이 신청서를 작성해 주시고, 계좌를 만들기 위해서 얼마를 입금하실 건지 알려주세요.
M: 50달러요. 그리고 자기앞 수표 또한 신청하고 싶습니다.

Q: 대화문의 주제는 무엇인가?
(a) 계좌 개설하기
(b) 돈을 출금하기
(c) 당좌예금계좌 열기
(d) 돈 예금하기

어휘

open an account 계좌를 만들다
ID(=Identification) 신원을 보증하는 것
fill out 채우다, 작성하다
application form 신청서
order 주문하다
personal check 자기앞 수표
deposit 예금하다

5. M: Hi, I have a reservation for a single room for one week beginning today.
W: Okay. What's your name?
M: Frank Jones.
W: One minute, please. I just have checked your reservation, and your room is located on the sixth floor. Here is your key.
M: Thanks.
W: Do you have any luggage?
M: Yes, I have three suitcases.
W: Okay. The baggage handler will help you to your room.

Q : Which is not true according to the conversation?

(a) The man made a reservation for a room today.
(b) The man's room is on the sixth floor.
(c) The man has received his room key from the woman.
(d) Someone will help the man with his luggage.

해설

호텔에서 벌어진 대화문이다. 남자는 오늘부터 시작되는 방 예약이 있다고 말했지, 바로 오늘 방 예약을 신청한 것은 아니다. 그러므로 정답은 (a)이다.

해석

M: 안녕하세요. 저 오늘부터 일주일간 싱글 룸 예약을 해 놨습니다.
W: 알겠습니다. 성함이 어떻게 되시죠?
M: 프랭크 존스입니다.
W: 잠시만요. 손님의 예약 내용을 확인했습니다. 방은 6층에 위치하고 있습니다. 열쇠는 여기 있습니다.
M: 감사합니다.
W: 짐 가지고 계신 것 있나요?
M: 네. 여행 가방이 세 개가 있네요.
W: 알겠습니다. 수화물 담당자가 방까지 손님을 도와드릴 겁니다.

Q: 대화문에 의해 사실이 아닌 것은 무엇인가?
(a) 남자는 오늘 방을 예약했다.
(b) 남자의 방은 6층에 있다.
(c) 남자는 여자로부터 그의 방 열쇠를 받았다.
(d) 누군가 남자의 가방을 드는 것을 도와줄 것이다.

어휘

reservation 예약　　be located 위치되어 있다　　baggage handler 수화물 담당자

Part 3

Theme 12

전화

30 DAYS TEPS 800+Final Sum-up

이미 Part 1과 2의 주제 유형 중 하나로 등장했던 '전화'는 Part 3에서도 어김없이 다시 등장한다. 그러므로 Part 1과 2를 통해서 학습한 전화와 관련한 필수 표현들을 반드시 정확히 이해하고 또한 외우고 있다면 대화문을 청취하는 것이 한결 수월해질 것이다.

Part 3의 전화와 관련된 대화문은 다양한 내용이 등장할 수 있는데, 그 중 특정인과의 통화를 원하는 대화문과 식당의 좌석, 극장 표, 병원진료 등의 다양한 상황에서 전화통화를 통한 예약을 시도하는 대화문들이 가장 자주 등장하는 유형이라고 할 수 있다.

그 외 아파트, 일자리 등의 신문 내용을 본 후 이를 문의하는 대화문과 전화가 잘못 걸려오거나 또는 통화상태 고르지 못한 상황 등이 대화문의 내용으로 등장하기도 한다.

반드시 기억해 두어야 할 필수 관련 표현들

May I speak to Mr. Brenson?	브렌슨 씨와 통화할 수 있을까요?
May I ask who I'm speaking to?	전화 받으신 분이 누구신지 여쭤도 될까요?
Thank you for calling Pizza Hut.	피자헛에 전화 주셔서 감사합니다.
I'm sorry for the inconvenience.	불편을 끼쳐드려서 죄송합니다.
I'll put your through to the Marketing Department.	마케팅 부서로 연결시켜 드릴게요.
I'd like to order some takeout.	배달 음식을 주문하고 싶습니다.
I think I have to call to his cell phone.	그의 휴대폰으로 전화를 해야 할 것 같네요.
I'm sorry but there is no one by that name.	죄송하지만 그런 분은 안 계십니다.

I'm calling to inquire about the job you put on the bulletin board.
게시판에 붙인 일자리에 대해서 문의 드리려고 전화했습니다.

Theme 12
전화

Mini-Test 음성파일을 듣고 다음 다섯 개 문항들을 직접 풀어보세요.

Part 3. *Choose the option that best answers the question.*

1. (a) (b) (c) (d)

2. (a) (b) (c) (d)

3. (a) (b) (c) (d)

4. (a) (b) (c) (d)

5. (a) (b) (c) (d)

Challenge! Dictation!

바로 정답을 확인하지 마시고, 다시 한 번 문제를 듣고 빈칸을 받아 적으며 정답을 맞춰보세요.

1. M: Hello. May I speak to Mr. Hardy?
   W: I'm sorry but ______________________________
   M: When do you expect him back?
   W: I think he will be back soon. Would you like to leave a message?
   M: No, that's all right. ______________________________.
   It's not urgent. I'll call back later.
   W: Okay. Bye.

   Q: Which is correct according to the conversation?
   (a) Mr. Hardy is ______________________________
   (b) The man ____________________ to speak to Mr. Hardy.
   (c) It would take a while before Mr. Hardy comes back.
   (d) The man will ______________________________

2. M: Hello, I'm ____________________ the job you put on the bulletin board.
   W: Right. I'm looking for someone who can help me with painting my house. Do you think you can do it?
   M: Sure, no problem. I'm really good at painting houses. You ____________________
   W: That's great. Where do you live? If it's okay, I'd like to see you in person and talk about the work today.
   M: Well, I live in Lake Street. But I'm afraid I don't have time to see you today.
   W: No worries. Then, I will ____________________. Is that okay?
   M: Sure. My phone number is 0405-335-4556.

   Q: What can be inferred from the conversation?
   (a) The woman is ______________________________
   (b) The man is not sure if he can do the job.
   (c) They will meet and talk about the work today.
   (d) They will ____________________ tomorrow.

3. M: Hello?
W: Hey, Max. This is Henah. I'm just calling to ask __________ __________________________ for tomorrow night.
M: Of course, we're. I will come _________________ at your house.
W: Great. What time will you come?
M: Around 6 or 7. I will give you a call before I leave home.
W: All right. I'm really looking forward to tomorrow night.
M: Me, too. It's going to be really fun.

Q: What is the purpose of Henah's call?
(a) To ask Max out.
(b) To ____
(c) To check what time Max ___________________________
(d) To look for Max.

4. W: Hello. I'd like to speak to John Gibson.
M: John Gibson? There's ___________________________________.
I'm afraid you've got the wrong number.
W: Isn't this the Marketing Department?
M: No, this is the ____
W: Oh, I'm sorry. I think I have entered the wrong extension number.
M: No problem. I can _______________________________ to the Marketing Department, if you like.
W: That would be great. Thank you very much.

Q: Which can be inferred from the conversation?
(a) John Gibson works in the Accounting Department.
(b) The man works in the Marketing Department.
(c) The woman ________________________ for the Accounting Department.
(d) The woman will call the Marketing Department again.

5. W: Hello, White World Dentist. How can I help you?
M: Hello, this is Chris Parker, and I'm calling to let you know that I ______________________________ tomorrow.
W: No problem. Do you want to reschedule?
M: Yes, please.
W: Let me see... How does 2 p.m. this Wednesday sound?
M: Well, I'm ____________________ on Wednesdays.
W: Then, how about 5 p.m. on Friday?
M: Yes, I will be able to come then.

Q: What is the conversation mainly about?
(a) Making an ____________________
(b) Rescheduling the man's work day.
(c) ____________________ with the doctor.
(d) Working hard at work.

Part 03

1. M: Hello. May I speak to Mr. Hardy?
W: I'm sorry but he's not in at the moment.
M: When do you expect him back?
W: I think he will be back soon. Would you like to leave a message?
M: No, that's all right. It's not urgent. I'll call back later.
W: Okay. Bye.

Q: Which is correct according to the conversation?

(a) Mr. Hardy is on another line.
(b) The man is in a hurry to speak to Mr. Hardy.
(c) It would take a while before Mr. Hardy comes back.
(d) The man will phone again.

해설

상대방이 부재중인 상황에 전화를 했지만, 상대방과 통화를 하지 못하는 가장 일반적인 유형의 전화 대화문이다. 'Would you like to leave a message?(메시지를 남기시겠습니까?)' 라고 묻는 여자의 말에 남자는 'I'll call back later.(나중에 다시 전화하겠습니다)' 라고 답변하고 있다. 그러므로 정답은 (d)이다. call, ring, phone은 모두 '전화하다' 라는 뜻의 동사로 사용되는 단어들이다.

해석

M: 여보세요. Hardy 씨랑 통화할 수 있을까요?
W: 죄송합니다. 현재 계시지 않습니다.
M: 언제쯤 돌아오실 것으로 예상하시나요?
W: 곧 돌아오실 것 같습니다. 메시지 남기시겠습니까?
M: 아뇨, 괜찮습니다. 급한 일은 아닙니다. 나중에 다시 전화하겠습니다.
W: 알겠습니다. 안녕히 계세요.

Q: 대화의 내용으로 옳은 것은 무엇인가?
(a) Hardy 씨는 통화중이다.
(b) 남자는 급하게 Hardy 씨와 통화를 하려고 한다.
(c) Hardy 씨가 돌아오는 데에는 상당한 시간이 걸릴 것이다.
(d) 남자는 다시 전화할 것이다.

어휘

expect 예상하다, 기대하다	on another line 통화중인	phone 전화하다
leave a message 메시지를 남기다	in a hurry 서둘러, 긴급한	

2. M: Hello, I'm calling to inquire about the job you put on the bulletin board.
W: Right. I'm looking for someone who can help me with painting my house. Do you think you can do it?
M: Sure, no problem. I'm really good at painting houses. You can count on me.
W: That's great. Where do you live? If it's okay, I'd like to see you in person and talk about the work today.
M: Well, I live in Lake Street. But I'm afraid I don't have time to see you today.
W: No worries. Then, I will give you a call tomorrow. Is that okay?
M: Sure. My phone number is 0405-335-4556.

Q: What can be inferred from the conversation?

(a) The woman is looking for a job.
(b) The man is not sure if he can do the job.
(c) They will meet and talk about the work today.
(d) They will pick up their conversation tomorrow.

해설

구인광고를 본 후 전화통화를 하는 내용을 담은 대화문이다. 오늘 직접 만나서 이야기하고 싶다는 여자의 말에 남자는 오늘은 시간이 안 된다고 이야기하고 있다. 그러자 여자는 'I will give you a call tomorrow.(내일 제가 전화할게요)' 라고 말하고, 남자는 이에 응하며 자신의 번호를 알려주고 있다. 그러므로 '그들은 내일 대화를 다시 이어서 할 것이다' 라는 (d)가 정답이 된다. 남자는 자신의 페인트칠 실력이 좋으며 'You can count on me.' 즉, 자신을 믿어도 된다는 자신감을 나타내고 있기 때문에 (b)는 정답이 될 수 없다.

해석

M: 여보세요. 게시판에 붙이신 일자리에 대해서 문의 드리려고 전화했습니다.
W: 네. 제가 저희 집 페인트칠을 하는데 도와줄 수 있는 사람을 찾고 있어요. 하실 수 있다고 생각하나요?
M: 물론이죠. 문제없습니다. 전 집 페인트칠을 정말 잘하거든요. 믿으셔도 됩니다.
W: 그거 잘됐군요. 어디 사시나요? 괜찮다면 오늘 직접 만나 뵙고 일에 대한 이야기를 했으면 싶은데요.
M: 음, 전 레이크 스트리트에 삽니다. 하지만 오늘은 만나 뵐 시간이 없네요.
W: 괜찮습니다. 그러면 제가 내일 전화를 드릴게요. 괜찮을까요?
M: 물론이죠. 제 전화번호는 0405-335-4556입니다.

Q: 대화로부터 추론할 수 있는 것은?
(a) 여자는 일자리를 찾고 있다.
(b) 남자는 그가 그 일을 해낼 수 있을지 확신이 없다.
(c) 그들은 오늘 만나서 그 일에 대해서 이야기할 것이다.
(d) 그들은 대화를 내일 재개할 것이다.

어휘

inquire 묻다	count on 의지하다, 믿다	pick up conversation 대화를 재개하다
bulletin board 게시판	in person 직접	give someone a call ~에게 전화를 주다
be good at ~을 잘하다		

3. M: Hello?
W: Hey, Max. This is Henah. I'm just calling to ask if we're still on for tomorrow night.
M: Of course, we're. I will come pick you up at your house.
W: Great. What time will you come?
M: Around 6 or 7. I will give you a call before I leave home.
W: All right. I'm really looking forward to tomorrow night.
M: Me, too. It's going to be really fun.

Q: What is the purpose of Henah's call?

(a) To ask Max out.
(b) To confirm their date.
(c) To check what time Max will arrive.
(d) To look for Max.

해설

여자가 남자에게 전화한 목적이 무엇인지 묻고 있다. 보통 전화 대화문에서 전화를 건 목적은 대화의 초반에 등장하는 'I'm calling to ~(~하기 위해서 전화했다)' 이하의 내용을 통해서 확인할 수 있다. 여기서는 여자가 남자에게 내일 밤 약속이 변함없는지 묻고 있으므로 '내일 데이트 약속을 확인하기 위해서'라는 (b)가 정답이 된다. 이미 데이트는 정해진 것이라서 (a)는 정답이 될 수 없고, (c)의 Max가 언제 몇 시에 올 건지 확인하는 것은 본문에는 등장하지만 이 전화의 목적은 아니다.

해석

M: 여보세요?
W: 안녕, 맥스. 나 헤나야. 우리 내일 약속 여전히 유효한지 물어 볼라고 전화했어.
M: 물론이지. 너희 집으로 내가 데리러 갈게.
W: 좋아. 몇 시에 올 거니?
M: 6시나 7시. 내가 집에서 떠나기 전에 전화 줄게.
W: 좋아. 내일 밤이 너무 기대된다.
M: 나도 그래. 정말 재미있을 거야.

Q: 헤나가 전화한 목적은 무엇인가?
(a) 맥스에게 데이트 신청을 하기 위해서
(b) 그들의 약속을 확인하기 위해서
(c) 맥스가 몇 시에 도착할지 확인하기 위해서
(d) 맥스를 찾기 위해서

어휘

be on for ~의 약속의 잡혀있다
pick a person up ~를 데리러 가다
look forward to ~을 기대하다
confirm 확인하다
ask a person out ~에게 데이트 신청하다

4. W: Hello. I'd like to speak to John Gibson.
M: John Gibson? There's no one by that name here. I'm afraid you've got the wrong number.
W: Isn't this the Marketing Department?
M: No, this is the Accounting Department.
W: Oh, I'm sorry. I think I have entered the wrong extension number.
M: No problem. I can put you through to the Marketing Department, if you like.
W: That would be great. Thank you very much.

Q: What can be inferred from the conversation?

(a) John Gibson works in the Accounting Department.
(b) The man works in the Marketing Department.
(c) The woman dialed an extension number for the Accounting Department.
(d) The woman will call the Marketing Department again.

해설

대화를 통해 유추할 수 있는 내용을 고르는 문제유형이다. 내용 중 'I think I have ~ extension number'를 통해 여자가 내선번호를 잘못 눌렀음을 알 수 있다. 전화를 받은 남자가 일하는 곳은 회계부서이므로 이는, 곧 여자가 회계부서의 내선번호를 눌렀다는 결론을 낼 수가 있다. 그러므로 정답은 (c)이다.

해석

W: 여보세요. 존 깁슨 씨랑 통화하고 싶습니다.
M: 존 깁슨 씨요? 여기 그런 사람 없습니다. 전화를 잘못 거신 것 같네요.
W: 거기 마케팅 부서 아닌가요?
M: 아뇨. 여기는 회계 부서입니다.
W: 아, 죄송합니다. 제가 내선번호를 잘못 입력했나 보네요.
M: 괜찮습니다. 원하시면 제가 마케팅 부서로 돌려드릴 수 있는데요.
W: 그럼 좋죠. 감사합니다.

Q: 대화로부터 추론될 수 있는 것은 무엇인가?
(a) 존 깁슨 씨는 회계 부서에서 일한다
(b) 남자는 마케팅 부서에서 일한다.
(c) 여자는 회계 부서의 내선번호로 전화했다.
(d) 여자는 다시 마케팅 부서로 전화할 것이다.

어휘

There's no one by that name here. 여기 그런 사람 없습니다.
put a person through ~를 연결시켜 주다
Accounting Department 회계부서
extension number 내선 번호

5. W: Hello, White World Dentist. How can I help you?
M: Hello, this is Chris Parker, and I'm calling to let you know that I can't make it to my appointment tomorrow.
W: No problem. Do you want to reschedule?
M: Yes, please.
W: Let me see... How does 2 p.m. this Wednesday sound?
M: Well, I'm usually busy at work on Wednesdays.
W: Then, how about 5 p.m. on Friday?
M: Yes, I will be able to come then.

Q: What is the conversation mainly about?

(a) Making an alternative appointment.
(b) Rescheduling the man's work day.
(c) Confirming the appointment with the doctor.
(d) Working hard at work.

해설

예약과 관련해 병원에 전화를 하는 대화문이다. 대화의 주제가 무엇인지 파악해야 하는 문제로, 이는 보통 대화의 초반에 드러나는 것이 일반적이다. 기존 예약날짜를 지킬 수 없는 남자를 위해 새롭게 예약날짜를 잡는 것이 주된 내용이다. 그러므로 '대체 약속일을 잡는다'는 (a)가 정답이다. reschedule이란 단어만 듣고 (b)를 고르지 않도록 한다.

해석

W: 여보세요. 하얀 세상 치과입니다. 무엇을 도와드릴까요?
M: 여보세요. 전 크리스 파커라고 하고요, 내일 제 예약을 지킬 수가 없을 것 같아서 알려 드리려고 전화합니다.
W: 괜찮습니다. 일정을 다시 잡으시겠어요?
M: 네, 그래 주세요.
W: 음... 이번 주 수요일 오후 2시는 어떠세요?
M: 음, 제가 보통 수요일은 직장에서 바쁩니다.
W: 그러시면, 금요일 오후 5시는 어떠세요?
M: 네, 그때는 갈 수 있을 것 같습니다.

Q: 대화의 주제는 무엇인가?
(a) 대체 약속을 잡기
(b) 남자의 근무일을 조정하기
(c) 의사와의 예약을 확인하기
(d) 직장에서 열심히 일하기

어휘

make it 도착하다, 해내다
alternative 대신의
appointment 약속, 예약
reschedule 일정을 다시 잡다

Part 3

Theme 13
학교 • 직장

30 DAYS TEPS 800+Final Sum-up

학교생활과 관련된 대화문이 다루는 내용은 입학에서부터 수강신청, 시험성적, 보고서 작성, 도서관 이용, 그리고 졸업에 이르기까지 다양한 내용들이 등장한다. 학교생활과 관련된 대화문들은 다른 주제들과 마찬가지로 필수적으로 사용되는 빈출 어휘와 표현들이 있으니 시험 전 반드시 미리 정리해 두는 노력이 필요하다.

학교생활과 더불어 직장생활 역시 TEPS Part 3에 비중 있게 다루어지는 내용이다. 직장생활을 통해서 겪을 수 있는 승진, 급여인상, 보고서 작성, 그리고 해고 등에 이르기까지 다양한 내용들이 등장한다. 전문적인 회의 내용이나 회사와 관련한 전문 용어들이 등장하지 않기 때문에, 앞에서 언급한 상황들에서 사용될 수 있는 표현들을 잘 정리해 둔다면 청해 시 큰 도움이 될 것이다.

반드시 기억해 두어야 할 필수 관련 표현들

1. 학교

Tom and I went to school together.	탐과 저는 동창입니다.
When is the paper due?	리포트 마감일이 언제죠?
I have to submit this report by tomorrow.	이 보고서 내일까지 제출해야 해요.
I should cram for the test.	나 시험 벼락치기 공부해야 해.
I need an extension.	기간을 연장해 주세요.
What grade are you in?	몇 학년이죠?
I stayed up all night studying for the test.	시험 공부하느라 밤을 샜습니다.
He got accepted into medical school.	그는 의과대학에 진학했어요.

2. 직장

I got a raise.	봉급이 인상되었어요.
I run a motel.	저는 모텔을 운영합니다.
The position has already been filled.	그 자리는 이미 충원이 되었습니다.
He's on leave	그는 휴가중입니다.
I'm behind in my work.	전 일이 밀려 있어요.
Can I have a word with you?	잠시 얘기 좀 할 수 있을까?

I'd like to transfer to the International Sales Division.
국제 판매 부서로 옮기고 싶습니다.

PART 03

Theme 13
학교 · 직장

Mini-Test 음성파일을 듣고 다음 다섯 개 문항들을 직접 풀어보세요.

Part 3. *Choose the option that best answers the question.*

1. (a) (b) (c) (d)

2. (a) (b) (c) (d)

3. (a) (b) (c) (d)

4. (a) (b) (c) (d)

5. (a) (b) (c) (d)

Challenge! Dictation!

바로 정답을 확인하지 마시고, 다시 한 번 문제를 듣고 빈칸을 받아 적으며 정답을 맞춰보세요.

1. W: Hi, I'd like to ______________________________
M: Do you have your borrower's card with you?
W: Hold on a second. Oh, I think I ___________________________
M: Then, do you have your student ID?
W: Yes. Here it is.
M: Good. This will do it.
W: Thanks. How long can these books be checked out?
M: You can check out these two books for a week but this magazine should be ____

Q: Which is correct according to the conversation?
(a) The man ____________________________ the woman's ID.
(b) The woman _______________________ her borrower's card.
(c) The woman is borrowing two magazines.
(d) The woman can check out the magazine _________________

2. M: Amy. Can I _________________________ for yesterday's class?
W: Why do you need it?
M: I missed the class because I was late.
W: Okay. But I want to ____________________ before we go home.
M: Can I just keep it until tomorrow?
W: I'm sorry, but you can't. I have to review the notes myself tonight.
M: I understand. Then, I will give it back to you after ____________ ____________ at the library.

Q: What can you infer from the conversation?
(a) The woman __________________________ yesterday's class.
(b) The man will return the woman's notes today.
(c) The man plans to study the notes tonight.
(d) The man will _______________________________ the notes.

3. M: I haven't started writing my report yet.
W: Me, neither. But we still have two more weeks ______________ ____________________
M: I don't know if two weeks is going to be enough. The topic is ____
W: Is it? I thought it was an easy subject to write about.
M: That's what I thought when I first found out what the topic was. But after having done some research on the internet, I realized I was totally wrong.
W: Now you're making me worried.
M: Don't worry. Let's ______________________________________

Q: What is the man's suggestion?
(a) ____________________________________ to write about.
(b) Take a break for a while.
(c) ____________________________________ each other.
(d) Decide when to write a report.

4. W: _____________________________________ your current employer?
M: I started working at this company in March 2006.
W: Then, this must be your third year with the company, right?
M: That's right. To be honest, it's my first time working at the same company for more than two years.
W: Wow, really? You must be very satisfied with your current job.
M: Mostly. The working conditions are great and people are friendly. But, there is only one thing I'm not happy with.
W: What is it?
M: I ______________________ long hours, but I feel like I'm getting paid _____________________________

Q: What is the man not satisfied with?
(a) Working overtime
(b) Poor ____
(c) _____________________________ coworkers
(d) Low ____

5. W: Jason. Ms. Hutson wants to ______________________________ you in her office.
M: Do you know what it's about?
W: I haven't got the faintest idea. She looked pretty mad, though.
M: Umm.. I guess I ____
W: Did you submit the report she asked you to finish yesterday?
M: Oh, no. It ____
W: Now we know what she's upset about.
M: Boy, am I in trouble!

Q: Which is not correct according to the conversation?
(a) Ms. Hutson wants to speak with the man _________________
(b) The woman thought Ms. Hutson was crazy.
(c) The man has not _________________________ the report yet.
(d) The man realized why Ms. Huston wanted to see him.

Answer 학교 • 직장

Part 03

1. W: Hi, I'd like to check out these books.
M: Do you have your borrower's card with you?
W: Hold on a second. Oh, I think I left it at home.
M: Then, do you have your student ID?
W: Yes. Here it is.
M: Good. This will do it.
W: Thanks. How long can these books be checked out?
M: You can check out these two books for a week but this magazine should be returned by tomorrow.

Q: Which is correct according to the conversation?

(a) The man renewed the woman's ID.
(b) The woman has lost her borrower's card.
(c) The woman is borrowing two magazines.
(d) The woman can check out the magazine for a day.

해설

도서관에서 도서를 대출하는 것과 관련한 대화문이다. 후반부에서 여자가 빌리는 도서들의 대출기간을 묻자 남자는 두 권의 책은 일주일 동안 대출할 수 있지만, 잡지는 내일까지 반납해야 한다고 말하고 있다. 즉, '여자는 잡지를 하루 동안 대출할 수 있다' 라는 (d)가 정답이 된다.

해석

W: 안녕하세요. 이 책들을 대출하고 싶습니다.
M: 대출 카드를 가지고 계신가요?
W: 잠시만요. 아, 집에 놔두고 온 것 같네요.
M: 그러면, 학생증은 갖고 있나요?
W: 네, 여기 있습니다.
M: 좋아요. 이거면 됩니다.
W: 고맙습니다. 얼마나 오랫동안 이 책들을 대출할 수 있나요?
M: 이 두 책은 일주일 동안 대출 가능하지만, 이 잡지는 내일까지는 반납해야 합니다.

Q: 대화에 의하면 옳은 것은 무엇인가?
(a) 남자는 여자의 ID를 갱신해주었다.
(b) 여자는 자신의 대출카드를 잃어버렸다.
(c) 여자는 잡지 두 권을 빌리는 중이다.
(d) 여자는 잡지를 하루 동안 대출할 수 있다.

어휘

check out 대출하다　　borrower's card 대출카드　　renew 갱신하다

2. M: Amy. Can I borrow your notes for yesterday's class?
W: Why do you need it?
M: I missed the class because I was late.
W: Okay. But I want to get them back before we go home.
M: Can I just keep it until tomorrow?
W: I'm sorry, but you can't. I have to review the notes myself tonight.
M: I understand. Then, I will give it back to you after I photocopy them at the library.

Q: What can you infer from the conversation?

(a) The woman ditched yesterday's class.
(b) The man will return the woman's notes today.
(c) The man plans to study the notes tonight.
(d) The man will take a picture of the notes.

해설

지각으로 수업을 빠진 남자가 친구에게 어제 수업에 대한 노트필기를 빌려달라고 요청하는 대화문이다. 여자는 집에 가기 전에 필기내용을 돌려달라고 하고 있고 이에 남자는 처음에는 내일까지 간직하면 안 되냐고 묻지만, 결국 알았다며 복사 후 돌려주겠다고 말하고 있다. 그러므로 '남자는 오늘 여자의 노트를 돌려줄 것이다'라는 (b)를 유추할 수 있다.

해석

M: 에이미. 어제 수업 필기노트 좀 빌릴 수 있을까?
W: 왜 필요한데?
M: 지각해서 어제 수업을 못 들었어.
W: 알았어. 하지만 우리가 집에 가기 전에 돌려받았으면 좋겠어.
M: 그냥 내일까지 내가 가지고 있으면 안 될까?
W: 미안하지만 안 돼. 나도 오늘 밤 필기내용을 복습해야 하거든.
M: 이해해. 그러면, 도서관에서 복사한 후에 너에게 돌려줄게.

Q: 대화로부터 추론할 수 있는 것은 무엇인가?
(a) 여자는 어제 수업을 빼먹었다.
(b) 남자는 여자의 노트를 오늘 돌려줄 것이다.
(c) 남자는 오늘 밤 노트를 공부할 계획이다.
(d) 남자는 노트의 사진을 찍을 것이다.

어휘

notes 메모한 것, 필기한 것	review 복습하다	ditch (수업을) 빼먹다
miss 놓치다	photocopy 복사하다	return 돌려주다

3. M: I haven't started writing my report yet.
W: Me, neither. But we still have two more weeks until the paper is due.
M: I don't know if two weeks is going to be enough. The topic is way too complicated.
W: Is it? I thought it was an easy subject to write about.
M: That's what I thought when I first found out what the topic was. But after having done some research on the internet, I realized I was totally wrong.
W: Now you're making me worried.
M: Don't worry. Let's put our heads together and work this out.

Q: What is the man's suggestion?

(a) Select a topic to write about.
(b) Take a break for a while.
(c) Collaborate with each other.
(d) Decide when to write a report.

해설

남자가 제안한 내용을 파악해야 한다. 보고서 작성과 관련해 topic의 어려움을 이야기하던 중 마지막에 남자가 좋은 생각이 있다며 'Let's put our heads together'라고 말하고 있다. put one's heads together는 '머리를 맞대고 의논하다'라는 뜻이므로 정답은 '함께 협동하다'라는 (c)가 된다.

해석

M: 나 아직도 보고서 작성을 시작하지 않았어.
W: 나도 그래. 하지만 보고서 제출일까지 아직 2주나 남았잖아.
M: 2주가 충분할지 잘 모르겠어. 토픽이 지나치게 어려워서 말이야.
W: 그래? 난 그게 작성하기에 쉬운 주제라고 생각했는데.
M: 나도 처음에 토픽이 무엇인 알았을 때는 그렇게 생각했었어. 하지만 인터넷을 몇 가지 조사를 좀 하고 난 후, 내가 잘못 생각했다는 것을 알았어.
W: 너 때문에 나도 걱정이 된다.
M: 걱정하지마. 우리 서로 머리를 맞대고 의논해 이걸 해결해보자.

Q: 남자가 제안한 것은 무엇인가?
(a) 작성할 주제를 선택하자.
(b) 잠시 동안 휴식을 취하자.
(c) 서로 협력하자.
(d) 보고서를 언제 작성할지 결정하자

어휘

report 보고서	way too 지나치게 ~한	work something out ~을 해결하다
due 제출 기한인	complicated 복잡한	

4. W: How long have you worked for your current employer?
M: I started working at this company in March 2006.
W: Then, this must be your third year with the company, right?
M: That's right. To be honest, it's my first time working at the same company for more than two years.
W: Wow, really? You must be very satisfied with your current job.
M: Mostly. The working conditions are great and people are friendly. But, there is only one thing I'm not happy with.
W: What is it?
M: I don't mind working long hours, but I'm getting paid chicken feed.

Q: What is the man not satisfied with?

(a) Working overtime
(b) Poor working conditions
(c) Indifferent coworkers
(d) Low paychecks

해설

남자의 직장생활과 관련해서 서로 대화를 나누고 있다. 남자는 업무환경과 친근한 사람들을 장점으로 얘기하면서 한 가지 좋지 않은 점으로 'I'm getting paid chicken feed'라고 말하고 있다. chicken feed는 '쥐꼬리만한 월급'이라는 뜻으로, 남자는 낮은 봉급에 불만이 있음을 알 수 있다. 그러므로 정답은 (d)이다.

해석

W: 현재 직장에서 얼마나 오래 일하셨나요?
M: 전 이 회사에서 2006년 3월부터 일하기 시작했습니다.
W: 그러면, 올해가 이 회사에서의 3년째시군요, 그렇죠?
M: 맞습니다. 솔직히 말씀드려서, 한 회사에서 2년 이상 근무한 것이 처음입니다.
W: 와, 정말요? 현재 일자리에 매우 만족하고 계신가 봐요.
M: 대부분은요. 근무환경도 훌륭하고 사람들도 좋아요. 하지만 제가 마음에 들지 않는 게 딱 한 가지가 있네요.
W: 뭔가요?
M: 전 오래 일하는 것은 개의치 않는데, 급료가 형편없이 낮습니다.

Q: 남자가 만족하지 않는 것은 무엇인가?
(a) 초과 근무를 하는 것
(b) 형편없는 근무 환경
(c) 무관심한 동료들
(d) 낮은 급여

어휘

current 지금의, 현재의
employer 고용주, 사용자
be satisfied 만족하다
mostly 대부분, 거의
working conditions 근무 환경
chicken feed 싼 급료
indifferent 무관심한, 냉담한

5. W: Jason. Ms. Hutson wants to have a word with you in her office.
M: Do you know what it's about?
W: I haven't got the faintest idea. She looked pretty mad, though.
M: Umm... I guess I must have done something wrong.
W: Did you submit the report she asked you to finish yesterday?
M: Oh, no. It completely slipped my mind.
W: Now we know what she's upset about.
M: Boy, am I in trouble!

Q: Which is not correct according to the conversation?

(a) Ms. Hutson wants to speak with the man in private.
(b) The woman thought Ms. Hutson was crazy.
(c) The man has not handed in the report yet.
(d) The man realized why Ms. Huston wanted to see him.

해설

대화의 내용과 일치하지 않는 보기를 하나 골라야 하는 문제로, 내용을 집중해서 듣고 전체의 내용을 기억하고 있어야지 풀 수 있는 문제다. 여자는 상사의 말을 남자에게 전달하면서 그녀가 'She looked pretty mad.(꽤 화가 나 보인다)'라고 말하고 있다. mad는 구어로 '화가 난'이란 뜻이 있기 때문이다. 즉, (b)의 '여자는 Ms. Hutson이 미쳤다고 생각했다'는 대화문 내용과 일치하지 않는 보기이다. 정답은 (b)이다.

해석

W: 제이슨 씨. 헛슨 씨가 당신하고 사무실에서 얘기를 나누고 싶다네요.
M: 무슨 일이지 아세요?
W: 전혀 모르겠어요. 하지만 꽤 화가 나신 것처럼 보이더라고요.
M: 음, 제가 뭔가를 잘못했나 보군요.
W: 어제 그녀가 끝내라고 말했던 보고서 제출했어요?
M: 아, 아니요. 잊어버리고 있었어요.
W: 이제 왜 그녀가 화가 났는지 알겠는걸요.
M: 이런, 저 이제 큰일 났네요.

Q: 대화에 의하면 옳지 않은 것은 무엇인가?
(a) 헛슨 씨는 남자와 사적인 대화를 나누길 원한다.
(b) 여자는 헛슨 씨가 미쳤다고 생각했다.
(c) 남자는 아직 보고서를 제출하지 않았다.
(d) 남자는 헛슨 씨가 왜 그를 보고 싶어하는지 깨달았다.

어휘

have a word with ~와 얘기를 나누다	submit 제출하다	hand in 제출하다
mad 화난	slip one's mind 잊어버리다	realize 깨닫다

Part 3

Theme 14
건강 • 식당

30 DAYS TEPS 800+Final Sum-up

건강과 관련된 내용은 크게 병원과 약국에서에서 벌어지는 상황을 바탕으로 한 대화문이 출제가 된다. 주로 질병의 발생과 관련해 치료방법, 발생 시기, 진료 수속 등이 출제되며, 약국에서 약을 타는 상황이 대화문으로 제시되기도 한다. 건강과 관련된 내용은 청해 Part 1에서부터 Part 4까지 전 부분에 걸쳐서 출제가 되는 만큼, 시험에 자주 등장하는 기본적인 표현들과 어휘들은 반드시 암기해 두고 있어야 한다.

Part 3에서 식당과 관련한 내용은 주로 메인 식사나 디저트의 주문과 관련해 웨이터 또는 동석한 친구와 주고받는 대화문과 식당에서 음식에 대한 평가를 서로 나누는 내용 등의 대화문이 주로 등장한다. Part 1과 2의 식당과 관련해 학습한 어휘와 표현들을 잘 정리해 두면 청취 시 도움이 될 것이다.

반드시 기억해 두어야 할 필수 관련 표현들

1. 건강

What's the problem?	어디가 아프신가요?
She's touch and go.	그녀는 위험한 상태입니다.
I have a stomachache.	배가 아픕니다.
How long have you had this illness?	얼마동안 이 병을 앓으셨나요?
You should exercise regularly.	규칙적으로 운동을 하셔야 합니다.
What can I do about this problem?	이 병은 어떻게 해야 하나요?
Please roll up your sleeves.	소매를 걷어 올려주세요.

2. 식당

What would you like to have?	무엇을 드시겠습니까?
Would you like something to drink?	마실 것 좀 드릴까요?
Let me pick up the tab.	내가 쏠게.
Can I have a table for two, please?	두 사람 테이블로 부탁합니다.
How would you like your steak?	스테이크는 어떻게 해드릴까요?
I'll have the usual.	전 항상 먹는 걸로 할게요.
Will this be here or to go?	여기서 드실 건가요, 아니면 가져가실 건가요?
This dish isn't cooked properly.	이 음식 덜 익었어요.

PART 03

Theme 14
건강·식당

Mini-Test 음성파일을 듣고 다음 다섯 개 문항들을 직접 풀어보세요.

Part 3. *Choose the option that best answers the question.*

1. (a) (b) (c) (d)

2. (a) (b) (c) (d)

3. (a) (b) (c) (d)

4. (a) (b) (c) (d)

5. (a) (b) (c) (d)

Challenge! Dictation!

바로 정답을 확인하지 마시고, 다시 한 번 문제를 듣고 빈칸을 받아 적으며 정답을 맞춰보세요.

1. W: I think I'm sick. I have nausea.
   M: Are you ______________________________, too?
   W: Yes, I am.
   M: It sounds like you have a bad cold.
   W: I don't think I can go to work today.
   M: Yeah, you should ______________________________
   W: Thanks. And could you please call my office for me?
   M: Don't worry. I'll take care of it.

   Q: What can be inferred from the conversation?
   (a) The man is not feeling good today.
   (b) The woman is running to the hospital.
   (c) The man will ______________________________
   (d) The woman will ____________________ the man.

2. W: How can I help you?
   M: I'd like to ______________________________
   W: Do you have an insurance card?
   M: Sure. Here you are.
   W: Thanks. ______________________________ any drugs?
   M: Well, I'm allergic to penicillin. Other than that, I'm not allergic to anything else.
   W: Okay. I'll be right back.

   Q: Where is this conversation taking place?
   (a) At a hospital
   (b) At an ______________________________
   (c) At a ______________________________
   (d) At a dermatologist's office

3. M: Excuse me. I need to see a doctor now.
W: Do you have an appointment?
M: No, but I'm really sick. I ______________________________
W: I'm sorry, but you cannot see a doctor right now. There are other patients who have been waiting before you. So, please be patient and ____________________.
M: Okay. I will.
W: Have you been to our clinic before?
M: No, this is my first time.
W: I need you to ____.
When you're done, please take a seat over there. I will call your name when it's your turn.

Q: What does the man agree to do?
(a) To go and ______________________________
(b) To change the order
(c) To wait until it's his turn
(d) To submit the ______________________________

4. W: Excuse me, sir. May I take your order now?
M: Yes, I'd like to order the Seafood salad for an appetizer.
W: What would you like to have for main dish?
M: Well, I will have the _________________________________
W: And what would you like to have for dessert?
M: No, I'm not having dessert. I have to ____________________
W: Very well, sir. I will bring you some water first.

Q: Which is correct according to the conversation?
(a) The man is _____________________________________
(b) The man is ordering his meal.
(c) The man is placing an _____________________________
(d) The woman is the hostess of the party.

5. M: I'd like to reserve a table for tomorrow night at 7.
W: Sure, and how many people would that be for?
M: Eight.
W: A table for eight. No problem. Would it be okay if we ________________________ on the balcony?
M: That would be nice. Please do so, and make sure that everything is perfectly prepared before we arrive. This is a very important dinner meeting with my special clients.
W: Put your worries to rest, sir. We will not ____________________

Q: What is the conversation about?
(a) Confirming a reservation
(b) ____
(c) Suggesting a dinner idea
(d) Showing a ____

Theme 14

Answers 건강 • 식당

Part 03

1. W: I think I'm sick. I have nausea.
M: Are you running a temperature, too?
W: Yes, I am.
M: It sounds like you have a bad cold.
W: I don't think I can go to work today.
M: Yeah, you should stay in bed and get some rest.
W: Thanks. And could you please call my office for me?
M: Don't worry. I'll take care of it.

Q: What can be inferred from the conversation?

(a) The man is not feeling good today.
(b) The woman is running to the hospital.
(c) The man will call in sick for her.
(d) The woman will take care of the man.

해설

아픈 여자는 회사에 가지 못할 것 같다고 얘기하며, 남자에게 회사에 대신 전화해 줄 것을 부탁하고 있다. 이를 통해 남자가 여자 대신에 병가 전화를 걸어줄 것임을 유추해 볼 수 있다. 정답은 (c)이다.

해석

W: 나 아픈 것 같아. 구역질이 나.
M: 몸에 열도 나니?
W: 응.
M: 독감에 걸린 것 같구나.
W: 오늘 회사에 가지 못할 것 같아.
M: 그래. 침대에 누워서 휴식을 취해.
W: 고마워. 그리고 내 대신에 사무실로 전화 좀 해줄래?
M: 걱정하지 마. 내가 처리할 게.

Q: 대화로부터 추론할 수 있는 것은 무엇인가?
(a) 남자는 오늘 기분이 좋지 못하다
(b) 여자는 병원으로 달려가고 있는 중이다.
(c) 남자는 여자를 위해 병가 전화를 걸어줄 것이다.
(d) 여자는 남자를 돌봐줄 것이다.

어휘

nausea 메스꺼움
take care of ~을 처리하다
call in sick 전화로 병가를 신청하다
run a temperature 열이 나다

2. W: How can I help you?
M: I'd like to fill this prescription.
W: Do you have an insurance card?
M: Sure. Here you are.
W: Thanks. Are you allergic to any drugs?
M: Well, I'm allergic to penicillin. Other than that, I'm not allergic to anything else.
W: Okay. I'll be right back.

Q: Where is this conversation taking place?

(a) At a hospital
(b) At an insurance company
(c) At a pharmacy
(d) At a dermatologist's office

해설

대화가 일어나고 있는 장소를 유추해 내야 하는 문제유형이다. 남자가 처음으로 한 말인 'I'd like to fill my prescription'을 통해서 대화가 이루어지는 장소가 처방약을 타는 장소란 것을 알 수 있다. 그러므로 정답은 '약국에서'인 (c)이다.

해석

W: 무엇을 도와드릴까요?
M: 이 처방전대로 약 좀 지어주세요.
W: 보험카드 가지고 계신가요?
M: 물론이죠. 여기 있습니다.
W: 고맙습니다. 알레르기 반응을 일으키는 약물이 있으신가요?
M: 음, 전 페니실린에 알레르기 반응을 일으킵니다. 그것 말고는 알레르기 반응을 일으키는 것은 없습니다.
W: 알겠습니다. 금방 돌아오겠습니다.

Q: 다음 대화가 벌어지고 있는 곳은 어디인가?
(a) 병원에서
(b) 보험회사에서
(c) 약국에서
(d) 피부과 병원에서

어휘

insurance 보험
pharmacy 약국
dermatologist 피부과(의사)
fill the prescription 처방전대로 약을 조제하다
be allergic to ~에 알레르기 반응을 일으키다

3. M: Excuse me. I need to see a doctor now.
W: Do you have an appointment?
M: No, but I'm really sick. I ache all over the body.
W: I'm sorry, but you cannot see a doctor right now. There are other patients who have been waiting before you. So, please be patient and wait for your turn.
M: Okay. I will.
W: Have you been to our clinic before?
M: No, this is my first time.
W: I need you to fill out some paperwork. When you're done, please take a seat over there. I will call your name when it's your turn.

Q: What does the man agree to do?

(a) To go and see a doctor
(b) To change the order
(c) To wait until it's his turn
(d) To submit the assignment

해설

지금 당장 의사를 볼 수 있는지 여부를 요청하던 남자는 차례를 기다려 달라는 여성의 요청에 그러겠다고 답하고 있다. 그러므로 정답은 (c)이다. 이미 병원에 온 것이기 때문에 (a)는 정답이 될 수 없고, 병원 서류를 작성하는 것이 과제를 제출하는 것은 아니므로 (d) 역시 정답이 될 수 없다.

해석

M: 실례합니다. 지금 의사선생님을 뵈었으면 합니다.
W: 예약을 하셨나요?
M: 아뇨, 하지만 제가 정말 아파서요. 온몸 전체가 쑤십니다.
W: 죄송합니다. 지금 당장은 의사 선생님을 뵈실 수 없습니다. 환자분 전에 계속 기다리고 계시던 다른 환자분들이 있으시거든요. 그러니 참아주시고 순서를 기다려 주세요.
M: 알겠습니다. 그럴게요.
W: 저희 클리닉에 전에 오신 적 있나요?
M: 아뇨. 이번이 처음입니다.
W: 이 서류들을 작성해주셨으면 합니다. 다 되시면 저쪽으로 가셔서 자리에 앉아주세요. 환자분 차례가 되시면 제가 이름을 불러드릴게요.

Q: 남자가 동의하기로 한 것은 무엇인가?
(a) 병원에 가는 것
(b) 순서를 바꾸는 것
(c) 그의 차례가 되기까지 기다리는 것
(d) 과제를 제출하는 것

어휘

ache 아프다, 쑤시다
turn 차례, 순서
paperwork 서류사무
patient 환자

4. W: Excuse me, sir. May I take your order now?
M: Yes, I'd like to order the Seafood salad for an appetizer.
W: What would you like to have for main dish?
M: Well, I will have the Shrimp Cream Pasta.
W: And what would you like to have for dessert?
M: No, I'm not having dessert. I have to watch my weight.
W: Very well, sir. I will bring you some water first.

Q: Which is correct according to the conversation?

(a) The man is working out to lose weight.
(b) The man is ordering his meal.
(c) The man is placing an order for shrimps.
(d) The woman is the hostess of the party.

해설

정답을 쉽게 찾을 수 있는 문제다. 여자가 던지는 첫 번째 질문인 'May I take your order now?'를 통해서 쉽게 남자가 식사 주문을 하는 상황임을 알 수 있다. 그러므로 정답은 (b)이다. 남자가 체중을 조절하려는 것은 맞지만, 지금 운동하는 상황이 아니기에 (a)는 정답이 될 수 없고, 새우크림파스타를 주문하는 것이지 새우들을 주문하는 것은 아니기에 (c) 역시 정답이 될 수 없다.

해석

W: 실례합니다. 주문을 받아도 될까요?
M: 네, 전채음식으로 해산물 샐러드를 주문하고 싶습니다.
W: 주요 요리는 뭘 드시겠습니까?
M: 새우 크림 파스타로 할게요.
W: 디저트로는 무엇을 드시겠습니까?
M: 아뇨, 디저트는 먹지 않을 겁니다. 체중조절을 해야 하거든요.
W: 잘 알겠습니다. 우선 물을 가져다 드리겠습니다.

Q: 대화에 따르면 옳은 것은 무엇인가?
(a) 남자는 몸무게를 줄이기 위해 운동을 하고 있다.
(b) 남자는 식사를 주문하고 있다.
(c) 남자는 새우들을 주문하고 있다.
(d) 여자는 파티를 주최한 사람이다.

어휘

order 주문, 주문하다
seafood 해산물
appetizer 전체요리
shrimp 새우
watch one's weight 체중조절을 하다
work out 운동하다
place an order 주문하다

5. M: I'd like to reserve a table for tomorrow night at 7.
W: Sure, and how many people would that be for?
M: Eight.
W: A table for eight. No problem. Would it be okay if we set up an outside table on the balcony?
M: That would be nice. Please do so, and make sure that everything is perfectly prepared before we arrive. This is a very important dinner meeting with my special clients.
W: Put your worries to rest, sir. We will not disappoint you.

Q: What is the conversation about?

(a) Confirming a reservation
(b) Making a booking
(c) Suggesting a dinner idea
(d) Showing a positive attitude

해설

남자가 고객들과의 저녁 식사를 위해 식당에 예약을 하는 상황의 대화문이다. 그러므로 정답은 (b)이다. 예약을 하고 있는 것이지 확인하는 것은 아니며, 여자가 준비에 자신감을 내비추는 것은 세부적인 사항이지 대화의 주제가 아니다.

해석

M: 내일 저녁 7시로 테이블을 예약하고 싶습니다.
W: 물론이죠. 몇 명이서 오실 거죠?
M: 8명입니다.
W: 8명을 위한 테이블 말씀이시군요. 문제없습니다. 바깥 발코니에 테이블을 준비해도 괜찮을까요?
M: 그거 좋겠네요. 그렇게 해주세요. 그리고 저희가 도착하기 전에 모든 것이 완벽하게 준비되어 있도록 확실히 해주세요. 특별 고객분들과의 매우 중요한 저녁 식사 회의입니다.
W: 걱정하시 마십시오. 실망시켜드리지 않겠습니다.

Q: 대화문의 주제는 무엇인가?
(a) 예약 확인하기
(b) 예약하기
(c) 저녁 식사 아이디어 제안하기
(d) 긍정적인 자세를 보여주기

어휘

reserve 예약하다	prepare 준비하다	Put your worries to rest. 걱정하지 마세요.
set up 준비하다, 설치하다	client 고객	
make sure ~을 확실히 하다	disappoint 실망시키다	

Part 4

Theme 15
광고 • 공지 • 행사안내

30 DAYS TEPS 800+Final Sum-up

광고는 어느 특정 제품이나 서비스에 관한 내용을 들려주고, 광고된 제품/서비스가 무엇인지 그리고 그 특징이 무엇인지를 질문하는 유형이 등장한다. 그러므로 광고되는 대상이 무엇인지 정확히 파악하고, 무엇을 집중적으로 소개하고 있는지를 유심히 들어야 한다.

광고문의 경우 직원을 구하는 구인광고가 출제되기도 하는데, 구인광고의 경우 광고의 목적이 무엇인가를 묻는 유형의 질문들이 출제가 되고는 한다. 또한, 제품이 겨냥하는 고객층이 누군가를 묻는 추론형태의 질문 유형도 가끔 등장한다.

공지 및 행사안내의 경우 대중들에게 홍보의 성격으로 특정 사항을 알려주는 형식의 내용과 행사, 회담, 강연회 등의 행사들과 관련해서 안내사항들을 대중들에게 전달해 주는 내용들이 등장한다. 이 중 행사안내는 구체적인 시간, 장소 등이 언급되면서 이에 대한 세부사항을 묻는 질문들이 출제가 되기에, 내용을 메모해 두는 것이 문제 풀이에 도움이 된다.

출제 Question 유형

What is being advertised?
What is the announcement about?
What is the purpose of this advertisement?
What is the main focus of the announcement?
What is the main selling feature of the product?
What kind of product is being offered here?
Which is correct about the announcement?
Which of the following is correct according to the advertisement?

PART 04

Theme 15
광고 · 공지 · 행사안내

Mini-Test 음성파일을 듣고 다음 다섯 개 문항들을 직접 풀어보세요.

Part 4. *Choose the option that best answers the question.*

1. (a) (b) (c) (d)

2. (a) (b) (c) (d)

3. (a) (b) (c) (d)

4. (a) (b) (c) (d)

5. (a) (b) (c) (d)

Challenge! Dictation!

바로 정답을 확인하지 마시고, 다시 한 번 문제를 듣고 빈칸을 받아 적으며 정답을 맞춰보세요.

1. ANZ Premier is a personal banking package, ________________ banking needs. Wherever you are in the world, you'll have your own ANZ Premier Relationship Manager ________________________ And with more than 250 Premier Centers in over 40 countries, you'll enjoy the same recognition, priority service and ________________. To find out what's on offer with ANZ Premier, call 1800 345 3356.

   Q: What is being advertised?
   (a) ____
   (b) A international ______________________________
   (c) ____
   (d) An emergency operation plan.

2. The Dunn Human Nutrition Organization, a world renowned center for Bioenergetics research, ______________________________ to carry out research as an integral part of the group's programme for proteomic analysis of mitochondria using mass spectrometry. You ______________________________ in physics, chemistry, biochemistry or a related subject with some experience in a relevant area. Your salary is supported by a flexible pay and reward policy.

   Q: What is the purpose of this advertisement?
   (a) To ______________________________________
   (b) To ________________________ Bionergetics research
   (c) To let people know how to ______________________
   (d) To ______________________________________

3. Vogue Shutters are the safe and sustainable choice ______________
____.
Curtains contain toxic dyes and bleaches, whilst timber-based products decimate world forest supplies. Our shutters ___________
________ and are ______________________________________.
Draperies and timber-based products can produce microscopic, inhalable airborne fibers. The Vogue Shutter, with a non-porous surface, creates no dust and blocks harmful organisms. Finally, with a 20-year warranty, they will last longer than any window treatment,
____

Q: What is the purpose of this advertisement?
(a) To emphasize the ______________________________
(b) To promote timber-based __________________________
(c) To announce the harmful effects of curtains
(d) To introduce ___________________________________

4. With its Danish design and quality features, the Extreme X300 is
____.
The X300 offers the highest level of filtration and can remove 99.99 percent of airborne particles, and ___________________________
asthma and allergy sufferers. It is also equipped with 600 watts of suction power, but ________________________ at only 55 decibels.

Q: Which is correct about the Extreme X300 according to the advertisement?
(a) It ____
(b) It ____
(c) It ____
(d) It ______________________________________ 55 dollars.

5. The 9th International Conference on Wireless Information Networks and Systems ______________________________ 2009 at the Auckland Convention and Exhibition Center. __________ ____, ______________________, the conference is the largest and most significant forum for Wireless information and technology communities. This conference ______________________ international collaboration and ______________________ around the word, involved in the development of new concepts, techniques and instruments related to the Wireless Information Networks and Systems.

Q: Which of the following is true according to the announcement?
(a) The convention is ______________________
(b) The conference ______________________
(c) Anyone in New Zealand can ______________________
(d) The conference ______________________

Answers 광고 • 공지 • 행사안내

Part 04

1. ANZ Premier is a private banking package, tailored to your individual banking needs. Wherever you are in the world, you'll have your own ANZ Premier Relationship Manager who will help you make the most of the world's opportunities. And with more than 250 Premier Centers in over 40 countries, you'll enjoy the same recognition, priority service and emergency assistance worldwide. To find out what's on offer with ANZ Premier, call 1800 345 3356.

Q: What is being advertised?

(a) Local banking assistance
(b) An international investment package
(c) Personalized global financial service
(d) An emergency operation plan

해설

광고되고 있는 대상은 ANZ Premier라는 상품으로 이에 대한 정의는 첫 번째 문장에서 이미 드러나 있다. 바로 'private banking package' 즉, '개인전용의 은행업무 패키지'이다. 여기에 뒤에 덧붙여지는 설명을 통해서 이 서비스가 전 세계에 센터를 두고 고객들에게 제공되고 있음을 파악할 수 있다. 그러므로 정답은 '개인화된 세계 금융 서비스'인 보기 (c)이다. banking이란 정의에는 투자(investment) 이외에도 갖가지 은행업무가 포함되기 때문에 (b)는 정답이 될 수 없다.

해석

ANZ Premier는 개개인의 은행업무 필요성에 맞도록 짜인 개인 은행업무 패키지입니다. 세계 어느 곳에 계시던, 여러분들은 전 세계의 기회들을 최대한 이용하실 수 있도록 도와 드리는 ANZ Premier 관계 매니저를 두실 수 있습니다. 그리고 40여 개 국에 있는 250개가 넘는 Premier 센터들을 통해 여러분들은 동일한 인식, 우선권 그리고 비상 도움을 누리실 수 있습니다. ANZ Premier와 함께 어떠한 것들이 제공되는지 알고 싶으시다면 1800 345 3356번으로 전화 주십시오.

Q: 무엇이 광고되고 있는가?
(a) 지방 은행 도움
(b) 국제 투자 패키지
(c) 개인화된 세계 금융 서비스
(d) 비상 수술 계획

어휘

banking 은행업(무)	make the most of ~을 최대한 이용하다	recognition 인정, 인식
tailor (요구, 조건에) 맞추어 만들다	opportunity 기회	priority 중요함, 우선
individual 개개인의		offer 제안, 제공

2. The Dunn Human Nutrition Organization, a world renowned center for Bioenergetics research, wishes to appoint a post-doctoral scientist to carry out research as an integral part of the group's programme for the analysis of mitochondria using mass spectrometry. You will have a good honours degree in physics, chemistry, biochemistry or a related subject with some experience in a relevant area. Your salary is supported by a flexible pay and reward policy.

Q: What is the purpose of this advertisement?

(a) To make appointments with doctors and scientists
(b) To give people tips on Bionergetics research
(c) To let people know how to enroll for degree courses
(d) To seek a qualified researcher for the organization

해설

중간 중간 어려운 단어들이 등장하지만, 내용 자체는 평범한 구인광고에 불과하다. 관련 학위들과 관련 분야에서의 경력을 가진 박사학위 이수 과학자를 찾고 있다. 그러므로 정답은 (d)이다.

해석

생물에너지화학 연구로 전 세계적인 명성을 가진 센터인 Dunn Human Nutrition 협회는 질량 분광법을 활용해 미토콘드리아의 분석을 위한 그룹의 프로그램의 빠뜨릴 수 없는 부분으로서 연구를 실행할 박사과정을 끝낸 과학자 분을 임명하길 바라고 있습니다. 신청자는 물리, 화학 그리고 생화학 혹은 관련 과목에 대한 훌륭한 대학우등코스 졸업 학위와 관련 분야에서의 경험을 가지고 있어야 합니다. 연봉은 유연성 있게 지급되며 포상정책 또한 지원됩니다.

Q: 본 광고의 목적은 무엇인가?
(a) 의사와 과학자들과 약속들을 잡기 위해서
(b) 생물에너지학 연구에 대한 조언을 사람들에게 주기 위해서
(c) 사람들에게 학위 과정을 등록하는 방법을 알려 주기 위해서
(d) 협회를 위한 자격을 갖춘 연구원을 찾기 위해서

어휘

renowned 유명한, 명성이 있는
appoint 임명하다, 지정하다
post-doctoral 박사과정을 이수한
carry out 실행하다
integral 완전한, 필수의
spectrometry 분광법
relevant 관련된
flexible 유연성 있는
bioenergetics 생물에너지학
post-doctoral 박사과정을 끝낸

3. Vogue Shutters are the safe and sustainable choice for the environmentally conscious family wishing to decorate their home. Curtains contain toxic dyes and bleaches, whilst timber-based products decimate world forest supplies. Our shutters conserve natural resources and are 100 percent recyclable. Draperies and timber-based products can produce microscopic, inhalable airborne fibers. The Vogue Shutter, with a non-porous surface, creates no dust and blocks harmful organisms. Finally, with a 20-year warranty, they will last longer than any window treatment, leaving a smaller footprint in your environment.

Q: What is the purpose of this advertisement?

(a) To emphasize the importance of environmental conservation
(b) To promote timber-based furnishings
(c) To announce the harmful effects of curtains
(d) To introduce environmentally friendly home decor

해설

광고문의 경우 대개 초반에 글의 목적과 주제가 드러난다. 첫 번째 문장인 'Vogue Shutters are ~ environmentally conscious family wishing to decorate their home.'가 말하고자 하는 내용의 핵심으로 집 내부 장식의 일종인 자신들의 셔터가 갖고 있는 환경친화성을 내세워 광고하고 있다. 정답은 (d)이다.

해석

Vouge Shutters는 집을 꾸미길 원하시고 환경을 생각하는 가족들에게 안전하고 환경파괴적이지 않은 선택입니다. 커튼은 유해한 염료와 표백제를 담고 있고, 목재를 바탕으로 한 제품들은 세계 산림 공급량을 줄이고 있습니다. 저희의 셔터들은 자연의 자원들을 보호하고 100% 재활용이 됩니다. 두툼한 커튼 류나 목재를 바탕으로 하는 제품들은 미세하여 공중을 떠다니며 사람들에 의해 흡입될 수 있는 섬유를 생기게 할 수 있습니다. Vogue Shutter는 통기성이 없는 표면으로 먼지를 만들지 않고, 유해한 유기체들을 차단합니다. 마지막으로 20년간의 보증으로 저희 제품들은 여러분의 환경에 더 작은 발자국만을 남기며 다른 창문 제품들보다 더 오래 남을 것입니다.

Q: 본 광고의 목적은 무엇인가?
(a) 환경 보호의 중요성을 강조하기 위해서
(b) 목재를 바탕으로 한 가구를 홍보하기 위해서
(c) 커튼의 유해한 영향을 알리기 위해서
(d) 환경적으로 우호적인 집 장식을 소개하기 위해서

어휘

sustainable 유지할 수 있는, 환경이 파괴되지 않고 계속되는
environmental 환경적으로
conscious 의식하는, 자각하고 있는
decorate 꾸미다, 장식하다
toxic 독성의, 유독한
bleach 표백제
timber 목재
decimate 10분의 1을 줄이다
conserve 보존하다, 보호하다
drapery 두툼한 천의 커튼 류
microscopic 미세한
non-porous 통기성이 없는

4. With its Danish design and quality features, the Extreme X300 is perfect for those who want the complete vacuuming experience. The X300 offers the highest level of filtration and can remove 99.99 percent of airborne particles, and that's why it is ideal for asthma and allergy sufferers. It is also equipped with 600 watts of suction power, but is whisper quiet at only 55 decibels.

Q: Which is correct about the Extreme X300 according to the advertisement?

(a) It humidifies the air.
(b) It directly cures people with allergies.
(c) It doesn't make much noise.
(d) It is valued at 55 dollars.

해설

Extreme X300이란 진공청소기에 관한 광고 방송이다. 마지막에 언급된 'is whisper quiet at only 55 decibels'을 통해서 본 제품의 작동 소리가 굉장히 조용함을 알 수 있다. 그러므로 정답은 보기 (c)이다. 천식과 알레르기를 가진 사람들에게 이상적이라는 것은 그러한 질병을 가진 사람들에게 도움이 된다는 것이지 알레르기를 직접적으로 치료해준다는 것은 아니므로 (b)는 정답이 될 수 없다.

해석

덴마크식의 디자인과 질 좋은 특징들과 함께, Extreme X300는 완전한 진공청소의 경험을 원하시는 분들에게 완벽한 제품입니다. X300는 가장 높은 수준의 여과작용을 제공하며 공중에 떠다니는 입자의 99.99%를 제거할 수 있습니다. 그래서 이 제품이 천식과 알레르기로 고생하는 분들에게 이상적인 이유이지요. 또한 본 제품은 600와트의 흡입력을 장착하고 있지만, 겨우 55데시벨로 속삭이듯이 조용하답니다.

Q: 광고에 의하면 Extreme X300에 대해서 옳은 것은 무엇인가?
(a) 그것은 공기를 축축하게 해준다.
(b) 그것은 알레르기를 가진 사람들을 치료해준다.
(c) 그것은 많은 소음을 만들지 않는다.
(d) 그것은 가격이 55달러이다.

어휘

feature 특징	remove 제거하다	suction 흡입
vacuum 진공청소하다	airborne 공중에 떠 있는	decibel 데시벨(음향강도의 단위)
filtration 거르기, 여과	asthma 천식	

5. The 9th International Conference on Wireless Information Networks and Systems will be held from 9 July to 8 August 2009 at the Auckland Convention and Exhibition Center. Attracting more than 600 international and New Zealand delegates, the conference is the largest and most significant forum for Wireless information and technology communities. This conference seeks to promote international collaboration and exchange among all engineers and scientists around the word, involved in the development of new concepts, techniques and instruments related to the Wireless Information Networks and Systems.

Q: Which of the following is true according to the announcement?

(a) The convention is held in a different part of the world each year.
(b) The conference takes place between June and July.
(c) Anyone in New Zealand can participate in the conference.
(d) The conference encourages interaction among international scientists.

해설

무선 정보망과 시스템과 관련해 열리는 국제회의 개막과 관련한 안내문이다. 'This conference seeks to promote international collaboration and exchange among all engineers and scientists around the word'를 통해서 본 회의가 추구하는 바는 전 세계의 관련 종사들 간의 교류와 협력이라는 것을 알 수 있다. 그러므로 정답은 (d)이다. 국제회의지만 회의가 매년 다른 곳에서 열린다고 언급된 바가 없고, 참석자들로 한정된 수의 대표단(delegate)을 언급하고 있으므로 (a), (c)는 모두 정답이 될 수 없다.

해석

제 9회의 무선 정보망과 시스템에 관한 국제회의가 오클랜드의 회의 및 박람회 센터에서 2009년 7월 9일부터 8월 8일까지 열립니다. 600명이 넘는 국제 및 뉴질랜드의 파견단들이 참여하는 본 회의는 무선 정보 및 기술 사회에서 가장 크고 가장 중요한 포럼입니다. 본 회의는 신개념, 기술 그리고 무선 정보 네트워크와 시스템에 관련된 기구들의 발전에 관련되어 있는 전 세계의 기술자들과 과학자들 간의 국제적인 협동과 교류의 촉진을 모색하고자 합니다.

Q: 공지에 의하면 옳은 것은 무엇인가?
(a) 회의는 매년 세계의 다른 곳에서 열린다.
(b) 회의는 6월과 7월 사이에 열린다.
(c) 뉴질랜드에 있는 누구나 회의에 참여할 수 있다.
(d) 회의는 국제 과학자들 사이에 교호작용을 장려한다.

어휘

conference 회의, 회담	attract 끌어들이다	promote 촉진하다, 장려하다
wireless information network 무선정보망	delegate 파견단	collaboration 협동, 공동연구
	forum 포럼, 공개토론장	instrument 기구, 기계
convention 대표자 회의, 총회	seek 찾다, 추구하다	related to ~와 연관된

Part 4

Theme 16
뉴스 • 방송

30 DAYS TEPS 800+Final Sum-up

뉴스는 청해 Part 4의 3가지 유형인 대의파악, 세부사항, 그리고 유추에 걸쳐 보통 2~3문항씩 매 시험마다 출제가 될 만큼 비중이 높다. 일반적인 사건과 사고, 스포츠 소식 및 기타 여러 가지 문화, 환경, 건강 등을 주제로 다룬 뉴스 기사들이 출제된다.

보통 뉴스 기사들의 주제는 첫 부분에 등장한다는 것을 염두하고, 초반 내용을 놓치지 않도록 노력해야 뉴스의 주제나 요지 등을 묻는 대의파악 유형을 쉽게 풀 수 있다. 다소 까다롭다고 할 수 있는 세부파악 유형의 경우는 뉴스의 내용을 통해서 등장하는 특정 명사나 숫자 등을 따로 기록해 두어 문제를 풀 때 기억할 수 있도록 해야 한다.

방송과 관련한 지문에는 크게 날씨를 알려주는 기상예보 방송과 비행기나 공항의 안내방송이 있다. 기상예보는 일상적인 날씨와 관련한 내용 또는 허리케인 및 태풍과 같은 특별한 재해 관련 기상소식을 전하는 내용 둘 중 하나가 출제되고, 공항이나 비행기의 안내방송은 연착, 이륙, 착륙 등과 관련한 내용을 다루는 지문이 등장한다.

출제 Question 유형

What is the main idea of the news report?
What is the news report mainly about?
Which is correct according to the news report?
What is the speaker talking about?
Which is correct about the weather report?
What are the passengers being asked to do?
What is the flight attendant asking passengers to do?

PART 04

Theme 16
뉴스 · 방송

Mini-Test 음성파일을 듣고 다음 다섯 개 문항들을 직접 풀어보세요.

Part 4. *Choose the option that best answers the question.*

1. (a) (b) (c) (d)

2. (a) (b) (c) (d)

3. (a) (b) (c) (d)

4. (a) (b) (c) (d)

5. (a) (b) (c) (d)

Challenge! Dictation!

바로 정답을 확인하지 마시고, 다시 한 번 문제를 듣고 빈칸을 받아 적으며 정답을 맞춰보세요.

1. The federal government is introducing legislation to guarantee artists ____. A resale royalty, also called a droit de suite, entitles an artist to a royalty payment when a work they've created is resold. Under the bill, visual artists will receive 5% of the resale price on all sales ____. The royalty will continue to be accrued by the estate of an artist __________________________. The proposed law is currently being reviewed but, if passed, will apply to all resales from July this year.

   Q: What can be inferred from the news report?
   (a) The resale royalty law __________ by the federal government.
   (b) Artists are entitled to be paid resale royalties from their works for 70 years.
   (c) 5% of the ______________________ of the work will be given its creator.
   (d) Works ______________________ becomes law are not subject to the resale royalty.

2. The recession in America is proving a boon to military recruiters. A shrinking jobs market has hit the young with Pentagon polling showing the number of 16 to 21-year-olds planning to join the military increasing 9% to 13%. Coupled with an increased ____, this means the military can be more choosy, ______________________________ and recent drug abusers. There's also been a rise in ______________ ________________________ of recruits.

   Q: Which is correct according to the news report?
   (a) The current economic downturn _________ on military recruiters.
   (b) An increasing number of youngsters are __________________
   (c) ________________________ were allowed to join the army.
   (d) New recruiters will continue their education at the higher levels.

3. A new cold war is stirring between Russia and US astronauts in outer space over the issue of ______________________________ on the International Space Station. A Russian cosmonaut has complained he is no longer allowed to use a US lavatory and exercise bike, and is restricted to eating Russian food. He blames busybodies on Earth for the squabbles and says the lack of ______________

Q: What is the news report mainly about?
(a) ___________ the International Space Station construction.
(b) US-Russian ______________________________
(c) Russians' restricted access to the ____________________
(d) A sign of the warming US-Russian relationship.

4. Attention, all passengers for United Airlines flight number 387 bound for Darwin. The flight 387 ______________________________ at 8 am, but we're sorry to inform you that the flight will be delayed due to a heavy rain storm that caused serious flooding in this area. Fortunately, according to the weather forecast, the sky will clear up soon. Passengers for the flight 387, please wait near Gate 12 ____

Q: What is the main reason for the announcement?
(a) Gate change
(b) ______________________________
(c) Daily weather forecast
(d) ______________________________

5. Ladies and gentleman on board, this is your captain speaking. Now we're approaching Auckland where the local time is half past 3. ________________________ in Auckland International Airport in less than 20 minutes. At this stage, you should _______________ ____. The local weather forecast says we're having a high of 30 degrees and a low of 26 degrees centigrade while wind is blowing at 7 kilometer per hour. Please make sure ___________________________________ behind when you get off the plane.

Q: What are passengers being asked to do?
(a) ____________________________ their seat belts.
(b) ____
(c) Wear warm jackets to keep out of the cold.
(d) Get off the plane.

Answers 뉴스 · 방송

Part 04

1. The federal government is introducing legislation to guarantee artists a share of the proceeds when their original work is resold. A resale royalty, also called a droit de suite, entitles an artist to a royalty payment when a work they've created is resold. Under the bill, visual artists will receive 5% of the resale price on all sales after the first transfer of ownership. The royalty will continue to be accrued by the estate of an artist for 70 years after their death. The proposed law is currently being reviewed but, if passed, will apply to all resales from July this year.

Q: What can be inferred from the news report?

(a) The resale royalty law has been legislated by the federal government.
(b) Artists are entitled to be paid resale royalties from their works for 70 years.
(c) 5% of the intial purchase price of the work will be given to its creator.
(d) Works resold before the scheme becomes law are not subject to the resale royalty.

해설

예술가의 작품이 재판매되었을 때 예술가에게도 판매수익의 일부가 돌아가는 재판매 저작권료 법안과 관련한 내용의 뉴스방송이다. 중요한 것은 현재 이 법안이 법률로 제정된 것은 아니며 만약 제정이 된다고 할 경우 올해 7월부터나 적용이 될 것이라는 내용이다. 그러므로 추론될 수 있는 내용은 보기 (d)이다.

해석

연방정부는 예술가들에게 그들의 독창적인 작품이 재판매가 되었을 때 수익의 일부분을 보장해주는 법률제정을 도입하려고 하고 있습니다. droit de suite이라고도 불리는 재판매 저작권은 예술가들에게 그들이 창작해 낸 작품이 재판매가 되었을 때 저작권료의 지급을 받을 권리를 줍니다. 법안에 의하면, 시각 예술가들은 최초의 소유권 이전 이후의 모든 판매에 대한 재판매 가격의 5%를 받을 수 있게 됩니다. 저작권료는 예술가가 죽은 후에도 70년 동안 그의 부동산으로서 지속적으로 축적되게 될 것입니다. 제안된 이 법은 현재 검토중에 있지만 만약 통과가 될 경우, 올해 7월부터 모든 재판매에 대해서 적용이 될 것입니다.

Q: 이 뉴스 방송에 추론될 수 있는 것은 무엇인가?
(a) 재판매 저작권료 법은 연방 정부에 의해서 법률로 제정되었다.
(b) 예술가들은 70년 동안 그들의 작품들에 대해서 재판매 저작권료를 지불 받을 자격이 있다.
(c) 작품의 최초 판매 가격의 5%가 그것의 창조자에게 지불될 것이다.
(d) 본 계획안이 법이 되기 이전에 재판매된 작품들은 재판매 저작권의 영향을 받지 않는다.

어휘

federal government 연방정부	proceeds 수입, 수익	bill 법안
legislation 법률제정	royalty 저작권(료)	ownership 소유권
share 일부분	entitle (자격, 권리를) 주다	accrue 축적하다

2. The recession in America is proving a boon to military recruiters. A shrinking jobs market has hit the young with Pentagon polling showing the number of 16 to 21-year-olds planning to join the military increasing 9% to 13%. Coupled with an increased willingness of personnel to re-enlist, this means the military can be more choosy, ending the recruitment of felons and recent drug abusers. There's also been a rise in the education standards of recruits.

Q: Which is correct according to the news report?

(a) The current economic downturn took its toll on military recruiters.

(b) An increasing number of youngsters are reenlisting in the military.

(c) People with criminal pasts were allowed to join the army.

(d) New recruiters will continue their education at the higher levels.

해설

경기후퇴로 더 많은 젊은이들이 군대에 입대하려 하고, 더 많은 사람들이 재입대를 희망하고 있다는 내용의 뉴스 방송이다. 이로 인해, 군 징집 모집관들은 범죄자와 마약 중독자들을 입대시키던 것을 끝내고 좀 더 선택적으로 징집을 할 수 있다는 내용을 언급하고 있다. 그러므로 '범죄 기록을 가진 자들도 군 입대가 허락되어져 있었다'라는 (c)가 정답이 된다. 젊은이들의 경우 입대를 하고자 하는 수가 늘어나는 것이지 재입대를 하고자 하는 수가 늘어나는 것은 아니므로 (b)는 정답이 될 수 없다.

해석

미국에서의 경기침체가 군 신병 모집원들에게는 은혜임이 입증되고 있습니다. 점차 위축되어가는 고용시장이 청년들을 강타하자 펜타곤의 여론조사는 군에 입대하겠다는 16세에서 21세 청년들의 수가 9%에서 13%로 증가했음을 나타내고 있습니다. 재입대를 하려는 사람들의 의지도 같이 증가하게 되어, 이는 곧 군이 범죄자들과 최근의 마약 중독자들을 징집하던 것을 끝내고 좀 더 선별적으로 인원을 뽑을 수 있게 되었음을 의미합니다. 또한 징집자들의 교육 수준 또한 향상되었다고 합니다.

Q: 뉴스 방송에 따르면 옳은 것은 무엇인가?
(a) 최근의 경제 침체가 군 신병 모집원들에게도 피해를 끼쳤다.
(b) 점점 더 많은 수의 젊은이들이 군에 재입대를 하고 있다.
(c) 범죄 기록을 가진 사람들도 군 입대가 허락되어져 있었다.
(d) 새로운 징집자들은 더 높은 수준으로 그들의 교육을 지속할 것이다.

어휘

recession 경기후퇴	polling 여론조사를 하다	recruitment 동원, 모집
boon 은혜, 혜택	coupled with ~와 같이	n. recruit 신병
military 군대(의)	re-enlist 재입대하다	felon 중죄인
shrink 위축되다, 축소하다	choosy 가리는, 까다로운	take its toll on ~에 손해를 끼치다

3. A new cold war is stirring between Russia and US astronauts in outer space over the issue of who uses whose lavatory on the International Space Station. A Russian cosmonaut has complained he is no longer allowed to use a US lavatory and exercise bike, and is restricted to eating Russian food. He blames busy-bodies on Earth for the squabbles and says the lack of sharing is lowering morale.

Q: What is the news report mainly about?

(a) Disputes over the International Space Station construction.
(b) US-Russian quarrel for toilet in space.
(c) Russians' restricted access to the US space research center.
(d) A sign of the warming US-Russian relationship.

해설

국제 우주정류소에서 화장실 사용 문제로 러시아와 미국 우주비행사들 간에 새로운 냉전의 조짐이 나타나고 있다는 내용의 뉴스 기사이다. 그러므로 정답은 (b)이다. 보기 (c)는 화장실을 의미하는 lavatory와 연구소를 뜻하는 laboratory 간의 의미 차이를 이용한 오답 보기이다.

해석

국제 우주정류소에서 누가 누구의 화장실을 사용해야 하는가와 관한 문제로 바깥 우주에서 러시아와 미국 우주비행사들 간에 새로운 냉전이 꿈틀거리고 있다. 한 러시아 우주비행사는 그가 더 이상 미국의 화장실과 운동용 자전거를 사용할 수 없게 되었고, 러시아 음식만을 먹게 되었다는 것을 불평했다. 그는 이러한 사소한 다툼의 원인으로 지구의 참견하기 좋아하는 사람들을 비난하고, 나눔의 정이 부족한 것이 사기를 떨어트리고 있다고 말했다.

Q: 신문 기사의 주제는 무엇인가?
(a) 국제 우주 정류소 건설에 대한 논쟁
(b) 우주 화장실로 인한 미국과 러시아의 다툼
(c) 미국 우주 연구센터에 대한 러시아인들의 제한된 출입
(d) 미국과 러시아 간의 녹아드는 관계의 징조

어휘

stir 움직이다, 꿈틀거리다	cosmonaut (특히 러시아의) 우주비행사	share 나누다
lavatory(=toilet) 화장실	busybody 참견하기 좋아하는 사람	morale 사기, 의욕
astronaut 우주비행사	squabble 시시한 언쟁, 말다툼	

4. Attention, all passengers for United Airlines flight number 387 bound for Darwin. The flight 387 was originally scheduled to depart at 8 am, but we're sorry to inform you that the flight will be delayed due to a heavy rain storm that caused serious flooding in this area. Fortunately, according to the weather forecast, the sky will clear up soon. Passengers for the flight 387, please wait near Gate 12 until the next announcement.

Q: What is the main reason for the announcement?

(a) Gate change
(b) Last call for boarding
(c) Daily weather forecast
(d) Departure delay

해설

공항에서의 방송이다. 방송을 한 목적은 'We're sorry to inform you ~' 이후의 내용에서 드러나 있다. 호우로 인한 비행기의 연착을 탑승객들에게 알려주기 위함이 목적이다. 그러므로 정답은 보기 (d)이다.

해석

Darwin으로 향하는 United 항공사 387기편을 이용하실 승객 여러분들께 알려드립니다. 387기는 애초 오전 8시에 출발할 예정이었으나, 이 지역에 심각한 홍수를 불러일으킨 호우로 인해서 연기가 되었음을 알려드리게 되어 죄송합니다. 다행히도 기상예보에 의하면 곧 하늘이 갤 것이라고 합니다. 387기편에 탑승하실 승객들께서는 다음 방송이 있을 때까지 12번 출구에서 대기해 주시기 바랍니다.

Q: 방송을 한 주된 이유는 무엇인가?
(a) 출구 변경
(b) 탑승을 알리는 마지막 방송
(c) 하루 일기 예보
(d) 이륙 연기

어휘

passenger 승객	originally 애초에, 본래	boarding 탑승
bound for ~로 향하는	clear up (날씨가) 개다	delay 연기

5. Ladies and gentleman on board, this is your captain speaking. Now we're approaching Auckland where the local time is half past 3. We'll be landing in Auckland International Airport in less than 20 minutes. At this stage, you should remain in your seat with your seat belt fastened. The local weather forecast says we're having a high of 30 degrees and a low of 26 degrees centigrade while wind is blowing at 7 kilometer per hour. Please make sure not to leave any of your belongings behind when you get off the plane.

Q: What are passengers being asked to do?

(a) Unfasten their seat belts.
(b) Stay in their seats.
(c) Wear warm jackets to keep out of the cold.
(d) Get off the plane.

해설

기내에서 기장이 승객들에게 하는 안내방송이다. 기장이 승객들에게 두 가지 사항을 요청하고 있다. 하나는 안전벨트를 한 채로 자리에 머무르는 것이고, 다른 하나는 비행기를 내릴 때 소지품을 두고 내리지 않도록 하는 것이다. 그러므로 정답은 보기 (b)이다.

해석

기내에 계신 신사 숙녀 여러분. 저는 이 비행기의 기장입니다. 이제 저희는 현지 시각이 3시 30분인 오클랜드로 다가가고 있습니다. 저희는 20분 이내로 오클랜드 국제공항에 도착할 예정입니다. 현재 단계에서는 좌석에 안전벨트를 매신 상태로 계셔야 합니다. 현지 기상예보에 의하면 최고 온도 섭씨 30도, 최저 온도 섭씨 20도이며 바람은 시간당 7km로 분다고 합니다. 비행기를 내리실 때, 소지품을 놓고 내리지 않도록 하십시오.

Q: 승객들은 무엇을 하라고 요청되었는가?
(a) 좌석 벨트를 풀 것
(b) 자리에 머무를 것
(c) 추위를 막기 위해 따뜻한 재킷을 입을 것
(d) 비행기에서 내릴 것.

어휘

captain 기장	land 착륙하다	belongings 소지품
approach ~에 다가가다, 접근하다	remain 남다, 머무르다	
local time 현지시간	fasten 잠그다, 묶다	

Part 4

Theme 17

회의 • 소개 • 자동응답

30 DAYS TEPS 800+Final Sum-up

회의와 관련한 지문은 일반적인 프레젠테이션·또는 세미나, 포럼 등에서의 발표 내용이 포함된다. 주로 화자가 전달하고자 내용의 목적이나 주제가 무엇인지 그리고 세부적인 사항들을 파악해야 하는 질문 유형, 그리고 발표된 내용을 바탕으로 추론할 수 있는 것이 무엇인지 물어보는 질문들이 등장한다. 또한, 회의의 발표 내용은 화자의 주관적 견해가 드러나기 때문에, 화자의 태도나 어조 파악과 관련한 문제가 등장하기도 한다.

소개와 관련한 지문은 영화나 연극, 예술 작품들과 관련한 간단한 소개, 유명인사에 대한 소개 등이 등장한다. 이를 통해 화자가 주로 이야기하고자 하는 것이 무엇인지, 주어진 세부사항들로부터 추론할 수 있는 것은 무엇인지 등의 질문 유형이 등장한다.

전화기 자동응답과 관련한 지문은 주로 병원, 극장, 회사 등의 고객들을 위한 음성녹음 내용이 출제가 된다. 전화를 건 목적과 연관하여 어떤 전화버튼을 눌러야 하는지 묻는 질문 유형이 가장 대표적이다. 그 외, 메시지가 전달하고자 하는 목적이 무엇인지 묻는 질문 유형도 등장한다.

출제 Question 유형

What is the speaker talking about?
What is the main topic of the talk?
Which is correct according to the speaker?
What is the tone of the speaker?
What conclusion does the speaker offer?
What can be inferred from the talk?
What is the purpose of the message?
Which is correct according to the message?
What should a caller do to make a reservation?
What do you need to do to check directions to the movies?

PART 04

Theme 17
회의 · 소개 · 자동응답

Mini-Test 음성파일을 듣고 다음 다섯 개 문항들을 직접 풀어보세요.

Part 4. *Choose the option that best answers the question.*

1. (a) (b) (c) (d)

2. (a) (b) (c) (d)

3. (a) (b) (c) (d)

4. (a) (b) (c) (d)

5. (a) (b) (c) (d)

Challenge! Dictation!

바로 정답을 확인하지 마시고, 다시 한 번 문제를 듣고 빈칸을 받아 적으며 정답을 맞춰보세요.

1. Derek O'Connor's work has been called ________________________ ________________________. As a modernist aware of the limitations of the square canvas, O'Connor collapses foreground, midground and background through the use of color in a purely abstract way. Using vast quantities of paint, he sculpts his work, layer upon layer, with rhythmic gestures. Influenced by artists from Eugene Delacroix to Franz Klinc, he ______________________ the "tremendous energy and endless flux" of his daily practice of surfing.

   Q: What is the main subject of the talk?
   (a) Derek O'Connor's life and ____________________________
   (b) The diversity of Derek O'Connor's achievements.
   (c) __________________________ of Derek's work and himself.
   (d) The main source of the painter's ________________________

2. Let's be honest. As a form of communication, direct mail is not always top of mind. But in a cluttered media environment, it makes an awful lot of sense. That's because __________________________. Research shows that 89% of people open and read a ____________ ____________________________________. Now think of how many other commercial messages they're exposed to each day. It's thousands. Most of them forgotten in a millisecond. Mail is different, in that it's something people actually ________________________. Whether they're reading your message walking down the hallway, at their kitchen bench, or on the morning train, the fact is, they're reading it.

   Q: What conclusion can be inferred from the speech?
   (a) Writing a letter is the best way to _______________________
   (b) Advertisers should cut down the amount they print and distribute.
   (c) We should __________________ to write mails to each other.
   (d) Sending letters to home addresses ______________________

3. We have selected Dr. Michael Prince as the Best Young Gun in ____________________________ as he has not only built multiple high growth businesses while still practicing medicine full-time, but has also used the profits to establish The Emagine Foundation, which aims to close the digital divide in lesser developed countries like Sri Lanka. We ______________________________________ towards making a positive social contribution to these communities.

Q: What is the main purpose of the talk?
(a) Announcing the best doctor of the year.
(b) ______________ of young people in the Emagine Foundation.
(c) Explaining the reason behind the ______________________
(d) Appreciating the contributions made by the Foundation.

4. Hello, and thank you for calling Jack's Home Decoration. We're sorry, but we cannot ____________________________________, as all of our representatives are on other lines assisting other customers. The waiting time will be approximately between 2 and 3 minutes. If you don't have time to wait, you can just ____________ ______________ by pressing zero. After the beep, please leave your name, phone number and the items you need. And one of our friendly staff members will get back to you as soon as possible. Thank you again for calling Jack's Home Decoration.

Q: What is the main idea of the passage?
(a) There is a sufficient number of sales representatives.
(b) Customers should be patient to _______________________
(c) The store ____________________ on the answering machine.
(d) The store staff are very kind and attentive.

5. You have reached the John Cook University Health Service On-call Message Center, designed to help you when the Health Center is closed. Our office hours are from Monday through Friday, 8:00 AM to 6:00 PM and Saturday from 10:00 AM to 3 PM. If you have a ________________________________ or wish to schedule an appointment, please press 1. If you have a question or a problem that you feel ____, please press 2. If you're a hospital or emergency room physician calling, please hang up and dial 4376. If you want to learn more about our center, check out our webpage at www.JohnCookHealth.com.

Q: What should a caller do to talk about urgent matters?
(a) Press 1
(b) Press 2
(c) Call another number
(d) Check the web page

Answers 회의 · 소개 · 자동응답

Part 04

1. Derek O'Connor's work has been called vigorous, chaotic, intense, decorative and animated. As a modernist aware of the limitations of the square canvas, O'Connor collapses foreground, midground and background through the use of color in a purely abstract way. Using vast quantities of paint, he sculpts his work, layer upon layer, with rhythmic gestures. Influenced by artists from Eugene Delacroix to Franz Klinc, he attempts to convey what he calls the "tremendous energy and endless flux" of his daily practice of surfing.

Q: What is the main subject of the talk?

(a) Derek O'Connor's life and his artistic production.
(b) The diversity of Derek O'Connor's achievements.
(c) The specific characters of Derek's work.
(d) The main source of the painter's inspiration.

해설

Derek O'Connor란 예술가의 작품 특징을 소개하고 있는 내용의 글이다. 사람들로부터 작품이 어떻게 불리는지와 O'Connor 씨가 작품을 그리는 방식이 중점이 돼서 설명이 되고 있다. 그러므로 담화의 주제는 'Derek 씨 작품의 구체적인 특징들'인 보기 (c)가 정답이다. 본문에서 Derek 씨의 삶을 다룬 내용은 없고, 성과의 다양성 또한 구체적으로 언급된 바가 없다. 그러므로 (a), (b)는 정답이 될 수 없다.

해석

Derek O'Connor 씨의 작품은 박력 있고, 무질서하며, 격렬하고, 장식적이며 활기차다고 불립니다. 사각형 캔버스의 한계를 잘 인식하고 있는 근대주의자로서, O'Connor 씨는 순전히 추상적인 방식으로 색을 사용함으로써 전경과 중앙부, 그리고 원경을 무너뜨립니다. 막대한 양의 페인트를 사용하면서 그는 자신의 작품을 층층이 리드미컬한 손짓으로 조각합니다. Eugene Delacroix에서 Franz Klinc까지의 예술가들에 의해서 영향을 받은 그는 그 자신이 매일의 서핑 훈련의 놀라운 에너지와 끝이 없는 흐름을 전달하기 위해 노력하고 있습니다.

Q: 담화의 주제는 무엇인가?
(a) Derek O'Connor의 삶과 그의 예술적 작품
(b) Derek O'Connor의 성과의 다양성
(c) Derek 씨 작품의 구체적인 특징들
(d) 화가의 영감의 주요한 원천

어휘

vigorous 박력 있는	modernist 근대주의자	diversity 다양성
chaotic 혼돈된, 무질서한	foreground 전경	specific 구체적인
intense 격렬한	vast 막대한	inspiration 영감
decorative 장식적인	sculpt 조각하다	
animated 활기찬	artistic 예술적인	

2. Let's be honest. As a form of communication, direct mail is not always top of mind. But in a cluttered media environment, it makes an awful lot of sense. That's because mail really engages people. Research shows that 89% of people open and read a personally addressed letter. Now think of how many other commercial messages they're exposed to each day. It's thousands. Most of them forgotten in a millisecond. Mail is different, in that it's something people actually choose to interact with. Whether they're reading your message walking down the hallway, at their kitchen bench, or on the morning train, the important fact is, they're reading it.

Q: What conclusion can be inferred from the speech?

(a) Writing a letter is the best way to express your feelings.
(b) Advertisers should cut down the amount they print and distribute.
(c) We should encourage people to write mails to each other.
(d) Sending letters to home addresses gets advertising messages through better.

해설

광고 메시지(commercial message)를 사람들에게 더 잘 전달하기 위한 방법으로 직접 편지를 쓰는 방법을 말하고 있다. 그 예로 집 주소로 보낸 편지는 사람들의 89%가 읽는다는 점을 지적하고 있다. 그러므로 이 글에서 추론할 수 있는 결론은 '집 주소로 보내는 광고 메시지가 더 잘 전달된다'는 보기 (d)이다. 여기서 말하는 편지를 쓰는 목적은 보내는 이의 감정을 잘 표현하기 위함이 목적이 아니기 때문에 (a)는 정답이 될 수 없다.

해석

솔직해집시다. 통신의 방법으로써 편지를 바로 보내는 것이 항상 마음속에 먼저 떠오르지는 않습니다. 하지만 혼잡스러운 미디어 환경에서, 그것은 대단히 뜻이 통할 수 있다. 왜냐면 편지는 정말로 사람의 마음을 끌기 때문입니다. 연구조사에 의하면 89%의 사람들이 개인에게 주소가 적혀 온 편지를 열고 읽어 본다고 합니다. 이제 얼마나 많은 다른 광고용 메시지들에 사람들이 노출되어 있는지 생각해 봅시다. 그것은 수천 건입니다. 이것들 중 대부분은 천분의 일초도 되지 않아서 잊혀집니다. 편지는 그것이 사람들이 실상 서로 간에 상호작용을 하기 위해 선택하는 것이라는 점에서 다릅니다. 사람들이 여러분의 메시지를 복도를 걸으면서 읽거나 부엌탁자에서 읽거나 혹은 아침 기차에서 읽거나, 중요한 사실은 사람들이 그것을 읽는다는 것이죠.

Q: 다음 연설에서 무슨 결론을 추론할 수 있는가?
(a) 편지를 작성하는 것은 당신의 감정을 표현하기 위한 최선의 방법이다.
(b) 광고주들은 그들이 인쇄하고 유통하는 양을 줄여야만 한다.
(c) 우리는 사람들이 서로에게 편지를 쓰도록 장려해야 한다.
(d) 집 주소로 편지를 쓰는 것은 광고 메시지를 더 잘 전달시킬 수 있다.

어휘

clutter 어지르다, 혼잡스럽게 하다	makes sense 이치에 맞다, 뜻이 통하다	millisecond 1000분의 1초
awful 대단한, 엄청난	engage (마음을) 끌다	interact 상호작용하다

3. We have selected Dr. Michael Prince as the Best Young Gun in Small Business as he has not only built multiple high growth businesses while still practicing medicine full-time, but has also used the profits to establish The Emagine Foundation, which aims to close the digital divide in lesser developed countries like Sri Lanka. We salute his efforts and commitment towards making a positive social contribution to these communities.

Q: What is the main purpose of the talk?

(a) Announcing the best doctor of the year.
(b) Promoting the participation of young people in the Emagine Foundation.
(c) Explaining the reason behind the selection of the awardee.
(d) Appreciating the contributions made by the Foundation.

해설

의사로 활동하며 동시에 여러 개의 기업체를 운영하며 올린 수익으로 재단까지 운영하는 마이클 프린스 박사를 소사업체의 떠오르는 인물로 선정하게 된 이유들을 설명하고 있다. 정답은 '수상자 선정의 이유 설명'이라는 보기 (c)이다. 언급되는 인물의 직업이 의사(Doctor)라는 것에서 (a)를 오답으로 고르는 실수를 범해서는 안 된다.

해석

저희는 Michael Prince 의사선생님을 그가 풀타임으로 아직도 환자들의 진료를 하고 있으면서 다수의 높은 성장률의 사업체들을 세웠다는 것뿐만이 아니라, 스리랑카와 같은 덜 발전된 국가들에 디지털 격차를 줄이는 것을 목표로 하는 Emagine 재단의 설립을 위해 수익을 사용하였기에 소기업 최고의 떠오르는 인물로 선정하였습니다. 저희는 이러한 사회들에 긍정적인 사회적 공헌을 하려는 그의 헌신과 노력에 경의를 표하는 바입니다.

Q: 담화의 주요 목적은 무엇인가?
(a) 당해 최고의 의사를 발표하기
(b) Emagine 재단에서의 젊은이들의 참여 촉구하기
(c) 수상자 선정의 이유 설명하기
(d) 재단에 의한 공헌에 감사하기

어휘

Young gun 떠오르는 인물(스타)	divide 분열, 격차	commitment 헌신, 의무
multiple 다수의	salute 경의를 표하다	contribution 공헌
practice medicine 병원을 영업하다	effort 노력	awardee 수상자

4. Hello, and thank you for calling Jack's Home Decoration. We're sorry, but we cannot take your call at the moment, as all of our representatives are on other lines assisting other customers. The waiting time will be approximately between 2 and 3 minutes. If you don't have time to wait, you can just leave your order message with us by pressing zero. After the beep, please leave your name, phone number and the items you need. And one of our friendly staff members will get back to you as soon as possible. Thank you again for calling Jack's Home Decoration.

해설

전화 녹음 메시지가 전달하고자 하는 주된 내용이 무엇인가를 알아내야 한다. 전화 메시지가 말하고자 하는 주된 내용은 현재 모든 직원들이 통화중이기 때문에 고객들에게 기다리던지 혹은 전화상으로 주문과 관련한 내용을 남길 수 있다는 사실을 알려주는 것이다. 그러므로 정답은 보기 (c)이다. (a)는 본문의 내용과 일치하지 않고 (b), (d)는 모두 메시지의 주제와는 거리가 먼 내용들이다.

Q: What is the main idea of the message?

(a) There is a sufficient number of sales representatives.
(b) Customers should be patient to place an order.
(c) The store receives orders left on the answering machine.
(d) The store staff are very kind and attentive.

해석

안녕하세요. 잭의 Home Decoration에 전화 주셔서 감사합니다. 죄송합니다만, 저희의 모든 직원들이 다른 고객들을 응대하고 있기 때문에 저희가 지금 전화를 받을 수가 없습니다. 대기 시간은 약 2분에서 3분 정도가 될 것입니다. 만약 기다릴 시간이 없으시다면, 0번을 누르시고 주문 메시지를 남겨주시면 되겠습니다. 삐 소리가 난 후에, 성함과 전화번호 그리고 필요하신 물품들을 말씀해 주십시오. 저희의 친절한 직원 중 한 명이 가능한 빨리 여러분께 연락을 드릴 것입니다. 다시 한 번 잭의 Home Decoration에 전화 주셔서 감사합니다.

Q: 메시지의 주제는 무엇인가?
(a) 충분한 수의 판매직원들이 있다.
(b) 고객들은 주문을 하기 위해서 인내심이 있어야 한다.
(c) 가게는 자동응답기에 남겨진 주문을 받는다.
(d) 가게 직원들은 매우 친절하고 세심하다.

어휘

at the moment 현재, 바로 지금
assist 돕다, 거들다
approximately 대략, 거의
as soon as possible 가능한 빨리
representative 대표자, 대리인, 판매대리인

5. You have reached the John Cook University Health Service On-call Message Center, designed to help you when the Health Center is closed. Our office hours are from Monday through Friday, 8:00 AM to 6:00 PM and Saturday from 10:00 AM to 3 PM. If you have a non-urgent question or wish to schedule an appointment, please press 1. If you have a question or a problem that you feel cannot wait until the office is open, please press 2. If you're a hospital or emergency room physician calling, please hang up and dial 4376. If you want to learn more about our center, check out our webpage at www.JohnCookHealth.com.

해설

녹음된 음성 메시지 상에서 긴급한 상황에서 어떻게 해야 하는지와 관련된 내용을 찾아야 한다. 본문에서는 긴급한 일이란 직접적인 용어 대신에 'a question or a problem that you feel cannot wait until the office is open'으로 표현했다. 그러므로 정답은 (b)이다. 본문에서 언급된 non-urgent를 들은 후 비슷한 단어라 착각하여 (a)를 고르는 실수를 범하면 안 된다.

Q: What should a caller do to talk about urgent matters?

(a) Press 1
(b) Press 2
(c) Call another number
(d) Check the web page

해석

여러분은 John Cook 대학교의 의료센터가 문을 닫았을 때, 여러분들을 도와드릴 수 있도록 되어있는 건강 서비스 대기 메시지 센터로 전화를 주셨습니다. 저희의 근무시간은 월요일부터 금요일 아침 8시에서 오후 6시까지이며, 토요일은 아침 10시부터 오후 3시까지입니다. 만약 궁금하신 질문이 긴급하지 않은 것이거나, 혹은 예약을 하시길 원하시는 것이면 1번을 눌러주십시오. 만약 가지고 계신 질문이나 문제가 병원이 열기까지 기다릴 수가 없는 것이라면 2번을 눌러주십시오. 만약 병원이나 응급실 의사선생님께서 전화를 하신 것이라면 지금 전화를 끊으시고 4376으로 전화를 걸어주십시오. 저희 센터에 대해서 더 많은 내용을 알고 싶으시다면 www.JohnCookHealth.com 웹사이트를 방문해 주세요.

Q: 긴급한 사항들을 이야기 하고 싶다면 전화 건 사람은 무엇을 해야 하는가?
(a) 1번을 누른다.
(b) 2번을 누른다.
(c) 다른 번호로 전화를 건다.
(d) 홈페이지를 확인한다.

어휘

reach (전화 등으로) 연락하다	non-urgent 긴급하지 않은	on call 대기하고 있는, 언제든지 사용할 수 있는
office hours 근무시간, 영업시간	physician 의사	

Part 4

Theme 18

학술 • 강의

30 DAYS TEPS 800+Final Sum-up

학술 · 강의와 관련된 지문들은 주로 인문, 사회, 자연 과학, 예술 등과 관련한 내용이 등장한다. 강의라는 주제의 특성상 말하고자 하는 주제는 대개 지문의 초반에 등장한다. 하지만, 중간에 however, but 등의 접속사가 등장할 경우 그 뒤에 나오는 내용이 주제일 확률이 높다.

세부사항과 추론문제 유형 역시 빈도 높게 출제가 되는데, 기본적으로 언급되는 주요 포인트들을 메모하며 적는 것이 중요하다. 추론문제의 경우, 화자가 주제 내용에 대해서 어떠한 입장으로 이야기하고 있는지와 언급하는 내용들을 어떻게 평가하는지 등에 중점을 두어 듣도록 한다.

다른 주제유형들에 비해서 언급되는 단어의 난이도가 상당하므로, 평소 어휘실력이 제대로 뒷받침되어 있지 않으면 굉장히 어렵게 느껴질 수밖에 없다. 평소에 TEPS에 출제되었던 다양한 학술관련 지문들을 읽어보며 어휘들을 정리해 놓는 노력이 필요하다.

출제 Question 유형

What is the talk mainly about?
What is the main topic of the lecture?
What is the main idea of the lecture?
What is the speaker talking about?
Which is correct according to the lecture?
What can be inferred from the talk?
According to the speaker, which is correct about swine flu?

PART 04

Theme 18
학술·강의

Mini-Test 음성파일을 듣고 다음 다섯 개 문항들을 직접 풀어보세요.

Part 4. *Choose the option that best answers the question.*

1. (a) (b) (c) (d)

2. (a) (b) (c) (d)

3. (a) (b) (c) (d)

4. (a) (b) (c) (d)

5. (a) (b) (c) (d)

Challenge! Dictation!

바로 정답을 확인하지 마시고, 다시 한 번 문제를 듣고 빈칸을 받아 적으며 정답을 맞춰보세요.

1. Prussian troops invaded France in 1792. The road to Paris seemed open until the troops were held up by a minor military engagement at Valmy. 52,000 French troops confronted 34,000 Prussians but the battle amounted to little more than a desultory exchange of cannon fire. There were 300 French and 180 Prussian casualties. Though of ____, the skirmish was of great significance politically. If the Prussians had won, Paris would have fallen and ____________________________ the French Revolution.

   Q: What can be inferred from the lecture?
   (a) The Prussians helped ______________________________
   (b) The Prussians attacked France to defer the French Revolution.
   (c) The war between the two countries ___________________ both militarily and politically.
   (d) French Revolution ________________________________ if the Prussia had won the war.

2. The ______________________________________ in Malaysia has prompted a rethink of human arrival in our region. The discovery of hand axes dated to 1.8 million years ago at Bukit Bunuh on the Malaysian Peninsular pushes back the date at which the first humans are though to have left Africa. However, Prof Colin Groves of the New Castle University's School of Archaeology and Anthropology thinks the real significance of the find lies elsewhere. He thinks the early date for ____ as hand axes had not previously been found anywhere near this date.

   Q: What is the main idea of the lecture?
   (a) The new discovery can change the _______________ Africa.
   (b) Primitive men left Malaysia much earlier than we _________
   (c) The unearthed stone axes might change the date of _________
   (d) The human's first job could be described through the discovery of the stones.

3. The high rate of Sudden Infant Death Syndrome among pre-term babies may be explained by the discovery that premature babies have low blood pressure while sleeping in the first 6 months of life. The Sudden Infant Death Syndrome rate among premature babies ____ that of babies carried to term. Although the cause of this syndrome is not known, it has been hypothesized that the underlying mechanism of the syndrome involves a fall in blood pressure during sleep combined with a failure of the baby to arouse from sleep, which would normally restore blood pressure. Especially, sleeping on the stomach ______________________________________ for the syndrome because babies placed on their stomachs have lower blood pressure than those on their backs.

Q: Which is correct according to the talk?
(a) Children who have high blood pressure have a higher risk of Sudden Infant Death Syndrome.
(b) The causes of Sudden Death Infant Syndrome have been identified recently.
(c) Full-term babies are __________ Sudden Death Infant Syndrome.
(d) Putting infants to bed on their backs is an identified risk factor for Sudden Death Infant Syndrome.

4. There is growing recognition for the need to treat Social Anxiety Disorder effectively early in adulthood. It almost always develops before the age of 27 and is ______________________________ in young adults. It rarely resolves itself naturally across the lifespan and there is no doubt this disorder has a detrimental effect on the individual and our society. People with Social Anxiety Disorder ___________________________________, experience greater social isolation, and show poorer educational and work outcomes. In addition, people who develop this syndrome may go on to feel hopeless, depressed, and may use substances to cope with anxiety.

Q: Which is correct about Social Anxiety Disorder according to the lecture?
(a) Social Anxiety Disorder is regarded as a first indicator for future physical health problems.
(b) _________ of Social Anxiety Disorder is not always effective.
(c) People with Social Anxiety Disorder will ______________
(d) The symptoms of Social Anxiety Disorder usually go away on their own.

5. Stone age humans ________________________________ who cooked up a sophisticated type of natural glue. Using red ochre pigment blended with the gum of acacia trees they created adhesives for their tools. Archaeologists had believed the red substance __________________________. But researchers recreated the ancient glue using only Stone Age materials and technologies. The results showed that glue containing red ochre was tougher than glue made from acacia gum alone, and was better at securing stone tools to wooden shafts. The finding suggests the intelligence of early man _______________ that of modern humans than previously thought.

Q: What is the main topic of the talk?
(a) The _______________________ among Stone-age people.
(b) The prehistoric glue hinting at ______________________
(c) The secret behind how to make glue.
(d) The stupidity of human beings in general.

Part 04

1. Prussian troops invaded France in 1792. The road to Paris seemed open until the troops were held up by a minor military engagement at Valmy. 52,000 French troops confronted 34,000 Prussians but the battle amounted to little more than a desultory exchange of cannon fire. There were 300 French and 180 Prussian casualties. Though of little importance militarily, the skirmish was of great significance politically. If the Prussians had won, Paris would have fallen and that would have been the end of the French Revolution.

Q: What can be inferred from the lecture?

(a) The Prussians helped the French Revolution succeed.
(b) The Prussians attacked France to defer the French Revolution.
(c) The war between the two countries was of great significance both militarily and politically.
(d) French Revolution could have not been accomplished if the Prussia had won the war.

해설

프로이센과 프랑스 간의 전투를 통해서 이를 프랑스 혁명과 연관시켜 이 전투가 갖는 정치적 의미를 설명해 주고 있는 글이다. 마지막 문장인 'If the Prussians had won, ~ would have been the end of the French Revolution.'를 통해서 만약 프로이센이 승리했다면, 이는 곧 프랑스 혁명의 끝이었을 것이라는 화자의 의견을 알 수 있다. 그러므로 정답은 보기 (d)이다. 프로이센 사람들이 직접적으로 프랑스 혁명을 도우려고 했다거나 반대로 늦추려고 했다는 내용은 언급되어 있지 않으므로 (a), (b) 모두 정답이 될 수 없다.

해석

프로이센 병력은 프랑스를 1792년 침공했습니다. 프랑스로 향하는 길은 프로이센 병력이 발미에서 규모가 작은 군사 교전에 의해 늦춰지기 전까지 열려있는 것처럼 보였습니다. 52,000명의 프랑스 병력은 34,000명의 프로이센 병력과 대항하였지만, 전투는 단편적인 대포포격의 교환정도에 불과했습니다. 약 300명의 프랑스 사상자와 180명의 프로이센 사상자가 있었습니다. 군사적으로 비록 그 중요성이 크지 않지만, 이 작은 충돌은 정치적으로 큰 중요성을 띠고 있습니다. 만약 프로이센 병력이 승리하였다면, 파리가 붕괴되었을 것이고, 이로 인해 프랑스 혁명이 종결될 수도 있었기 때문이지요.

Q: 강의로부터 추론할 수 있는 것은 무엇인가?
(a) 프로이센 사람들은 프랑스 혁명이 성공하도록 도와주었다.
(b) 프로이센 사람들은 프랑스 혁명을 늦추기 위해서 프랑스를 공격하였다.
(c) 두 나라 간의 전쟁은 군사적으로도 정치적으로도 큰 중대성을 가진다.
(d) 프랑스 혁명은 프로이센이 전쟁을 승리했다면 이뤄지지 못했을 수도 있다.

어휘

prussian 프로이센의, 프로이센 사람
invade 침입하다, 침략하다
troops 군대, 병력
be held up 연기되다, 늦춰지다
engagement 싸움, 교전
amount (to) ~에 이르다, 되다
desultory 산만한, 단편적인
casualties 사상자 수
skirmish 작은 전투(충돌)
the French Revolution 프랑스 혁명

2. The discovery of ancient stone tools in Malaysia has prompted a rethink of human arrival in our region. The discovery of hand axes dated to 1.8 million years ago at Bukit Bunuh on the Malaysian Peninsular pushes back the date at which the first humans are though to have left Africa. However, Prof Colin Groves of the New Castle University's School of Archaeology and Anthropology thinks the real significance of the find lies elsewhere. He thinks the early date for human occupation could be expected as hand axes had not previously been found anywhere near this date.

Q: What is the main idea of the lecture?

(a) The new discovery can change the way human beings think about Africa.
(b) Primitive men left Malaysia much earlier than we used to think.
(c) The unearthed stone axes might change the date of the first human residence.
(d) The human's first job could be described through the discovery of the stones.

해설

말레이시아서 발견된 돌연장이 고고학적으로 어떠한 의미를 갖는지에 대해서 다른 교수의 의견을 인용해 설명해주고 있다. 발견된 손도끼가 갖는 의미는 우선 우리가 생각해왔던 것보다 인간들이 아프리카를 떠난 날짜가 더 이전일 수도 있다는 것과, 그보다 더 중요성을 띠는 것으로, 손도끼의 발견이 인간의 최초 거주일자를 예상할 수 있다는 것 두 개이다. 그러므로 정답은 보기 (c)이다. 보기 (d)는 occupation의 다른 의미는 '직업'을 이용한 오답 보기이다.

해석

말레이시아에서의 고대 돌연장의 발견은 우리 지역에 인간의 도착과 관련해 다시 한 번 생각하게끔 합니다. 말레이시아 반도의 Bukit Bunuh에서 백팔십만 년 전의 것으로 추정되는 손도끼의 발견은 첫 번째 인류가 아프리카를 떠났다고 생각되어져왔던 시기를 더 거슬러 올라가게끔 합니다. 하지만, 뉴캐슬 대학교 고고학/인류학 대학원 교수는 이 발견의 진정한 의의는 다른 곳에 있다고 생각하고 있습니다. 그는 이 날짜 근처의 손도끼는 이전에 어디에서도 발견된 적이 없기 때문에, 인간의 거주 최초 날짜가 예상되어질 수도 있다고 생각하고 있습니다.

Q: 본 강의의 주제는 무엇인가?
(a) 새로운 발견은 인간들이 아프리카에 대해 생각하는 방식을 변화시킬 수 있다.
(b) 원시인들은 우리가 생각했던 것보다 말레이시아를 훨씬 더 일찍 떠났다.
(c) 발굴된 돌도끼는 최초 인간의 거주 일을 변경할지도 모른다.
(d) 인간의 첫 번째 직업이 이 돌들의 발견으로 설명되어질 수도 있다.

어휘

discovery 발견	ax 도끼	anthropology 인류학
tool 도구, 연장	date ~의 연대를 추정하다	occupation 거주, 점유
prompt 자극하다, 촉구하다	archaeology 고고학	previously 이전에

3. The high rate of Sudden Infant Death Syndrome among pre-term babies may be explained by the discovery that premature babies have low blood pressure while sleeping in the first 6 months of life. The Sudden Infant Death Syndrome rate among premature babies is more than double that of babies carried to term. Although the cause of this syndrome is not known, it has been hypothesized that the underlying mechanism of the syndrome involves a fall in blood pressure during sleep combined with a failure of the baby to arouse from sleep, which would normally restore blood pressure. Especially, sleeping on the stomach is a well-known risk factor for the syndrome because babies placed on their stomachs have lower blood pressure than those on their backs.

Q: Which is correct according to the talk?

(a) Children who have high blood pressure have a higher risk of Sudden Infant Death Syndrome.
(b) The causes of Sudden Death Infant Syndrome have been identified recently.
(c) Full-term babies are less likely to die from Sudden Death Infant Syndrome.
(d) Putting infants to bed on their backs is an identified risk factor for Sudden Death Infant Syndrome.

해설

어휘가 어렵고 지문과 선택지들의 내용이 길기 때문에 어렵게 느껴질 수 있는 문제다. 초반에 언급된 'The Sudden Infant Death Syndrome rate among pre-mature babies is more than double that of babies carried to term'을 통해서 조산아이가 만삭 때 태어난 아이들보다 본 증후군에 걸릴 확률이 두 배가 높다는 것을 파악할 수 있다. 그러므로 정답은 보기 (c)이다. 'babies carried to term'을 'Full-term babies'로 바꿔 표현했다.

해석

조기 출산된 아기들 사이의 영아돌연사증후군의 높은 비율은 조산아이들이 태어나서 처음 6개월간은 수면중 혈압이 낮다는 것으로부터 설명되어질 수 있다. 조산아이들 간의 영아돌연사증후군 비율은 만삭에 출산된 아이들보다 두 배가 더 높다. 비록 이 증후군의 원인이 알려져 있지는 않지만, 본 증후군의 근원적인 구조는 수면을 취하는 동안 혈압 수치의 하락과 함께 수면에서 깨어나면 혈압이 보통 복구되지만 아기가 잠에서 깨어나지 못함을 포함한다. 특히, 배를 대고 자는 것은 본 증후권의 잘 알려진 위험 요소 중의 하나인데, 이는 배를 대고 자는 아이들이 등을 대고 자는 아이들보다 혈압이 더 낮아지기 때문이다.

Q: 담화에 의하면 옳은 것은 무엇인가?
(a) 높은 혈압을 가지고 있는 아이들은 영아돌연사증후군에 걸릴 위험이 더 높다.
(b) 영아돌연사증후군의 원인들이 최근에 확인되었다.
(c) 달 수를 채우고 태어난 아기들은 영아돌연사증후군으로 사망할 가능성이 더 적다.
(d) 유아를 그들의 등을 대고 침대에 눕히는 것은 영아돌연사증후군에 걸릴 수 있는 확인된 위험요소이다.

어휘

pre-term 조산, 조기출산	syndrome 증후군	underlying 기초가 되는, 근원적인
premature baby 조산아	carried to term 만삭의	arouse 깨우다
blood pressure 혈압	hypothesize 가설을 세우다, 가정하다	normally 정상적으로, 보통은

4. There is growing recognition for the need to treat Social Anxiety Disorder effectively early in adulthood. It almost always develops before the age of 27 and is one of the most common mental illnesses in young adults. It rarely resolves itself naturally across the lifespan and there is no doubt this disorder has a detrimental effect on the individual and our society. People with Social Anxiety Disorder have lower self-esteem, experience greater social isolation, and show poorer educational and work outcomes. In addition, people who develop this syndrome may go on to feel hopeless, depressed, and may use substances to cope with anxiety.

Q: Which is correct about Social Anxiety Disorder according to the lecture?

(a) Social Anxiety Disorder is regarded as a first indicator for future physical health problems.
(b) The early treatment of Social Anxiety Disorder is not always effective.
(c) People with Social Anxiety Disorder will avoid social settings.
(d) The symptoms of Social Anxiety Disorder usually go away on their own.

해설

사회공포증(Social Anxiety Disorder)에 관한 설명 중 옳은 것을 골라내야 한다. 사회 공포증에 걸린 사람들이 어떤 현상을 보이는지에 대한 설명 중 'experience greater social isolation'을 통해 본 증상을 가진 사람들이 사교적인 장소를 피할 것이라는 내용을 알 수 있다. 그러므로 정답은 (c)이다.

해석

성인 초기에 효과적으로 사회공포증을 치료할 필요성에 대한 인식이 점점 높아지고 있습니다. 이것은 거의 항상 27세가 되기 전에 발달하고 젊은 성인들에게 있어 가장 흔한 정신병 중에 하나입니다. 그것은 인간수명에 걸쳐서 자연적으로 스스로 해결되는 경우는 거의 드물고, 사회공포증이 개개인과 우리 사회에 유해한 결과를 가진다는 것에 대해서는 이의가 없습니다. SAD를 갖고 있는 사람들은 자부심이 결여되어 있고, 거대한 사회적 고립감을 경험하고, 형편없는 교육과 업무 결과를 보여줍니다. 이러한 문제들에 더해서 SAD가 진행된 사람들은 절망적이 되고, 우울해지며, 불안함을 극복하기 위해서 약물을 사용하기도 합니다.

Q: 강의에 의하면 사회공포증에 대해서 옳은 것은 무엇인가?
(a) 사회공포증은 미래 신체 건강 문제의 첫 번째 표시로 여겨진다.
(b) 사회공포증의 초기 치료가 항상 효과적인 것은 아니다.
(c) 사회공포증을 갖고 있는 사람들은 사교적 환경을 피한다.
(d) 사회공포증의 증상들은 보통 알아서 사라져 버린다.

어휘

social anxiety disorder 사회공포증	mental 마음의, 정신의	isolation 고립화, 고독
recognition 인지, 인식	rarely 좀처럼~하지 않는	hopeless 희망 없는, 절망적인
treat 치료하다	lifespan 수명	substance 물질, 약물
effectively 효과적으로	detrimental 유해한	
adulthood 성인임	self-esteem 자존심, 자부심	

5. Stone age humans were skilled chemists who cooked up a sophisticated type of natural glue. Using red ochre pigment blended with the gum of acacia trees they created adhesives for their tools. Archaeologists had believed the red substance was decorative. But researchers recreated the ancient glue using only Stone Age materials and technologies. The results showed that glue containing red ochre was tougher than glue made from acacia gum alone, and was better at securing stone tools to wooden shafts. The finding suggests the intelligence of early man may have been more akin to that of modern humans than previously thought.

Q: What is the main topic of the talk?

(a) The most common profession among Stoneage people.
(b) The prehistoric glue hinting at unknown smarts.
(c) The secret behind how to make glue.
(d) The stupidity of human beings in general.

해설

글이 말하고자 하는 주제는 문장 중간에 언급되는 접속사 But 이하의 내용을 통해서 언급된다. 특히 마지막 문장인 'The finding suggests the intelligence of early man may have been more akin to that of modern humans than previously thought'에서 정답을 찾을 수 있다. 즉, 석기시대 사람들이 만든 풀을 직접 만들어본 결과 그들의 지능이 생각했던 것보다 우리와 비슷할지도 모르겠다는 것이 이 글의 주제문이다. 정답은 (b)이다.

해석

구석기시대의 인간들은 정교한 종류의 자연 풀을 만들어냈던 숙련된 화학자들이었습니다. 붉은 황토 색소를 아카시아 나무의 고무와 섞어 사용하여 그들은 자신들의 도구를 위한 접착제를 만들어 냈습니다. 고고학자들은 이 붉은색 물질이 단지 장식적인 것이라고 믿어왔습니다. 하지만 연구원들이 이 고대의 풀을 석기 시대 사람들만이 사용했던 재료와 기술을 이용해서 다시 만들어 내었습니다. 그 결과는 붉은 황토를 담고 있는 풀이 아카시아 고무로부터만 만든 풀보다 더 질기다는 것과, 석기 도구들을 나무 손잡이에 더 잘 붙게 한다는 것을 보여주었습니다. 이러한 결과는 초기 인류의 지능이 우리가 이전에 생각했던 것보다 현대 인간의 지능과 유사했었다는 것을 암시합니다.

Q: 담화의 주제는 무엇인가?
(a) 석기시대 사람들 간에 가장 일반적인 직업
(b) 알려지지 않은 지성을 암시해주는 석기시대의 풀
(c) 풀을 만드는 방법 뒤의 비밀
(d) 일반적인 인간들의 어리석음

어휘

stone age 석기시대	pigment 색소	shaft 손잡이
skilled 능숙한	gum 고무	akin (to) 유사한, 비슷한
chemist 화학자	adhesive 점착성의, 끈끈한, 접착제	prehistoric 선사시대의
ochre 황토	decorative 장식의, 장식적인	smarts 재치, 지성

Section 03 30 DAYS TEPS 800+ Final Sum-up

Actual Test

앞에서 우리는 TEPS 청해에서 출제 가능한 모든 유형과 주제들의 문제를 풀어보면서 TEPS 고득점을 위한 사전 준비 작업을 완료했다. 이제 총 3회분의 실전 청해 모의고사를 풀어 봄으로써 실전 TEPS 시험을 대비한 최종 점검을 해보도록 하자.

실제 시험, 이것만은 꼭 기억하자!

Part 1/2

1. Part 1/2의 경우 오직 한 번밖에 들려주지 않는다. 단 1초라도 집중력을 잃지 않도록 하자.

2. 문장 자체의 난이도는 어렵지 않다. 하지만 교묘하게 오답을 유도하니 섣불리 정답을 고르지 말고, 가장 정확한 정답을 찾으려고 노력한다.

3. 문제를 들을 때, 어떠한 일이 있어도 초반 3~4단어는 들어야 한다. 어떤 질문 유형이고, 문장의 시제는 무엇이며, 주어는 무엇이었는지 등을 반드시 기억할 수 있어야 한다.

4. 선택지의 가장 일반적인 오답 패턴들에 절대로 넘어가지 않도록 한다. 질문에서 들렸던 단어가 그대로 사용된 듯한 선택지는 오답일 가능성이 농후하다.

Part 3

1. Part 3의 경우 일단 대화문과 질문을 두 번 들려준다는 것을 기억하자. 단, 선택지들은 한 번만 들려주기 때문에 첫 번째 청취를 통해서 질문이 묻고 있는 사항에 중점을 두어, 두 번째 청취 시 주요 내용들을 빠르게 메모해 놓을 수 있도록 한다.

2. 개개의 단어를 놓치더라도, 전체 대화의 흐름 만큼은 반드시 파악할 수 있도록 집중해 듣도록 한다.

Part 4

1. 기본적으로 풍부한 어휘실력이 바탕이 되고, 다양한 지문을 통한 청취 내공이 쌓여 있어야지만 좋은 점수를 받을 수 있다. 평소에 본 교재의 청취 지문을 달달 외울 정도로 MP3를 듣고 또 듣도록 한다.

2. Part 3와 마찬가지로 지문과 질문을 두 번 들려준다는 것을 기억하자. 두 번째 들을 때는 질문의 유형에 맞추어 중요한 사항들을 빠르게 메모해 놓을 수 있도록 한다.

Listening Comprehension

Actual Test • 1

Directions

1. In the Listening Comprehension section, all content will be presented orally rather than in written form.

2. This section contains 4 parts. In parts Ⅰ and Ⅱ, each passage will be read only once. In parts Ⅲ and Ⅳ, each passage and its corresponding question will be read twice. But in all sections, the options will be read only once. After listening to the passage and question, listen to the options and choose the best option.

3. More specific directions will be given at the beginning of each part of this section.

Part 1 ***Questions 1~15***

You will now hear fifteen items, each made up of a single spoken statement followed by four spoken responses. Choose the most appropriate response to the statement.

1. (a)	(b)	(c)	(d)
2. (a)	(b)	(c)	(d)
3. (a)	(b)	(c)	(d)
4. (a)	(b)	(c)	(d)
5. (a)	(b)	(c)	(d)
6. (a)	(b)	(c)	(d)
7. (a)	(b)	(c)	(d)
8. (a)	(b)	(c)	(d)
9. (a)	(b)	(c)	(d)
10. (a)	(b)	(c)	(d)
11. (a)	(b)	(c)	(d)
12. (a)	(b)	(c)	(d)
13. (a)	(b)	(c)	(d)
14. (a)	(b)	(c)	(d)
15. (a)	(b)	(c)	(d)

Part 2 ***Questions 16~30***

You will now hear fifteen conversation fragments, each made up of three spoken statements followed by four spoken responses. Choose the most appropriate response to complete the conversation.

16. (a)	(b)	(c)	(d)
17. (a)	(b)	(c)	(d)
18. (a)	(b)	(c)	(d)
19. (a)	(b)	(c)	(d)
20. (a)	(b)	(c)	(d)
21. (a)	(b)	(c)	(d)
22. (a)	(b)	(c)	(d)
23. (a)	(b)	(c)	(d)
24. (a)	(b)	(c)	(d)
25. (a)	(b)	(c)	(d)
26. (a)	(b)	(c)	(d)
27. (a)	(b)	(c)	(d)
28. (a)	(b)	(c)	(d)
29. (a)	(b)	(c)	(d)
30. (a)	(b)	(c)	(d)

Part 3 ***Questions 31~45***

You will now hear fifteen complete conversations. For each item, you will hear a conversation and its corresponding question which will be read twice. Then you will hear four options which will be read only once. Choose the option that best answers the question.

31. (a)	(b)	(c)	(d)
32. (a)	(b)	(c)	(d)
33. (a)	(b)	(c)	(d)
34. (a)	(b)	(c)	(d)
35. (a)	(b)	(c)	(d)
36. (a)	(b)	(c)	(d)
37. (a)	(b)	(c)	(d)
38. (a)	(b)	(c)	(d)
39. (a)	(b)	(c)	(d)
40. (a)	(b)	(c)	(d)
41. (a)	(b)	(c)	(d)
42. (a)	(b)	(c)	(d)
43. (a)	(b)	(c)	(d)
44. (a)	(b)	(c)	(d)
45. (a)	(b)	(c)	(d)

Part 4 ***Questions 46~60***

You will now hear fifteen spoken monologues. For each item, you will hear a monologue and its corresponding question which will be read twice. Then you will hear four options which will be read only once. Choose the option that best answers the question.

46. (a)	(b)	(c)	(d)
47. (a)	(b)	(c)	(d)
48. (a)	(b)	(c)	(d)
49. (a)	(b)	(c)	(d)
50. (a)	(b)	(c)	(d)
51. (a)	(b)	(c)	(d)
52. (a)	(b)	(c)	(d)
53. (a)	(b)	(c)	(d)
54. (a)	(b)	(c)	(d)
55. (a)	(b)	(c)	(d)
56. (a)	(b)	(c)	(d)
57. (a)	(b)	(c)	(d)
58. (a)	(b)	(c)	(d)
59. (a)	(b)	(c)	(d)
60. (a)	(b)	(c)	(d)

Listening Comprehension

Actual Test • 2

Directions

1. In the Listening Comprehension section, all content will be presented orally rather than in written form.

2. This section contains 4 parts. In parts Ⅰ and Ⅱ, each passage will be read only once. In parts Ⅲ and Ⅳ, each passage and its corresponding question will be read twice. But in all sections, the options will be read only once. After listening to the passage and question, listen to the options and choose the best option.

3. More specific directions will be given at the beginning of each part of this section.

Part 1 ***Questions 1~15***

You will now hear fifteen items, each made up of a single spoken statement followed by four spoken responses. Choose the most appropriate response to the statement.

1. (a)	(b)	(c)	(d)
2. (a)	(b)	(c)	(d)
3. (a)	(b)	(c)	(d)
4. (a)	(b)	(c)	(d)
5. (a)	(b)	(c)	(d)
6. (a)	(b)	(c)	(d)
7. (a)	(b)	(c)	(d)
8. (a)	(b)	(c)	(d)
9. (a)	(b)	(c)	(d)
10. (a)	(b)	(c)	(d)
11. (a)	(b)	(c)	(d)
12. (a)	(b)	(c)	(d)
13. (a)	(b)	(c)	(d)
14. (a)	(b)	(c)	(d)
15. (a)	(b)	(c)	(d)

Part 2 ***Questions 16~30***

You will now hear fifteen conversation fragments, each made up of three spoken statements followed by four spoken responses. Choose the most appropriate response to complete the conversation.

16.(a)	(b)	(c)	(d)
17.(a)	(b)	(c)	(d)
18.(a)	(b)	(c)	(d)
19.(a)	(b)	(c)	(d)
20.(a)	(b)	(c)	(d)
21.(a)	(b)	(c)	(d)
22.(a)	(b)	(c)	(d)
23.(a)	(b)	(c)	(d)
24.(a)	(b)	(c)	(d)
25.(a)	(b)	(c)	(d)
26.(a)	(b)	(c)	(d)
27.(a)	(b)	(c)	(d)
28.(a)	(b)	(c)	(d)
29.(a)	(b)	(c)	(d)
30.(a)	(b)	(c)	(d)

Part 3 *Questions 31 ~ 45*

You will now hear fifteen complete conversations. For each item, you will hear a conversation and its corresponding question which will be read twice. Then you will hear four options which will be read only once. Choose the option that best answers the question.

31.(a) (b) (c) (d)

32.(a) (b) (c) (d)

33.(a) (b) (c) (d)

34.(a) (b) (c) (d)

35.(a) (b) (c) (d)

36.(a) (b) (c) (d)

37.(a) (b) (c) (d)

38.(a) (b) (c) (d)

39.(a) (b) (c) (d)

40.(a) (b) (c) (d)

41.(a) (b) (c) (d)

42.(a) (b) (c) (d)

43.(a) (b) (c) (d)

44.(a) (b) (c) (d)

45.(a) (b) (c) (d)

Part 4 ***Questions 46~60***

You will now hear fifteen spoken monologues. For each item, you will hear a monologue and its corresponding question which will be read twice. Then you will hear four options which will be read only once. Choose the option that best answers the question.

46. (a)	(b)	(c)	(d)
47. (a)	(b)	(c)	(d)
48. (a)	(b)	(c)	(d)
49. (a)	(b)	(c)	(d)
50. (a)	(b)	(c)	(d)
51. (a)	(b)	(c)	(d)
52. (a)	(b)	(c)	(d)
53. (a)	(b)	(c)	(d)
54. (a)	(b)	(c)	(d)
55. (a)	(b)	(c)	(d)
56. (a)	(b)	(c)	(d)
57. (a)	(b)	(c)	(d)
58. (a)	(b)	(c)	(d)
59. (a)	(b)	(c)	(d)
60. (a)	(b)	(c)	(d)

Listening Comprehension

Actual Test • 3

Directions

1. In the Listening Comprehension section, all content will be presented orally rather than in written form.

2. This section contains 4 parts. In parts Ⅰ and Ⅱ, each passage will be read only once. In parts Ⅲ and Ⅳ, each passage and its corresponding question will be read twice. But in all sections, the options will be read only once. After listening to the passage and question, listen to the options and choose the best option.

3. More specific directions will be given at the beginning of each part of this section.

Part 1 ***Questions 1~15***

You will now hear fifteen items, each made up of a single spoken statement followed by four spoken responses. Choose the most appropriate response to the statement.

1. (a)	(b)	(c)	(d)
2. (a)	(b)	(c)	(d)
3. (a)	(b)	(c)	(d)
4. (a)	(b)	(c)	(d)
5. (a)	(b)	(c)	(d)
6. (a)	(b)	(c)	(d)
7. (a)	(b)	(c)	(d)
8. (a)	(b)	(c)	(d)
9. (a)	(b)	(c)	(d)
10. (a)	(b)	(c)	(d)
11. (a)	(b)	(c)	(d)
12. (a)	(b)	(c)	(d)
13. (a)	(b)	(c)	(d)
14. (a)	(b)	(c)	(d)
15. (a)	(b)	(c)	(d)

Part 2 ***Questions 16~30***

You will now hear fifteen conversation fragments, each made up of three spoken statements followed by four spoken responses. Choose the most appropriate response to complete the conversation.

16. (a)	(b)	(c)	(d)
17. (a)	(b)	(c)	(d)
18. (a)	(b)	(c)	(d)
19. (a)	(b)	(c)	(d)
20. (a)	(b)	(c)	(d)
21. (a)	(b)	(c)	(d)
22. (a)	(b)	(c)	(d)
23. (a)	(b)	(c)	(d)
24. (a)	(b)	(c)	(d)
25. (a)	(b)	(c)	(d)
26. (a)	(b)	(c)	(d)
27. (a)	(b)	(c)	(d)
28. (a)	(b)	(c)	(d)
29. (a)	(b)	(c)	(d)
30. (a)	(b)	(c)	(d)

Part 3 ***Questions 31~45***

You will now hear fifteen complete conversations. For each item, you will hear a conversation and its corresponding question which will be read twice. Then you will hear four options which will be read only once. Choose the option that best answers the question.

31. (a) (b) (c) (d)

32. (a) (b) (c) (d)

33. (a) (b) (c) (d)

34. (a) (b) (c) (d)

35. (a) (b) (c) (d)

36. (a) (b) (c) (d)

37. (a) (b) (c) (d)

38. (a) (b) (c) (d)

39. (a) (b) (c) (d)

40. (a) (b) (c) (d)

41. (a) (b) (c) (d)

42. (a) (b) (c) (d)

43. (a) (b) (c) (d)

44. (a) (b) (c) (d)

45. (a) (b) (c) (d)

Part 4 ***Questions 46~60***

You will now hear fifteen spoken monologues. For each item, you will hear a monologue and its corresponding question which will be read twice. Then you will hear four options which will be read only once. Choose the option that best answers the question.

46. (a)	(b)	(c)	(d)
47. (a)	(b)	(c)	(d)
48. (a)	(b)	(c)	(d)
49. (a)	(b)	(c)	(d)
50. (a)	(b)	(c)	(d)
51. (a)	(b)	(c)	(d)
52. (a)	(b)	(c)	(d)
53. (a)	(b)	(c)	(d)
54. (a)	(b)	(c)	(d)
55. (a)	(b)	(c)	(d)
56. (a)	(b)	(c)	(d)
57. (a)	(b)	(c)	(d)
58. (a)	(b)	(c)	(d)
59. (a)	(b)	(c)	(d)
60. (a)	(b)	(c)	(d)

J&L English Lab

정기 TOEIC 시험 만점자이며 TEPS 1+ 등급의 소유자들이 뭉쳐서 만든 전문 컨텐츠 개발팀이다. 에듀조선 출판사의 TEPS 문항 개발 작업을 담당하기도 했던 이들은 해외유학생활의 경험과 학원 강의, 영어연구원 등의 경력을 바탕으로 현재 호주에 거주하며 다양한 수험서들의 집필과 문제개발을 진행하고 있다.

Perfect!

TEPS

텝스 한달만 제대로 공부해보자

Listening 정답편

Perfect! TEPS

이충훈 &
J&L English Lab 지음

이비톡

Listening

텝스 한달만 제대로 공부해보자

Perfect TEPS

정답편

Pre-Test 1 · 2 · 3

Actual Test 1 · 2 · 3

Pre-Test • 1 Answers

1. (b)	2. (a)	3. (c)	4. (d)
5. (d)	6. (b)	7. (b)	8. (a)

1.

M: What are you going to wear at the wedding?
W: ____________________

(a) The wedding is on March 21.
(b) I have no idea.
(c) Guess what? I'm getting married!
(d) No, please don't do that.

해설

'What'으로 물어보는 의문사 질문 유형이다. 'what'과 'wear'를 듣는다면, 상대방이 무엇을 입을지 물어보는 질문임을 파악할 수 있다. 정답은 구체적으로 무엇을 입겠다고 답하는 내용이 아니라 '잘 모르겠어.'라고 대답한 (b)가 정답이다.

해석

M: 결혼식에 뭘 입고 갈 건가요?
W: ____________________

(a) 결혼식은 3월 21일입니다.
(b) 모르겠어요.
(c) 무슨 일이 있는지 알아요? 나 결혼해요!
(d) 아뇨, 제발 그러지 마세요.

어휘

wedding 결혼식
get married 결혼하다

정답 (b)

2.

W: Do you mind my opening the window?
M: ____________________

(a) Not at all. Go ahead.
(b) Yes, you're right.
(c) No, I can't.
(d) Yes, the widow is wide open.

해설

'Do you mind ~' 또는 'Would you mind ~'는 상대방에게 무언가를 정중하게 제안하거나 요청하는 문장패턴이다. 이에 대한 대답으로 'Yes'는 곧 부정, '싫거든요'란 의미로 다소 무례한 대답방식이기에 정답으로 출제될 확률이 거의 없다. 정답은 '전혀요. 그러세요.'란 의미의 (a)가 된다.

해석

W: 제가 창문을 열어도 될까요?
M: ____________________

(a) 그럼요. 그러세요.
(b) 네, 당신이 맞아요.
(c) 아뇨, 전 그럴 수 없어요.
(d) 네, 창문은 활짝 열려 있습니다.

어휘

Go ahead. 그러세요. 계속 하세요.
wide open 활짝 열린

정답 (a)

3.

W: Can I help you with something?
M: Yes, I'd like to return this shirt.
W: Well, could you tell me what seems to be the problem?
M: ____________________

(a) You don't want to know.
(b) I don't have enough money to buy it.
(c) It's too big for me.
(d) The problem is that it doesn't work.

해설

우선 남자가 환불하려는 상품이 'shirt'라는 것을 들어야 오답을 고르는 실수를 피할 수 있다. 셔츠의 환불을 요청하는 고객에게 문제가 무엇인지 물어보는 상황의 대화문이다. 정답은 '너무 크다'고 말한 (c)이다. 셔츠를 환불하러 온 이유가 고장일 수는 없기에 (d)는 정답이 될 수 없고, (a)는 상대방이 내용을 알아봤자 별로 도움이 되지 않을 거라고 판단 시에 원어민들이 즐겨 사용하는 표현인데, 본 상황에서는 적절치 못한 응답이다.

해석

W: 뭐 도와드릴까요?
M: 네, 이 셔츠를 환불하고 싶어요.
W: 음, 무슨 문제가 있으신지 말씀해 주시겠어요?
M: ____________________

(a) 알고 싶지 않을걸요.
(b) 그걸 살 돈이 충분치가 않아요.
(c) 제게 너무 커요.
(d) 문제는 그게 고장 났다는 거죠.

어휘

return 반환하다, 환불하다
You don't want to know. 알고 싶지 않을걸요.
work 작동하다

정답 (c)

4.

M: Hi. I'm Tom. Nice to meet you.
W: I'm Susan. Nice to meet you, too. Are you the new employee?
M: Yes, I am. It is my first day at work today.
W: ________________________________

(a) I haven't seen you for a long time.
(b) I will show you the way out.
(c) Thank you for the compliment.
(d) Well then, why don't I show you around?

해설

새로운 직원이냐고 묻는 남자의 질문에 여자는 'It is my first day at work today(오늘이 출근 첫째 날이에요)'라고 대답하고 있다. 이에 적절한 응답은 '회사를 구경시켜주겠다'는 (d)가 가장 적절하다. 출근 첫째 날인 사람과 처음 만나서 '오랜만입니다'나 '나가시는 길을 안내해 드릴게요'라고 말하는 것은 적절하지 못하다.

해석

M: 안녕하세요. 전 탐이라고 합니다. 만나서 반가워요.
W: 전 수잔이라고 합니다. 저도 만나서 반가워요. 당신이 새로운 직원인가요?
M: 네, 그렇습니다. 오늘이 출근 첫째 날이에요.
W: ________________________________

(a) 오랜만입니다.
(b) 나가시는 길을 알려드릴게요.
(c) 칭찬해 주셔서 감사합니다.
(d) 음 그러면, 제가 안내를 해드릴까요?

어휘

employee 직원
show A the way out A에게 나가는 길을 알려주다

정답 (d)

5.

M: I'm going to be travelling to the Middle East, so I need some information.
W: I think I can help you on that. Which country will you be visiting?
M: I'm going to visit Egypt and Lebanon.
W: All right. It's not necessary to obtain a visa for Egypt, but if you're going to visit Lebanon for more than a week, then it's necessary for you to obtain a visa.
M: Then, I think I should get a visa first. Where can I get a visa for Lebanon?
W: At the Lebanese consulate. It's located next to the Park Plaza Hotel.
M: Thank you for your help.

Q: What is the man likely to do next?
(a) He will buy a ticket to Lebanon.
(b) He will get a visa for Egypt.
(c) He will find a room in the hotel.
(d) He will visit a consulate.

해설

추론 문제의 일종으로 남자의 다음 행동으로 적절한 것이 무엇인지 묻고 있다. 중동으로 여행을 갈 예정인 남자에게 여자는 레바논에 머물기 위해서는 비자가 필요하고, 비자는 영사관에서 받을 수 있으며, 영사관의 위치를 알려주고 있다. 남자 또한 비자를 먼저 받아야겠다고 말했기 때문에, 이를 통해 남자의 다음 행동은 영사관을 방문하는 보기 (d)임을 유추해 낼 수 있다.

해석

M: 전 중동을 여행할 예정에 있습니다. 그래서 정보가 필요해요.
W: 그 부분은 제가 도움을 드릴 수 있을 것 같네요. 어떤 나라를 방문하려고 하시죠?
M: 이집트와 레바논을 방문하려고 합니다.
W: 알겠습니다. 이집트를 갈 때는 비자를 받을 필요가 없습니다. 하지만, 만약 레바논을 1주 이상 방문하실 예정이라면 비자를 받으셔야 합니다.
M: 그렇다면 비자를 먼저 받아야겠네요. 레바논을 가기 위한 비자는 어디서 얻을 수 있나요?
W: 레바논 영사관에서요. Park Plaza 호텔 옆에 위치해 있습니다.
M: 도와주셔서 감사합니다.

Q: 남자의 다음 행동은 무엇일까?
(a) 그는 레바논 행 티켓을 살 것이다.
(b) 그는 이집트 비자를 받을 것이다.
(c) 그는 호텔에서 방을 찾을 것이다.
(d) 그는 영사관을 방문할 것이다.

어휘

the Middle East 중동
information 정보
It's necessary to + V ~하는 것은 필수다
obtain 얻다, 획득하다
consulate 영사관
be located 위치해 있다

정답 (d)

6.

M: Excuse me, does this bus go downtown?
W: No, this bus goes outside of the city.
M: Oh, I see. Do you know which bus goes downtown?
W: It's bus number 8.
M: When will bus number 8 arrive?
W: I guess it will arrive in 20 minutes.
M: Thank you. I appreciate it.
W: You're welcome.

Q: Which is correct according to the conversation?
(a) The woman is going downtown.
(b) Bus number 8 goes to the center of the city.
(c) The man will take the woman's bus.
(d) It takes 20 minutes to go downtown by bus.

해설

남자는 여자에게 시내로 가는 버스가 몇 번이고, 언제쯤 올 것인지에 대한 질문을 던지고, 여자는 이에 친절하게 답변해주고 있는 내용의 대화문이다. 몇 번 버스가 시내로 가나는 질문에 여자는 8번 버스라고 대답해 주고 있다. 즉, '8번 버스는 시내 중심으로 간다'인 보기 (b)가 정답이다. 여자는 시내가 아니라 시내 외곽으로 가며, 8번 버스가 오는데 20분이지 버스로 시내로 가는데 20분이 아니므로 (a), (d) 모두 오답이다.

해석

M: 저, 이 버스 시내로 가나요?
W: 아뇨, 이 버스는 시내 외곽으로 나갑니다.
M: 아, 그렇군요. 어느 버스가 시내로 가는지 아시나요?
W: 8번 버스가 갑니다.
M: 8번 버스가 언제 도착하나요?
W: 20분 지나면 도착할 겁니다.
M: 고맙습니다. 감사해요.
W: 별말씀을요.

Q: 대화에 의하면 옳은 것은 무엇인가?
(a) 여자는 시내로 가고 있다.
(b) 8번 버스는 시내 중심으로 간다.
(c) 남자는 여자의 버스를 탈 것이다.
(d) 버스로 시내에 가는데 20분이 걸린다.

어휘

downtown 도심지, 중심가
I appreciate it. 감사합니다.

정답 (b)

7.

Pregnancy can be a joyous and exciting time for women and often the experience is a positive one. However, pregnancy can also be a time of mixed thoughts and feelings. This reaction is normal because often the arrival of a baby impacts upon a woman's lifestyle, finances and career. Many other factors can contribute to these mixed emotions for pregnant women, particularly if there is uncertainty about her relationship with the baby's father.

Q: What is the main subject of the talk?
(a) The delightful experience of conceiving a child.
(b) Unstable emotions during pregnancy.
(c) How to deal with problems concerning pregnancy.
(d) Ways to maintain a good relationship with your partner.

해설

보통 담화의 주제는 제일 처음 문장에서 드러나는 경우가 많지만 중간에 however, but, unfortunately 등의 접속사가 등장하면 그것이 포함하고 있는 문장이 주제문일 확률이 높다. 담화가 이야기하고자 하는 내용은 임신을 통해서 나타날 수 있는 감정의 혼란이다. 그러므로 정답은 (b)이다.

해석

임신은 여성에게 있어서 즐겁고 흥분되는 시간이며, 종종 이러한 경험은 긍정적입니다. 하지만, 임신은 또한 생각과 감정이 뒤섞여 버리는 시간이 되기도 합니다. 이러한 반응은 정상입니다. 왜냐하면 아이를 낳는 것은 여성의 생활방식과 소득 그리고 경력에 큰 영향을 미치기 때문입니다. 많은 다른 요인들이 임신한 여성들이 이러한 생각과 감정이 뒤섞여 버리는 것의 한 원인이 될 수 있었습니다. 특히 아기의 아빠에 대한 여자들의 불확실성이 있을 때 말이죠.

Q: 담화의 주제는 무엇인가?
(a) 아이를 임신하는 것의 즐거운 경험
(b) 임신기간 동안의 불안정한 감정들
(c) 임신과 관련한 문제들을 해결하는 방법
(d) 배우자와 좋은 관계를 유지하는 방법들

어휘

pregnancy 임신
joyous 즐거운, 기쁜
experience 경험
positive 긍정적인
reaction 반응
finances 소득
contribute (to) ~에 기여하다, ~에 한 원인이 되다
uncertainty 불확실성

정답 (b)

8.

Thank you for calling Civic Movie Theater. Today is Friday 20th May and box office hours are from 10:00 a.m. to 7:00 p.m. Monday through Saturday and closed on Sundays. If you are calling to find out information about our upcoming movies, please press 1. If you would like to find out what's showing now, please press 2. If you would like to make a reservation for a movie, please press 3. Otherwise, please stay on the line and one of our friendly box office staff will be with you shortly.

Q: What should a caller do to find out soon-to-be released movies?
(a) Press one
(b) Press two
(c) Press three
(d) Stay on the line.

해설

극장의 전화 음성 녹음 내용이다. 본문 중 'If you are calling to find out information about our upcoming movies, please press 1'를 통해서 정답이 (a)임을 알 수 있다. upcoming movies를 질문에서는 soon-to-be released movies라고 바꿔서 표현했다.

해석

Civic 영화관에 전화를 주셔서 감사합니다. 오늘은 5월 20일 금요일이고 예매 창구 운영 시간은 월요일부터 토요일까지는 오전 10시부터 저녁 7시까지이고 일요일에는 닫습니다. 개봉 예정인 영화에 대한 정보를 알고 싶으셔서 전화하셨다면 1번을 눌러 주세요. 현재 무슨 영화가 상영중인지 알고 싶으시다면 2번을 눌러주세요. 영화 예매를 하고 싶으시다면 3번을 눌러주세요. 그 외의 것들은, 전화를 들고 계시면 저희의 친절한 예매창구 직원 중 한 명이 곧 연결됩니다.

Q: 새로 개봉되는 영화들을 알기 위해서 전화건 사람은 무엇을 해야 하는가?
(a) 1번을 누른다.
(b) 2번을 누른다.
(c) 3번을 누른다.
(d) 전화기를 들고 있는다.

어휘

box office 티켓 예매 창구
upcoming 곧 나올, 개봉될
make a reservation 예약하다
show 상영하다
stay on the line (전화를) 끊지 말고 기다리다

정답 (a)

Pre-Test 2 Answers

1. (d)	2. (d)	3. (d)	4. (c)
5. (c)	6. (d)	7. (c)	8. (c)

1.

W: When will your house be completed?
M: ______________________

(a) I will buy that house next year.
(b) Last month.
(c) I'm all set to go.
(d) By next week at the latest.

해설

'When'으로 물어보는 의문사 질문 유형이다. When은 대부분 때를 나타내는 부사(구)가 정답으로 등장한다. 시제를 포인트로 오답보기가 출제되니 혼동하지 않도록 조심해야 한다. 정답은 '늦어도 다음 주'라고 대답한 (d)이다.

해석

W: 언제쯤 당신 집 공사가 완료될까요?
M: ______________________

(a) 전 저 집을 내년에 살 겁니다.
(b) 지난달에요.
(c) 전 갈 준비 다 되었어요.
(d) 늦어도 다음 주에요.

어휘

complete 완성하다
all set 준비가 된
at the latest 늦어도

정답 (d)

2.

M: I'm thinking of quitting this job sometime soon.
W: ______________________

(a) That's a great news.
(b) It won't be for long.
(c) Good luck with your studies.
(d) If I were you, I wouldn't do that.

해설

평서문 형태의 질문 유형이다. 평서문 형태의 질문은 특정한 대답을 예측할 수 없어 기타 의문사 질문보다 정답을 예측하기가 어렵지만 일반적으로는 동의나 동정 또는 충고 등의 대답이 정답으로 등장한다. 여기선 '내가 너라면 그러지 않을 거야'라고 충고해 주는 (d)가 정답이다.

해석

M: 전 곧 이 일을 그만 둘까 생각중입니다.
W: ______________________

(a) 그거 좋은 소식이군요.
(b) 오래 걸리지는 않아요.
(c) 학업에 행운을 빌겠어요.
(d) 제가 당신이라면, 전 그만두지 않을 겁니다.

어휘

quit 그만두다
good luck with A A와 관련해 행운을 빈다

정답 (d)

3.

W: Did you make up with your girlfriend?
M: No, we are still not talking to each other.
W: Why don't you apologize to her first?
M: ______________________

(a) I should have said nothing.
(b) It will work things out.
(c) Okay. I'm really sorry.
(d) Over my dead body.

해설

여자는 남자에게 여자 친구와 화해했는지 여부를 물은 후, 남자가 아직 그렇지 않다고 하자 '먼저 사과하는 게 어때?'라고 제안하고 있다. 'Why dont' you ~?'는 'How about ~?'과 함께 영어에서 상대방에게 무언가를 제안할 때 가장 많이 사용되는 표현으로 이에 대한 응답은 '좋다', '싫다' 또는 '잘 모르겠다' 등으로 등장한다. 여기서는 강한 부정의 표현인 'Over my dead body(절대로 안 돼)'인 보기 (d)가 정답이다. (b)의 '그럼 해결될 거야'는 여자가 제안 뒤에 추가로 말할 수 있는 문장이다.

해석

W: 당신 여자 친구와 화해했나요?
M: 아뇨, 우린 아직도 서로 말하고 있지 않아요.
W: 그녀에게 먼저 사과하는 건 어때요?
M: ______________________

(a) 전 아무런 말도 하지 말았어야 해요.
(b) 그게 일들을 잘 풀어줄 겁니다.
(c) 그래요. 제가 정말 잘못했어요.
(d) 절대 그럴 생각 없습니다.

어휘

make up with ~와 화해하다
apologize 사과하다
work out 문제를 풀다, 해결하다
Over my dead body. 절대로 안 돼.

정답 (d)

4.

W: Why the long face, John? Is something bugging you?
M: Well, I just can't tolerate the work stress here.
W: Just tough it out. You'll get used to it someday.
M: ________________________________

(a) Don't be critical of me.
(b) There's nothing we can do about it.
(c) That's what I am hoping for.
(d) Okay. Let's get together again.

해설

업무 스트레스로 인해서 울상을 짓고 있는 남자에게 여자가 격려해주는 형식의 대화문이다. 언젠가는 익숙해질 것이라는 여자의 조언에 적절한 응답은 '저도 그러길 바래요'라는 보기 (c)이다. 'tought it out'은 견뎌내라는 격려의 의미이지, 상대방을 나무라는 표현이 아니므로 (a)는 정답이 될 수 없다.

해석

W: 왜 울상인가요, 존? 당신을 괴롭히는 뭔가가 있나요?
M: 그냥 이곳의 업무 스트레스를 견딜 수가 없네요.
W: 참고 견디세요. 언젠가는 익숙해질 겁니다.
M: ________________________________

(a) 절 비판하지 마세요.
(b) 우리가 할 수 있는 것은 아무것도 없어요.
(c) 저도 그러길 바라고 있어요.
(d) 그래요. 나중에 또 만나요.

어휘

long face 우울한 얼굴
bug 괴롭히다, 귀찮게 하다
tolerate 참다, 견디다
tough it out 참고 견디다
get used to ~에 익숙해지다
critical 비판적인

정답 (c)

5.

M: Do you have anything to declare?
W: No, I don't.
M: May I ask what's inside the suitcase?
W: Just my clothes and some personal things.
M: Open the suitcase, please.
W: Certainly. Here you go.
M: Thank you. You may proceed now.

Q: What is the conversation mainly about?
(a) Passing through the checkpoint.
(b) Reporting suspected acts of wrongdoing.
(c) Going through the customs.
(d) Turning in a lost item.

해설

대화문의 첫 질문인 'Do you have anything to declare?(신고하실 것 있으신가요?)'에서 이미 무엇에 관한 대화문인지 파악할 수 있다. declare라는 단어는 목적지에 도착 후 공항을 빠져 나오기 전에 세관통과 절차 때 세관원이 여행객들에게 던지는 대표적인 질문이다. 그러므로 정답은 보기 (c)이다. 보기 (a)의 checkpoint는 보통 공항에서는 전자 게이트를 통과하며 공항직원이 몸을 수색하는 절차를 진행하는 지점을 의미한다.

해석

M: 신고하실 것 있으신가요?
W: 아뇨, 없습니다.
M: 여행 가방 안에 무엇이 있는지 물어도 될까요?
W: 그냥 제 옷과 몇 가지 개인 물건이 들어있습니다.
M: 가방을 열어주십시오.
W: 물론이죠. 여기 있습니다.
M: 감사합니다. 이제 가셔도 됩니다.

Q: 대화의 주제는 무엇인가?
(a) 검문소 통과하기
(b) 의심스러운 범죄행위 신고하기
(c) 세관 통과하기
(d) 잃어버린 물품 돌려주기

어휘

declare (세관, 세무서에) 신고하다
suitcase 여행용 가방
Certainly. 물론이죠. 그럼요.
proceed 앞으로 나아가다, 진행하다
suspected 의심스러운
wrongdoing 비행, 범죄
checkpoint 검문소
customs 세관
turn in 돌려주다

정답 (c)

6.

M: Good morning. I'd like to know whether you have any rooms available.
W: Yes, we have a couple of rooms available. What type of room would you like?
M: Do you have any double rooms?
W: Sure.
M: How many windows are in the room?
W: Three windows. This room gets plenty of sunlight.
M: Okay. And does it have a balcony?
W: Yes, it has a balcony that overlooks the beach.

Q: What is the man trying to do?
(a) Confirm his room reservation.
(b) Describe the room in details.
(c) Find out the number of windows in the room.
(d) Get room information before check-in.

해설

남자가 대화상에서 하려고 하는 것이 무엇인지 파악해야 하므로, 남자가 한 말들을 잘 종합해서 판단할 수 있어야 한다. 최초에 남자는 사용할 수 있는 방이 있는지 여부를 물었고, 그 후 창문, 발코니 등 세부내용들을 질문하고 있다. 그러므로 남자가 하려는 것은 보기 (d) '체크인 전 방에 대한 정보를 얻음'이다. 방을 세부적으로 설명하고 있는 것은 남자가 아닌 여자이고, 창문의 개수를 알아내려는 것은 (d)에 포함되는 지엽적인 보기이다.

해석

M: 좋은 아침입니다. 방이 있는지 알고 싶은데요.
W: 네, 몇 개 빈 방이 있습니다. 어떤 종류의 방을 원하시나요?
M: 더블 룸 있나요?
W: 물론이죠.
M: 방에 창문이 몇 개나 되나요?
W: 세 개가 있습니다. 방에 일광도 충분히 들어옵니다.
M: 그렇군요. 발코니도 있나요?
W: 네, 해변이 내려다보이는 발코니가 달려 있습니다.

Q: 남자는 무엇을 하려고 하는가?
(a) 자신의 방 예약을 확인하려고 한다.
(b) 방을 세부적으로 설명하려고 한다.
(c) 방 안의 창문의 개수를 알아내려고 한다.
(d) 체크인 전 방에 대한 정보를 얻으려고 한다.

어휘

available 이용 가능한, 사용 가능한
a couple of 둘의, 몇 개의
plenty of 많은, 충분한
sunlight 햇빛, 일광
overlook 내려다보다
beach 해변(가)

정답 (d)

7.

We all know the importance of good dental hygiene. Brushing and flossing daily, as well as eating a good balanced diet and drinking plenty of water all contribute to ensuring healthy teeth and gums. And we all know we should have regular check-ups with the dentist, but unfortunately not enough of us do. So many of us put this at the end of the to-do-list, or don't think about it until we need to go. This could be doing us more harm than we ever thought.

Q: What is the speaker's advice?
(a) See a dentist when you have a toothache.
(b) Avoid eating sweets and chocolate.
(c) Maintain consistent dental visits.
(d) Make your own to-do-list.

해설

말하는 사람이 조언하고자 하는 내용이 무엇인지 파악해야 한다. 화자가 얘기하고 있는 내용은 치아 건강을 위해서 정기적인 검진을 받아야 하는 것과 그렇지 않음으로 인해서 치아에 심각한 해가 발생할 수 있다는 것이다. 그러므로 정답은 보기 (c) '지속적인 치과 방문을 유지하라'이다. 화자는 치통이 생기기 전 미리 검진을 받으라고 얘기하고 있고, 균형 잡힌 식사법을 이야기했지만, 구체적으로 단 것과 초콜릿을 먹지 말라고 언급한 적은 없다. (a), (b) 모두 정답이 될 수 없다.

해석

우리 모두는 훌륭한 치아 위생의 중요성을 알고 있습니다. 훌륭히 균형 잡힌 식사를 하고 충분한 양의 물을 마시는 것과 함께, 매일 이를 닦고 이 사이를 깨끗이 하는 것은 건강한 치아와 잇몸을 보장하는 데 기여합니다. 그리고 우리는 모두 의사 선생님께 정기적인 검진을 받아야 한다는 것을 알고 있습니다. 하지만 불행하게도 우리 대부분은 그러질 않죠. 그래서 우리 대부분은 검진을 해야 할 목록의 가장 마지막에 놓아두거나 혹은 우리가 치과에 가야 할 필요가 있기 전까지는 이에 대해서 생각도 하지를 않죠. 이는 우리가 생각했던 것보다도 심한 해를 우리에게 끼칠 수도 있습니다.

Q: 연설자의 충고는 무엇인가?
(a) 치통이 있으면 치과에 가라
(b) 단 것과 초콜릿을 먹는 것을 피하라.
(c) 지속적인 치과 방문을 유지하라.
(d) 자신만의 해야 할 일 목록을 만들어라.

어휘

dental 이의, 치과의
hygiene 위생 상태
brush 이를 닦다
floss 치실로 치아 사이를 깨끗이 하다
diet 식이요법, 식사
contribute (to) ~에 기여하다
ensure 보장하다, 확실히 하다
gum 잇몸
check-up 검진
to-do-list 해야 할 일 목록

정답 (c)

8.

The Peruvian government declared a 60-day state of emergency in the Amazon to deal with a month-long protest by indigenous groups against laws favoring energy exploration and deforestation. The opening up of these areas for petroleum and gas companies came when Congress gave President Garcia sweeping powers to implement a free trade with the US. Promises to repeal those laws in response to protests last year were not implemented. The Brazilian government has reported that some remote and uncontacted tribes are fleeing into Brazil to escape the impact of logging.

Q: Which is correct according to the news report?
(a) The protests have been going on for more than 60 days.
(b) A state of emergency has been declared due to the shortage of oil supply.
(c) The Peruvian government didn't keep its word to revoke the decrees.
(d) People are demonstrating against the free trade agreement between Peru and the US.

어휘

peruvian 페루의
declare 선언하다, 발표하다
state of emergency 국가 비상사태
indigenous 토착의
favor 지지하다
exploration 탐사
deforestation 산림벌채
sweeping 전면적인
implement 이행하다
repeal 철회하다
in response to ~에 응하여
remote 먼, 먼 곳의
tribe 부족
flee 달아나다
logging 벌목, 벌채

정답 (c)

해설

아마존 지역의 개발과 관련하여 페루 정부가 국가비상사태를 선포했다는 내용의 뉴스방송기사이다. 지문 중 'Promises to repeal those laws in response to protests last year were not implemented'이란 내용을 통해서 작년에 페루 정부가 항의에 응답하여 관련 법들을 철회하겠다는 약속을 했고, 이것이 지켜지지 않았음을 알 수 있다. 그러므로 보기 (c) 의 '페루 정부는 법령들을 철회하겠다던 약속을 지키지 않았다'가 정답이다. 항의가 60일 동안 지속된 것이 아니라, 60일짜리 국가비상사태를 선포한 것이며, 자유무역 협정에 대한 시위가 아니라 그를 함께 진행되고 있는 아마존에서의 에너지 탐사와 산림벌채에 대한 시위이므로 (a), (d)는 정답이 될 수 없다.

해석

페루 정부는 에너지 탐사와 산림벌채를 지지하는 법에 저항하여 한 달 간 지속된 토착민 그룹에 의한 항의를 해결하기 위해서 아마존에서의 60일 간의 국가비상사태를 선포했습니다. 석유와 가스 회사들을 위한 이 지역들의 개방은 의회가 가르시아 대통령에게 미국과의 자유무역을 이행할 수 있는 전면적인 힘을 주면서 초래되었습니다. 작년에 이러한 항의들에 반응하여 관련법들을 철회하겠다던 약속은 이행되지 않았습니다. 브라질 정부는 몇몇 멀리 떨어져 있고 연락을 받지 못한 부족들이 벌채의 영향에서 벗어나기 위해 브라질로 도망쳐 오고 있다고 말했습니다.

Q: 뉴스방송에 따르면 옳은 것은 무엇인가?
(a) 항의는 60일 이상 지속되어 왔다.
(b) 국가비상사태가 기름 공급 부족으로 인해서 선포되었다.
(c) 페루 정부는 법령들을 철회하겠다던 약속을 지키지 않았다.
(d) 사람들은 페루와 미국의 자유무역협정에 대항하여 시위를 벌이고 있다.

Pre-Test • 3 Answers

1. (d)	2. (c)	3. (d)	4. (a)
5. (c)	6. (d)	7. (b)	8. (b)

1.

M: I blew it. I should've listened to you.
W: ____________________

(a) Don't blame me. Blame yourself.
(b) Okay. Let's listen to the music together.
(c) I'm glad I could be of help.
(d) See? I told you so.

해설

'should have + pp'의 문장형태는 무언가 이미 벌어진 일의 반대상황을 가정하여 후회할 때 사용한다. 여기서는 상대방의 말을 듣지 않았던 것을 후회하며 '네 말을 들었어야 했는데'라고 말하는 상황이기에 적절한 답변은 '거봐? 내가 그렇게 될 거라고 했잖아요'인 보기 (d)가 정답이 된다.

해석

M: 내가 망쳐 버렸어요. 당신 말을 들었어야 했네요.
W: ____________________

(a) 날 비난하지 말아요. 자기 자신을 비난하세요.
(b) 알았어요. 함께 음악을 들어요.
(c) 제가 도움이 될 수 있어서 기쁩니다.
(d) 그렇죠? 내가 그렇게 될 거라고 했잖아요.

어휘

blow it 망치다
blame 비난하다, 책망하다

정답 (d)

2.

M: Do you know Jack's cell phone number?
W: ____________________

(a) I will go check my schedule.
(b) Yes, he has a great cell phone.
(c) I can't think of it off hand.
(d) It's 187 Lake Avenue.

해설

특정인의 전화번호를 묻는 사람에게 적절한 응답을 해주어야 한다. 만약 알고 있으면 전화번호를 불러주면 되고, 모른다면 모른다고 말하면 된다. 여기서는 알고는 있는데 당장 기억이 나지 않는 상황으로 '지금 바로 생각이 나지 않아'인 (c)가 정답이다. 내 일정과 상대방의 휴대폰은 관계가 없기에 (a)는 오답이고, 보기 (d)는 전화번호가 아니라 주소를 불러주고 있으므로 정답이 아니다.

해석

M: 너 잭의 핸드폰 전화번호 아니?
W: ____________________

(a) 가서 제 일정을 확인해 볼게요.
(b) 네, 그는 좋은 핸드폰을 가지고 있어요.
(c) 바로 생각이 나질 않네요.
(d) 187번 Lake Avenue입니다.

어휘

cell phone 휴대폰, 핸드폰
I can't think of it offhand. 바로(금방) 생각이 나질 않네요.

정답 (c)

3.

M: I'm sorry for being late again.
W: What's your excuse today?
M: Well, traffic was awful coming over here.
W: ____________________

(a) I know. It's not easy to drive a stick shift.
(b) I wish I were there, too.
(c) You will get better.
(d) Do you expect me to believe that?

해설

또 다시 늦은 남자에게 여자는 '오늘은 변명이 뭔가요?'라며 부정적으로 남자에게 질문을 하고 있다. 이에 '여기 오는데 교통이 최악이었어요'라고 대답하는 남자에게 할 수 있는 적절한 답변을 찾아야 한다. 정답은 '나보고 그 말을 믿으라는 거니?'라고 부정적으로 반문하는 (d)이다. 교통 혼잡과 수동기어 자동차의 운전과는 관련성이 없기에 (a)는 정답이 될 수 없다.

해석

M: 또 다시 늦어서 죄송합니다.
W: 오늘은 무슨 변명을 댈 건가요?
M: 음, 여기 오는데 교통이 최악이었습니다.
W: ____________________

(a) 저도 알아요. 수동기어 차를 운전하는 건 쉽지가 않죠.
(b) 저도 거기에 있으면 좋을 텐데요.
(c) 괜찮아질 거예요.
(d) 지금 나보고 그 말을 믿으라는 거예요?

어휘

excuse 변명
awful 끔찍한, 엉망인
stick shift 수동기어

정답 (d)

4.

M: How often does the bus run at this stop?
W: Once every 10 minutes, I guess.
M: How long have you been waiting?
W: ______________________________

(a) I just got here myself.
(b) I've been waiting for the bus.
(c) I'm sorry, but I don't have time for it now.
(d) Check out the bus map, then.

해설

버스 정류장에서 버스의 도착시간과 관련해서 주고받는 대화문이다. 얼마나 버스를 기다리고 있었냐는 질문에 가장 적절한 것은 'For'나 'Since'의 기간을 나타내는 전치사가 들어가는 답인데, 보기에는 이런 답변이 등장하지 않는다. 가장 적절한 것은 자신도 막 정류장에 왔다는 의미인 보기 (a)가 정답이다.

해석

M: 이곳 정류장에는 버스가 얼마나 자주 다니나요?
W: 매 10분마다 한 대씩 오는 것 같아요.
M: 얼마나 오랫동안 기다리고 계셨어요?
W: ______________________________

(a) 저도 방금 왔습니다.
(b) 저는 버스를 기다리고 있었습니다.
(c) 죄송합니다만, 제가 지금 그럴 시간이 없네요.
(d) 그러면, 버스 노선표를 확인해 보세요.

어휘

stop 정류소
check out 확인하다
bus map 버스 노선표

정답 (a)

5.

M: Is it possible to exchange dollars into yens?
W: Of course, it is.
M: Good. Can you tell me today's exchange rate?
W: Today's exchange rate is one dollar to 120 yens.
M: I see. Please exchange one thousand dollars into yens.
W: Right away.

Q: What is happening in the conversation?
(a) The man wants to know the way to the nearest bank.
(b) The woman is depositing the man's money in the bank.
(c) The man wants to have his dollars converted to another currency.
(d) The woman is asking the man to wait for his turn.

해설

'exchange' 또는 'exchange rates' 등만 들어도 쉽게 환전과 관련한 대화문이라는 것을 짐작할 수 있다. 남자는 여자에게 달러를 일본엔화로 바꾸는 것과 관련하여 가능한지 여부와, 두 통화간의 환율 등을 물으며 1,000달러를 엔화로 바꾸고 싶다고 말하고 있다. 그러므로 정답은 보기 (c)가 된다. 돈을 환전해 달라는 남자의 요청에 여자는 'Right away(바로 해드리겠습니다)'라고 대답했기에 (d)는 정답이 될 수 없다.

해석

M: 달러를 엔화로 교환하는 것이 가능한가요?
W: 물론이죠.
M: 좋네요. 오늘의 환율을 말씀해 주시겠어요?
W: 오늘의 환율은 1달러 대 120엔입니다.
M: 알겠습니다. 1,000달러를 엔화로 교환해 주십시오.
W: 바로 해드리겠습니다.

Q: 대화에서 벌어지고 있는 상황은 무엇인가?
(a) 남자는 가장 가까운 은행으로 가는 길을 알고 싶어한다.
(b) 여자는 남자의 돈을 은행에 입금시키고 있다.
(c) 남자는 달러를 다른 통화로 바꾸고 싶어한다.
(d) 여자는 남자에게 그의 차례가 올 때까지 기다리라고 요청하고 있다.

어휘

Is it possible to + V ~하는 것이 가능한가요?
exchange A into B A를 B로 교환하다
exchange rate 환율

정답 (c)

6.

M: Do you have any questions about this job?
W: Yes, how many employees are there in the company?
M: We have 15 employees and one director which is me, of course.
W: Does the company provide health insurance?
M: Yes, we provide health insurance to every employee after a period of three months on the job.
W: Great. And how many vacation days does the company offer?
M: There are 10 days for vacation during the first year. And then during the second year there are 20 vacation days.
W: Oh, I see. Thanks for telling me.

Q: Which is correct according to the conversation?
(a) The woman is interviewing the man.
(b) There is a total of 15 people working in the company.
(c) The woman will never be covered under health insurance.
(d) The woman will get 10 vacation days if she gets the job.

해설

대화문을 통해서 보기와 일치하지 않는 것을 골라야 한다. 여자가 인터뷰를 받던 중 남자에게 질문을 던지는 것이지, 여자가 남자를 인터뷰하고 있는 것은 아니며, 회사는 이사 포함 16명이 근무하고 있다. 또한 여자가 절대로 건강보험을 받지 못할 것이라는 내용은 언급된 바가 없기에 (a), (b), (c) 모두 오답이다. 남자는 직원들은 첫 해 10일의 휴가일을 받는다고 했으므로, 만약 여자가 이 직업을 얻을 경우 10일의 휴가일을 받게 될 것이라는 보기 (d)가 정답이다.

해석

M: 이 일자리에 대해서 질문이 있으신가요?
W: 네, 회사에 직원이 몇 명이나 되나요?
M: 저희는 15명의 직원과 한 명의 이사가 있습니다. 이사는 물론 저고요.
W: 회사에서 건강보험은 지원해 주나요?
M: 네, 저희는 근무 기간이 3개월 지난 모든 직원들에게 건강보험을 지원해 주고 있습니다.
W: 좋군요. 그리고 휴가일을 얼마나 주나요?
M: 첫 해는 10일의 휴가일이 있고, 두 번째 해에는 20일의 휴가일이 있습니다.
W: 아, 알겠어요. 알려줘서 고맙습니다.

Q: 대화에 의하면 옳은 것은 무엇인가?
(a) 여자는 남자를 인터뷰하고 있는 중이다.
(b) 회사에는 총 15명의 사람들이 일하고 있다.
(c) 여자는 결코 건강보험을 받지 못할 것이다.
(d) 여자는 이 직업을 얻을 경우 10일의 휴가일을 받게 될 것이다.

어휘

employee 고용인
director 중역, 이사
health insurance 건강보험

정답 (d)

7.

A rainy season without rain over the past few weeks looks set to be in the process of changing. In northern and southern Australia, the weather will be mostly cloudy with a low around 18 degrees. Chance of precipitation is over 90 percent, so don't forget to take umbrella with you over the next two days. The highest temperature across the country will be around 23 degrees celsius.

Q: Which is correct according to the weather announcement?
(a) It has been raining for the last few weeks.
(b) The country is still in the rainy season.
(c) The chance of rain is fairly low.
(d) It will be raining for the next two weeks.

해설

첫 번째 문장에서 언급된 'A rainy season without rain over the past few weeks ~ in the process of changing'을 통해서 세 가지 사실을 알아 낼 수 있다. 첫째, 현재 나라가 우기라는 것과, 둘째, 우기임에도 지난 몇 주간 비가 오지 않았다는 것, 마지막으로, 그러나 이제 비가 올 것으로 보인다는 것, 이 세 가지 정보다. 정답은 '나라는 아직도 장마철이다'라고 한 보기 (b)이다.

해석

지난 몇 주간의 비가 오지 않던 장마기가 변화의 과정에 놓인 것처럼 보입니다. 북쪽과 남쪽 호주의 날씨는 최저 18도이며 구름이 대부분 낄 것입니다. 비가 올 확률은 90퍼센트 이상이므로 다음 이틀 동안은 우산을 가지고 다니는 것을 잊지 마십시오. 나라 전역에 걸쳐서 최고 온도는 23도 정도가 될 것입니다.

Q: 다음 기상예보에 의하면 옳은 것은 무엇인가?
(a) 지난 몇 주간 비가 계속 내렸다.
(b) 나라는 아직도 장마철이다.
(c) 비가 올 확률은 상당히 낮다.
(d) 다음 2주 동안 비가 올 것이다.

어휘

rainy season 우기, 장마철
in the process ~의 과정 중에
precipitation 강수량, 우량
temperature 온도, 기온
Celsius 섭씨(의)

정답 (b)

8.

Two companies are developing technology to match couples based on genetic components of their immune systems and odor. Studies have shown that we are most likely to be attracted to people with different histocompatibility genes to our own. Those with similar immune systems tend to be left cold by each other's odours. People looking for love will be able to order a test online, swab their cheeks and put the sample into a machine. Ten minutes later their data is reduced to a code they can enter at the website. Software will then match them to a person with a different immune system.

Q: What can be inferred from the talk?

(a) Putting on perfume is important to get rid of nasty smell.

(b) People with dissimilar immune systems find each other more appealing.

(c) People can find their dates through online chatting websites.

(d) Couples with different health issues are more likely to cheat on each other.

해설

'Studies have shown that ~ people with different histocompatibility genes to our own'를 통해서 서로 다른 면역체계를 가진 사람들끼리 더 매력을 느낄 가능성이 있다고 언급하고 있다. 그러므로 정답은 보기 (b)이다. 본 서비스를 제공하는 것은 온라인 채팅 사이트가 아니기에 보기 (c)는 정답이 될 수 없다.

해석

두 회사가 사람들의 면역체계와 냄새의 유전적 성분을 근거로 커플을 연결시켜 주는 기술을 개발하고 있는 중입니다. 연구조사는 우리들이 자신의 것과는 다른 조직 적합성 유전자를 가지고 있는 사람들에게 가장 많이 매력을 느낄 수 있다고 밝히고 있습니다. 비슷한 면역체계를 가지고 있는 사람들은 서로의 냄새에 의해서 홀로 외롭게 남겨지는 경향이 있습니다. 사랑을 찾는 사람들은 온라인 실험을 주문할 수 있고, 볼을 면봉으로 닦은 후 이 샘플을 기계에 놓을 수 있습니다. 10분이 지나면 그들의 자료가 웹사이트에 입력할 수 있도록 암호화 될 것입니다. 그리고서, 소프트웨어는 이들을 다른 면역체계를 가진 사람에게 연결시켜 주는 것이지요.

Q: 지문을 통해 추론할 수 있는 것은 무엇인가?

(a) 향수를 바르는 것은 나쁜 냄새를 제거하기 위해서 중요하다.

(b) 비슷하지 않은 면역체계를 가진 사람들은 서로를 좀 더 매력적으로 본다.

(c) 사람들은 온라인 채팅 사이트를 통해서 그들의 데이트 상대를 찾을 수 있다.

(d) 다른 건강 문제를 가지고 있는 커플들은 서로 몰래 바람피울 가능성이 더 크다.

어휘

develop 개발하다
genetic 유전의
component 성분, 구성
immune system 면역체계
histocompatibility 조직 적합성
gene 유전자
tend to ~하는 경향이 있다
swab 면봉으로 닦다

정답 (b)

Actual Test 1 Answers

01	(c)	02	(b)	03	(d)	04	(d)
05	(d)	06	(c)	07	(c)	08	(c)
09	(a)	10	(b)	11	(d)	12	(c)
13	(d)	14	(b)	15	(d)	16	(d)
17	(d)	18	(c)	19	(b)	20	(b)
21	(d)	22	(c)	23	(c)	24	(c)
25	(d)	26	(a)	27	(c)	28	(b)
29	(a)	30	(d)	31	(d)	32	(b)
33	(c)	34	(b)	35	(d)	36	(c)
37	(b)	38	(d)	39	(b)	40	(b)
41	(c)	42	(c)	43	(d)	44	(a)
45	(d)	46	(b)	47	(d)	48	(c)
49	(d)	50	(d)	51	(d)	52	(b)
53	(c)	54	(d)	55	(c)	56	(a)
57	(a)	58	(a)	59	(d)	60	(d)

1 M: Hello. This is James. Is Richard at home?
W: ____________________________

(a) He is working on it.
(b) Yes. I'm returning his call.
(c) No. He went out in the morning.
(d) I really hope so.

해설

전화통화 내용으로 남자는 Richard가 집에 있는지 여부를 묻고 있다. 정답은 아침에 나갔다고 한 (c)이다. (a)의 답변은 보고서나 숙제와 같은 업무 작업을 진행중일 때 사용하는 표현으로 집에 있는지 여부를 물어보는 질문의 답변으로는 적절치 못하다.

해석

M: 여보세요. 전 제임스라고 합니다. 리차드 씨 집에 있나요?
W: ____________________________

(a) 그가 작업 중에 있습니다.
(b) 네, 그가 전화하셨다고 해서 전화드립니다.
(c) 아뇨, 아침에 나갔어요.
(d) 저도 정말 그러길 바랍니다.

어휘

work on ~을 작업하다
return one's call ~의 전화를 받고 전화하다
go out 밖으로 나가다

정답 (c)

2 M: Excuse me, I'd like to make a withdrawal.
W: ____________________________

(a) I believe you can make it.
(b) Okay, please sign on this slip.
(c) How much do you want to deposit?
(d) This can't be happening.

해설

은행에서 벌어지는 대화로 withdrawal은 '출금, 인출'이란 뜻을 갖고 있다. 돈을 인출하고 싶다는 말에 가장 적절한 응답은 보기 중 인출관련 용지에 서명을 해달라는 (b)가 정답이다. 인출을 하겠다고 했는데, 얼마를 예금할 것인지를 묻고 있는 (c)는 정답이 될 수 없다. 'How much do you need?(얼마가 필요하시죠?)' 또한 적절한 대답이 될 수 있다.

해석

M: 실례합니다. 돈을 인출하려고 합니다.
W: ____________________________

(a) 당신이 잘 해낼 수 있을 거라고 믿습니다.
(b) 네. 이 전표에 서명해 주세요.
(c) 얼마나 예금하고 싶으신가요?
(d) 이런 일은 있을 수가 없어요.

어휘

withdrawal 출금
slip 전표
make it 해내다, 달성하다
deposit 예금하다

정답 (b)

3 M: Hi, do you remember me? We went to the same high school.
W: ____________________________

(a) You are so old school.
(b) I wish I could go back to the old days.
(c) I missed you a lot.
(d) What a pleasant surprise!

해설

남자는 자신을 기억하냐고 물으며 우리가 같은 학교에 다녔다고 말하고 있다. 이에 대한 응대는 기뻐하며 상대를 기억하던지 혹은 기억이 나지 않는다고 얘기하는 두 가지 중 하나가 될 것임을 예상할 수 있다. 정답은 (d)다. 보기 (c)의 경우, 서로가 서로를 알고 있다는 전제하에서 오랜만에 만났을 때 가능한 표현이지 자신을 기억하냐고 묻고 있는 질문에 대한 답변으로는 적절치 못하다.

해석

M: 안녕하세요. 저 기억하세요? 우리 같은 고등학교 다녔잖아요.
W: ____________________________

(a) 넌 너무 구식이야.
(b) 예전으로 돌아 갈 수 있다면 좋겠어.
(c) 네가 너무 많이 보고 싶었어.
(d) 정말 반가워요.

어휘

old school 구식의, 시대에 뒤진
I wish I could + pp ~할 수 있다면 좋겠다
What a pleasant surprise! (상대방을 오랜만에 우연히 만났을 때) 정말 반가워요!

정답 (d)

4 W: What happened to your arms? They're all covered with a rash.
M: ______________________________

(a) Thank you for worrying about me.
(b) I agree. They're really rash.
(c) You'd better go see a doctor.
(d) Just bug bites. Not a big deal.

해설

여자는 상대방의 팔에 생긴 발진을 보고 놀라서 무슨 일이냐고 묻고 있다. 정답은 단순히 벌레한테 물린 자국이라며 별일 아니라고 하는 보기 (d)이다. 보기 (c)의 경우 놀란 여자가 뒤이어서 할 수 있는 말이고, (b)는 rash의 다른 의미를 활용한 오답이다.

해석

W: 너 팔 왜 그러니? 온통 발진이 났잖아.
M: ______________________________

(a) 걱정해줘서 고마워요.
(b) 나도 동감해. 걔들은 정말 경솔해.
(c) 의사에게 진찰을 받아봐.
(d) 그냥 벌레한테 물린 거야. 별일 아냐.

어휘

rash 발진, 뾰루지 a. 경솔한
Thank you for ~ing ~해줘서 고마워
bug bites 벌레한테 물린 자국
Not a big deal. 별일 아냐. 큰일 아냐.

정답 (d)

5 M: I'm into rap music.
W: ______________________________

(a) Yes, it really stinks.
(b) Let me listen to the song.
(c) Don't go into the music industry.
(d) Any particular reasons?

해설

남자는 랩 음악을 좋아한다고 말하고 있다. 이에 적절한 대답으로는 특별한 이유가 있는지 묻고 있는 보기 (d)가 정답이다. 랩 음악이란 장르를 좋아한다는 일반적 사실을 이야기한 것인데, 특정한 그 음악을 들어보게 해달라고 한 (b)는 정답이 될 수 없다.

해석

M: 나는 랩 음악이 좋아
W: ______________________________

(a) 응, 그거 정말 형편없어.
(b) 나도 그 노래 들어볼게.
(c) 음악 산업에는 몸담지 마세요.
(d) 뭐 특별한 이유라도 있니?

어휘

be into ~를 좋아하다, ~에 호감이 있다
stink 고약한 냄새가 나다, 형편없다
Let me + V 나도 ~하게 해줘

정답 (d)

6 W: I can't believe you just ate the bacon off my burger.
M: ______________________________

(a) Yeah, it's hard to believe.
(b) What do you prefer, bacon or sausage?
(c) I'm sorry, I thought you didn't like bacon.
(d) I'll go refund it.

해설

'I can't believe ~'는 특정한 사실을 믿지 못할 때 뿐만이 아니라 상대방의 행동이 어이가 없을 때도 사용할 수 있는 회화패턴이다. 여자는 자신의 햄버거에서 베이컨만을 빼 먹은 남자에게 어이가 없다고 말하고 있다. 이에 적절한 정답은 (c)이다. 남자가 베이컨을 빼먹은 햄버거를 가서 환불해 오겠다는 보기 (d)는 논리적으로 말이 되지 않는다.

해석

W: 네가 내 햄버거의 베이컨을 먹었다니 어이가 없다.
M: ______________________________

(a) 그래, 정말 믿기 어려워.
(b) 베이컨이 좋아요, 소시지가 좋아요?
(c) 미안해, 네가 베이컨을 좋아하지 않는 줄 알았지.
(d) 가서 환불해 올게.

어휘

prefer ~을 선호하다
refund 환불 v. 환불하다

정답 (c)

7 M: Your speech was breathtaking.
W: ______________________________

(a) I'll talk to you later.
(b) I'm short of breath.
(c) You're flattering me.
(d) It almost took my breath away.

해설

breathtaking은 숨이 멎을 정도로 환상적인 것을 감탄하고자 할 때 사용하는 어휘이다. 자신의 연설이 놀라웠다고 칭찬하는 사람에게는 고맙다고 말하는 것이 당연한 예의일 것이다. 보기 중 정답은 (c)이다.

해석

M: 당신의 연설은 정말 대단했어요.
W: ______________________________

(a) 나중에 얘기합시다.
(b) 전 숨이 차요.
(c) 과찬의 말씀이세요.
(d) 그건 정말 절 놀라게 했어요.

어휘

breathtaking 깜짝 놀랄만한, 대단한
You're flattering me.(=I'm flattered.) 과찬의 말씀입니다.
take one's breath away ~를 깜짝 놀라게 하다

정답 (c)

8 W: I can't decided on which dish to order.
M: ______________________________

(a) What do you recommend?
(b) Let's go to the Chinese restaurant.
(c) Let's ask the waitress for a recommendation.
(d) Give me an order and I'll do it.

해설

식당에서 무엇을 주문해야 할지 모를 때는 어떻게 하는 것이 가장 좋을까? 웨이터나 웨이트리스에게 메뉴를 추천해 달라는 것이 가장 일반적일 것이다. 정답은 보기 (c)이다. 메뉴를 보며 무슨 음식을 주문할지를 얘기하는 상황에서 중국음식점에 가자는 보기 (b)는 정답이 될 수 없다.

해석

W: 어떤 식사를 주문해야 할지 결정할 수가 없어요.
M: ______________________________

(a) 뭘 추천해 주시겠어요?
(b) 중국음식점으로 가자.
(c) 웨이트리스에게 추천해 달라고 물어보죠.
(d) 명령만 내리시면 제가 바로 하겠습니다.

어휘

decide (on) ~을 결정하다
recommend 추천하다
order 주문하다, 명령하다

정답 (c)

9 M: I hate when people are rude and hypocritical.
W: ______________________________

(a) That makes two of us.
(b) I don't think you're hypocritical.
(c) How rude of you to say that!
(d) What makes you think so?

해설

평서문에 대한 응답의 대부분은 상대방이 말한 내용에 대한 조언이나 동의 문장이 나오는 경우가 많다. 여기서는 자신도 그렇다고 동의하는 (a)가 정답이다. 보기 (d)의 경우 한글 해석으로는 정답이 될 수 있을 것 같지만, 남자가 말하고 있는 것은 '무례하고 위선적인 사람이 싫다'라는 구체적 대상에 대한 선호의 문제이기에 왜 그런 의견이 나왔는지 물을 때 사용하는 (d)는 정답이 될 수 없다.

해석

M: 난 사람들이 무례하고 위선적일 때가 싫어요.
W: ______________________________

(a) 나도 같은 생각이에요.
(b) 전 당신이 위선적이라고 생각하지 않아요.
(c) 그런 말을 하다니 정말 무례하군요.
(d) 왜 그렇게 생각하시죠?

어휘

hypocritical 위선적인
That makes two of us.(=I agree. / You said it.) 나도 그래. 동감이야.
How rude of you to + V ~ 하다니 정말 무례하군요

정답 (a)

10 W: What are the chances of me getting a scholarship?
M: ______________________________

(a) Seize the opportunity when it presents itself.
(b) You don't have a fat chance.
(c) I will give you a chance.
(d) Study harder if you want to go to a good school.

해설

여자는 자신이 장학금을 탈 가능성이 얼마나 될 것인가를 묻고 있다. 정답은 그럴 가능성이 없다고 냉정이 얘기하는 보기 (b)이다. (c)는 chance를 이용한 오답이다

해석

W: 내가 장학금을 탈 가능성이 얼마나 될까?
M: ______________________________

(a) 기회가 오면 잡도록 하세요.
(b) 넌 전혀 가능성이 없어.
(c) 당신께 기회를 드리겠습니다.
(d) 좋은 학교에 가고 싶으면 더 열심히 공부해.

어휘

chances 가능성, 승산
scholarship 장학금
seize 붙잡다
a fat chance 희박한 가능성

정답 (b)

11 M: I'm getting mom a gift certificate to a spa.
W: ______________________________

(a) How much did you pay for it?
(b) She goes to a spa regularly.
(c) Where are you getting at?
(d) Is that what she wants?

해설

남자는 어머니에게 온천 상품권을 사드릴 거라고 말하고 있다. 정답은 그것이 그녀가 원하는 거냐고 반문하고 있는 보기 (d)이다. 살 것이라는 예정을 얘기한 것인데, 얼마를 주었냐고 묻고 있는 (a)는 오답이다.

해석

M: 어머니에게 온천 상품권을 사 드릴거야.
W: ______________________________

(a) 얼마나 주고 샀니?
(b) 어머니는 주기적으로 온천에 가세요.
(c) 무슨 말을 하려는 거야?
(d) 그게 엄마가 원하시는 거니?

어휘

gift certificate 상품권
spa 온천
regularly 규칙적으로
Where are you getting at? 무슨 말을 하려는 거야?

정답 (d)

12 W: How much do they charge for delivery?
M: ______________________________

(a) They will charge you with fraud.
(b) You can save up to 20 dollars.
(c) Beats me.
(d) I had it delivered at home.

해설

배달 요금이 얼마나 될 것인지 묻고 있다. 이에 대한 응답은 구체적인 금액에 대한 언급 또는 자신도 모르겠다는 식의 회피형 대답이 될 것임을 예상할 수 있다. 정답은 자신도 모르겠다고 하는 보기 (c)이다. 무언가를 모르겠다고 할 때 사용할 수 있는 표현은 이 외에 'Your guess is as good as mine.', 'I have no idea.' 등이 있다.

해석

W: 그 사람들 배달료로 얼마나 받나요?
M: ______________________________

(a) 그들은 당신을 사기죄로 고소할 겁니다.
(b) 20달러까지 절약하실 수 있어요.
(c) 나도 모르겠어.
(d) 그거 집으로 배달시켰어요.

어휘

charge 요금을 과하다, 청구하다, 고소하다
delivery 배달
fraud 사기(행위)
Beats me.(= I don't know. / Your guess is as good as mine.) 나도 모르겠어.

정답 (c)

13 M: Why were you late to work this morning?
W: ______________________________

(a) I never have trouble getting out of bed.
(b) I hope It won't happen again.
(c) I don't need your explanation.
(d) My alarm didn't go off.

해설

남자는 왜 출근이 늦었는지 물어보고 있다. 정답은 알람시계가 울리지 않았다고 한 (d)이다. 'The traffic was horrible.', 'I missed the bus.' 등도 지각과 관련해서 변명으로 쓸 수 있는 답변들이다.

해석

M: 오늘 아침에 왜 출근이 늦었나요?
W: ______________________________

(a) 전 아침에 침대에서 일어나는데 전혀 문제가 없어요.
(b) 다시는 그런 일이 벌어지지 않았으면 좋겠습니다.
(c) 당신의 변명 따위는 필요하지 않아요.
(d) 알람시계가 울리지 않았어요.

어휘

be late to work 출근이 늦다
explanation 설명, 변명
go off (알람, 시계 등이) 울리다

정답 (d)

14 W: How do you like your coffee?
M: ______________________________

(a) I'd love to. Thank you very much.
(b) Just cream, please.
(c) I don't drink coffee too often.
(d) I enjoyed it very much.

해설

커피를 어떻게 타서 마시냐고 묻는 질문이다. 정답은 크림만 넣어달라고 하는 보기 (b)이다. 이외에도 'Two sugars.', 'With sugar and cream, please.' 등도 정답으로 등장할 수 있다. (a)는 'Would you like to have a cup of coffee?'와 같은 질문에 적절한 답변이다.

해석

W: 커피를 어떻게 타 드릴까요?
M: ______________________________

(a) 좋아요. 감사합니다.
(b) 크림만 넣어주세요.
(c) 난 커피를 너무 자주 마시지 않습니다.
(d) 굉장히 재미있었습니다.

어휘

How do you like your +음식 ~을 어떻게 해드릴까요?

정답 (b)

15 M: How long have you had the back pain?
W: ______________________________

(a) It's a tough call.
(b) I was really sick in 2006.
(c) I haven't had it so far.
(d) For as long as I can remember.

해설

얼마나 오랫동안 허리 통증이 있었냐고 묻고 있다. 'How long have you ~?' 식의 질문에 대한 답변은 대부분 'For ~' 또는 'Since ~' 식으로 기간을 설명해 주어야 한다. 정답은 (d)이다. 보기 (a)는 무언가를 결정해야 하는 상황에서 선택하기가 힘들 때 사용할 수 있는 표현이다.

해석

M: 얼마나 오랫동안 허리에 통증이 있으셨나요?
W: ______________________________

(a) 결정하기 어렵네요.
(b) 전 2006년에 정말 아팠어요.
(c) 지금까지는 가져본 적이 없어요.
(d) 굉장히 오랫동안요.

어휘

back pain 허리 통증
It's a tough call. (무엇을 선택해야 하는 상황에서) 결정하기 어렵네요.
For as long as I can remember. 굉장히 오랫동안요.

정답 (d)

16 M: I don't think I can work with Susan anymore.
W: What's the problem?
M: She is so stubborn and won't listen to anyone.
W: ______________________________

(a) Really? I didn't know she was a good listener.
(b) I think you should call her now.
(c) Does she listen to you?
(d) Maybe you should tell your boss about it.

해설

남자가 수잔과 함께 일할 수 없을 것 같다고 생각하는 이유는 그녀가 고집이 세고 다른 사람들의 말을 듣지 않기 때문이다. 직장에서의 트러블을 해결하는 방법 중 하나는 상사에게 조언을 구하는 것이다 정답은 (d)이다. 여자의 문제 중 하나가 상대의 말을 듣지 않는 것이므로 (a)는 적절한 대답이 아니다.

해석

M: 더 이상 Susan과 함께 일할 수 있을 것 같지가 않아요.
W: 뭐가 문제인가요?
M: 그녀는 너무 고집이 세고, 다른 사람 말을 들으려고 안해요.
W: ____________________

(a) 정말요? 전 그녀가 남의 말을 잘 듣는 사람인 줄 몰랐어요.
(b) 그녀에게 지금 전화하세요.
(c) 그녀가 당신 말을 듣던가요?
(d) 당신 상사에게 그 문제를 얘기해야 할 것 같은데요.

어휘

stubborn 완고한, 고집 센
a good listener 남의 말을 잘 경청하는 사람

정답 (d)

17 W: You are late. Didn't you know that your appointment was at 5?
M: I'm really sorry. It totally slipped my mind.
W: Anyway, Mr. Brown has already left.
M: ____________________

(a) I'll wait for him in the lounge.
(b) How long have you been waiting for me?
(c) I haven't seen him for a while.
(d) Oh, I should call him and apologize.

해설

남자는 5시 브라운 씨와의 약속을 잊어버리고 늦게 도착했다. 이미 브라운 씨는 떠나버린 상황이라면 당연히 전화해서 사과를 하는 것이 예의일 것이다. 정답은 (d)이다. 이미 떠나버린 사람을 로비에서 기다린다는 것은 논리적으로 맞지 않고, 떠난 사람은 브라운인데 여자에게 자신을 얼마나 기다렸는지 묻는 것은 대화의 일관성이 떨어지는 질문이다.

해석

W: 늦었네요. 약속시간이 5시란 걸 몰랐나요?
M: 정말 죄송해요. 완전 깜박하고 있었지 뭐에요.
W: 어쨌든, 브라운 씨는 이미 떠났어요.
M: ____________________

(a) 로비에서 그를 기다릴게요.
(b) 얼마나 오랫동안 저를 기다리고 있었나요?
(c) 그를 꽤 오랫동안 못 봤어요.
(d) 아, 전화해서 사과를 해야 되겠군요.

어휘

appointment 약속
totally 완전히
slip one's mind ~을 깜박 잊다
apologize 사과하다

정답 (d)

18 W: This copy machine is giving me a hard time.
M: What's wrong with it?
W: It keeps jamming and I don't know what to do about it.
M: ____________________

(a) I'm so disappointed in your behavior.
(b) Yeah, the road was jammed with cars.
(c) Take the tray out and see if something is stuck in between.
(d) I had it fixed.

해설

복사기가 계속 걸려서 고민스러워 하는 여자에게 적절한 대답은 문제를 해결하는 방법에 관한 내용일 것이다. 구체적으로 무엇을 해보라고 지시하는 (c)가 정답이다. 보기 (b)는 동사 jam을 이용한 오답이고, 보기 (d)처럼 복사기가 되지 않아서 고민인 상황에서 뜬금없이 고쳤다고 말하는 것은 일관성이 떨어지는 답변이다.

해석

W: 이 복사기가 절 골치 아프게 하네요.
M: 뭐가 문제인가요?
W: 계속해서 걸리는데 뭘 어떻게 해야 할지 모르겠어요.
M: ____________________

(a) 당신의 행동에 정말 실망했어요.
(b) 네, 도로가 차들로 꽉 막혔어요.
(c) 트레이를 빼고 사이에 뭐가 걸려있는지 확인해 봐요.
(d) 제가 고쳤어요.

어휘

copy machine 복사기
give a person a hard time ~에게 힘든 시간을 주다, ~를 골치 아프게 하다
jam (막혀서) 꼼짝 못하게 되다
see if ~인지 아닌지 확인하다
be stuck 걸리다
fix 고치다

정답 (c)

19 M: Look who's here! Susan Bernard! What a pleasant surprise!
W: Dick Smith! It's nice to see you again.
M: Didn't you move to New York to get a job last year?
W: ________________________________

(a) I'm looking for a job.
(b) I did. I'm just visiting my mom.
(c) I have been to New York quite a number of times.
(d) That's right. I will go to New York next year.

해설

남자가 여자에게 묻고 있는 질문을 정확히 파악해야 한다. 'Didn't you ~?'로 물어보는 질문 형태는 보통 자신이 확실히 알고 있다고 생각하는 내용을 확인하고자 할 때 사용하는 패턴이다. 남자가 묻고 있는 것은 작년에 여자가 일자리를 구하러 뉴욕으로 이사한 것이 아니냐는 거다. 정답은 그 말이 맞고 지금은 엄마를 방문중이라고 답한 보기 (b)이다.

해석

M: 이게 누구야! 수잔 버나드! 정말 반갑다.
W: 딕 스미스! 널 다시 봐서 좋다.
M: 너 일자리 찾으러 뉴욕으로 이사 가지 않았었니?
W: ________________________________

(a) 나 일자리 찾고 있는 중이야.
(b) 그랬지. 엄마를 방문하고 있는 중이야.
(c) 난 뉴욕에 꽤 많이 가봤어.
(d) 맞아. 내년에 뉴욕에 갈 거야.

어휘

Look who's here! 이게 누구야! 누가 여기 있는지 봐봐!
get a job 일자리를 얻다
look for ~을 찾다

정답 (b)

20 W: What is the forecast for tomorrow?
M: The weatherman says there's a good chance of torrential rain tomorrow.
W: Again? Oh, I'm so sick of rainy days.
M: ________________________

(a) You need to go see a doctor about it.
(b) I hear you loud and clear.
(c) Yes, it got rained out.
(d) Of course, it's raining outside.

해설

'be sick of'는 무언가가 지겹거나 질렸을 때 사용하는 표현이다. 여자는 계속해서 비가 내리는 날씨가 지겨운 것이다. 정답은 자신도 그렇다고 동감을 표시하는 보기 (b)이다. 보기 (a)는 'be sick of'의 sick이란 단어를 통해 착각하게끔 만든 오답이다.

해석

W: 내일 날씨예보가 어떻게 돼요?
M: 기상예보관에 따르면 내일 호우가 내릴 가능성이 높다고 하더군요.
W: 또요? 아, 정말 비 오는 날이 지겹군요.
M: ________________________

(a) 당신은 병원에 가 볼 필요가 있어요.
(b) 전적으로 동감해.
(c) 응, 그거 바로 취소됐어.
(d) 물론이죠. 밖에 비가 내리고 있어요.

어휘

forecast 예측, 예보
weatherman 예보관, 일기 예보자
torrential rain 호우
sick of ~에 질리다
go see a doctor 병원에 가다
I hear you loud and clear 전적으로 동감이야.

정답 (b)

21 M: Have you heard about John recently?
W: John? Do you mean John Coleman?
M: Yes, the guy you used to work with.
W: ________________________

(a) He is right next to you.
(b) No, it's not good to work with him.
(c) Oh, you don't know who John is?
(d) No, I lost touch with him.

해설

남자는 한때 여자가 같이 일했던 존이란 사람과 연락을 하고 있는지 여부를 여자에게 묻고 있다. 정답은 연락이 끊겼다고 대답한 보기 (d)이다.

해석

M: 최근에 존에 대해서 들은 적 있나요?
W: 존? 존 콜맨 말씀하시는 건가요?
M: 네, 당신과 같이 일하곤 했던 그 남자 말입니다.
W: ________________________

(a) 그는 당신 바로 옆에 있어요.
(b) 아뇨, 그랑 같이 일하는 것은 좋지 않습니다.
(c) 아, 당신 존이 누군지 모르시나요?
(d) 아뇨, 그와는 연락이 끊겼습니다.

어휘

Have you heard about ~? 에 대해서 들은 적 있나요?
guy 남자
used to ~하고는 했다
lose touch with ~와 연락이 끊어지다

정답 (d)

22 W: Hello. Do you need any help?
M: Yes, I'm looking for a book called the Emperor of something.
W: You mean the Emperor of Jada?
M: ______________________________

(a) You know me better than that.
(b) Sorry I didn't mean it.
(c) Yes, that's it.
(d) No, we don't have it here.

해설

찾고 있는 책의 제목을 정확히 모르는 남자에게 여자가 비슷한 책 제목을 언급했다. 그렇다면 정답은 맞다며 맞장구치거나 혹은 그게 아니다라고 부정하는 둘 중 하나가 될 것임을 예상해 볼 수 있다. 여기서 정답은 '바로 그거다'라고 말하는 보기 (c)이다.

해석

W: 안녕하세요. 뭐 도와드릴까요?
M: 네, 뭐뭐의 황제라고 불리는 책을 찾고 있었어요.
W: 자다의 황제 말씀하시는 건가요?
M: ______________________________

(a) 날 그것밖에 몰라요?
(b) 미안해요. 그러려고 한 건 아니에요.
(c) 네, 바로 그거에요.
(d) 아뇨. 그건 이곳에 저희가 가지고 있지를 않네요.

어휘

emperor 황제
I didn't mean it. (이미 벌어진 어떤 상황에 대해서) 그러려고 한 건 아냐.
That's it. 바로 그거에요. 그게 다에요.

정답 (c)

23 M: I'm really tired. I was so excited about this trip that I couldn't sleep a wink last night.
W: You should take a nap once we get on the train.
M: Okay. By the way, what time does our train arrive?
W: ______________________________

(a) It left 10 minutes ago.
(b) I didn't know it beforehand.
(c) Let me check the timetable.
(d) This week.

해설

기차가 몇 시에 올 것인가를 묻는 질문에 적절한 것은 구체적인 시간을 얘기한다거나 일정표를 확인해 보겠다와 같은 답변이다. 정답은 시간표를 확인하겠다고 한 (c)이다. 대화의 내용상 기차가 떠나는 날은 오늘이고, 기차를 기다리고 있는 상황에서 (a)와 (d)는 정답이 될 수 없다.

해석

M: 정말 피곤하네요. 이 여행 때문에 너무 흥분되어 어젯밤에 한숨도 자지 못했어요.
W: 기차에 타자마자 낮잠을 좀 자요.
M: 알았어요. 그런데, 우리 기차가 몇 시에 도착하나요?
W: ______________________________

(a) 10분 전에 떠났습니다.
(b) 전 사전에 그걸 알지 못했어요.
(c) 시간표를 확인해 볼게요.
(d) 이번 주요.

어휘

not sleep a wink 한숨도 자지 못하다
take a nap 낮잠을 자다
once ~하자마자
beforehand 미리, 사전에
timetable 시간표, 예정표

정답 (c)

24 W: May I speak to Mrs. Johnson, please?
M: I'm sorry but she's in a meeting right now.
W: When do you expect the meeting to finish?
M: ______________________________

(a) I'm talking to him on the phone.
(b) I will finish it in 20 minutes.
(c) In an hour or two.
(d) It will continue for the next two months.

해설

여자는 회의가 언제쯤 끝날 지 남자에게 물어보고 있다. 한 시간에서 두 시간 정도 지나서 끝날 거라고 답한 (c)가 정답이다. 회의에 들어가지도 않은 사람이 20분 내로 끝내겠다고 한 (b)와 2개월 동안 지속될 것이라고 답한 (d)는 모두 논리적으로 맞지 않는 답변이므로 정답이 될 수 없다.

해석

W: 존슨 씨와 통화할 수 있을까요?
M: 죄송합니다만 지금 회의중이세요.
W: 회의가 언제쯤 끝날 거라고 예상하시나요?
M: ______________________________

(a) 그와 전화 통화중입니다.
(b) 20분 내로 끝내도록 할게요.
(c) 한 시간이나 두 시간 정도 후에요.
(d) 다음 2개월 동안 지속될 것입니다.

어휘

expect 예상하다, 기대하다
continue 지속되다

정답 (c)

25 M: How was the traffic on the way to work this morning?
W: It was terrible. It took me an hour longer than usual.
M: Really? No wonder you were late today.
W: ______________________________

(a) Don't worry. I'll get there as soon as possible.
(b) I'm wondering if I can go there.
(c) I can promise you that.
(d) I think I should take the subway from now on.

해설

대화를 통해서 여자가 교통으로 인해서 지각을 했음을 알 수 있다. 여자가 할 수 있는 가장 적절한 답변은 이제부터는 전철을 타고 다녀야 할 것 같다는 보기 (d)이다. 이미 늦게 회사에 도착한 상황에서 곧 도착할 거라고 답한 (a)는 정답으로서 일관성이 떨어지는 답변이다.

해석

M: 오늘 아침 회사로 오는 길에 교통이 어땠나요?
W: 정말 끔찍했어요. 평상시보다 한 시간 가량 더 걸렸어요.
M: 정말요? 오늘 늦게 온 게 이상할 게 없군요.
W: ______________________________

(a) 걱정하지 마세요. 가능한 빨리 도착하도록 할게요.
(b) 제가 거기에 갈 수 있는지 궁금합니다.
(c) 그건 약속드릴 수 있습니다.
(d) 이제부터는 전철을 타야 할 것 같아요.

어휘

traffic 교통
No wonder + S + V ~인 것이 이상할 것이 없다.
as soon as possible 가능한 빨리
take the subway 전철을 타다

정답 (d)

26 W: John. How come you aren't wiping the floor?
M: Was I supposed to?
W: Are you kidding me? I told you to wipe the floor after lunch.
M: ______________________________

(a) Sorry. Bad memory.
(b) I will never make fun of you again.
(c) When are we having lunch?
(d) Just a second. I'm almost done.

해설

왜 바닥 청소를 하지 않느냐고 묻는 여자의 질문에 남자는 'Was I supposed to?' 라는 답변으로 보아, 잊어버리고 있었음으로 예상할 수 있다. 정답은 기억력이 나빠서라고 짧게 언급하는 (a)이다. 내용상 남자는 바닥 청소를 하고 있지 않는 상황인데, 거의 다 되었다고 대답한 (d)는 정답이 될 수 없다.

해석

W: 존, 왜 바닥 청소를 하고 있지 않는 거죠?
M: 제가 청소하기로 되어 있었나요?
W: 지금 나랑 장난쳐요? 점심식사 후에 바닥 청소를 하라고 말했잖아요.
M: ______________________________

(a) 죄송해요. 기억력이 나빠서.
(b) 다시는 당신을 놀리지 않겠습니다.
(c) 우리 점심 언제 먹죠?
(d) 잠깐만요. 거의 다 되었습니다.

어휘

How come ~? 왜 ~인가?
wipe 닦다
be supposed to ~하기로 되어 있다
Are you kidding me? 지금 나랑 장난쳐요? 지금 나랑 농담해요?
make fun of ~를 놀리다

정답 (a)

27 W: I don't feel like cooking today.
M: Then, why don't we dine out at tonight?
W: That's good idea. How about trying the Italian restaurant in the Rundle Mall?
M: ______________________________

(a) Okay. I will cook you some Italian food.
(b) It takes about 20 minutes to get there.
(c) Sounds like a plan.
(d) I couldn't make a reservation.

해설

'How about ~?' 무언가 의견을 제안할 때 자주 사용되는 질문 패턴이다. 이 질문에 대한 긍정의 답변으로는 'I'd love to', 'That's a good idea.' 등이 있다. 여기서는 좋은 생각이라는 의미인 'Sounds like a plan.' 즉, (c)가 정답이다. 보기 (b)는 질문이 'How long does it to get there?' 일 경우에 가능한 답변이다.

해석

W: 오늘은 요리하고 싶지 않아요.
M: 그럼, 오늘 밤은 외식하는 것이 어때요?
W: 좋은 생각이에요. 런든 몰에 있는 이탈리아 식당에 가보는 건 어때요?
M: ______________________________

(a) 알았어요. 제가 당신에게 이탈리아 음식으로 요리해 드릴게요.
(b) 거기 가는데 20분 정도 걸려요.
(c) 괜찮은 생각이군요.
(d) 예약을 할 수가 없었어요.

어휘

feel like ~ing ~하고 싶다
dine out 외식하다
make a reservation 예약하다

정답 (c)

28 M: Henah, have you met my brother, Max?
W: No, but I've heard a lot about him.
M: Would you like me to introduce you to him?
W: ___________________________

(a) Let me introduce myself.
(b) Sure, I'd love to meet him.
(c) I'd love to see you more often.
(d) Thanks for meeting me.

해설

남자는 여자를 자신의 형에게 소개시켜 주겠다며 여자의 의향을 물어보고 있다. 정답은 만나보고 싶다고 대답한 (b)가 된다. 보기 (a)는 처음 보는 사람에게 자신을 소개할 때 사용하는 표현으로 아직 남자의 형을 만나지 않은 상황에서 나오기에는 적절치 않은 응답이다.

해석

M: 헤나, 너 우리 형 맥스를 만난 적 있니?
W: 아니, 하지만 그에 대해서 얘기는 많이 들었어.
M: 내가 널 형에게 소개시켜줄까?
W: ___________________________

(a) 제 소개를 하겠습니다.
(b) 물론이지. 만나보고 싶어.
(c) 당신을 더 자주 보고 싶어요.
(d) 절 만나주셔서 감사합니다.

어휘

introduce 소개하다

정답 (b)

29 W: I plan to leave for Washington next Monday. How much will it cost to get there?
M: It depends on which transportation you use.
W: Well, I'm thinking of taking a bus.
M: ___________________________

(a) I'm not sure but, it would be the cheapest way to go.
(b) What time does the bus leave?
(c) The bus stop is right over there.
(d) Less than 50 minutes, I reckon.

해설

워싱턴으로 갈 계획이라는 여자가 알고 싶은 것은 거기까지 가는 비용이고, 버스를 타고 갈 생각임을 말하고 있다. 정답은 확신은 못하지만 그게 가장 저렴한 방법일 거라고 얘기하는 보기 (a)이다. 여자가 궁금해 하는 것은 가격이므로 나머지 보기들은 정답이 될 수 없다.

해석

W: 다음 주 월요일에 워싱톤으로 떠날 계획이에요. 거기에 가는데 얼마나 들까요?
M: 무슨 교통수단을 이용하느냐에 따라 다르지요.
W: 음, 버스를 타는 걸 생각중이에요.
M: ___________________________

(a) 확실치는 않지만 제일 저렴한 방법이 될 것 같네요.
(b) 버스가 몇 시에 떠나죠?
(c) 버스 정류소는 바로 저쪽에 있습니다.
(d) 50분 이하로 걸릴 것으로 봅니다.

어휘

depend (on) ~에 달려 있다
transportation 교통
reckon ~로 보다, 간주하다

정답 (a)

30 M: Did you win the competition?
W: Yes, I won by a landslide.
M: Congratulations! Let's go out and celebrate your victory.
W: ___________________________

(a) Thanks for your help.
(b) I'm good. How about yourself?
(c) I'd like to cancel the celebration.
(d) Sorry, but I have a previous engagement.

해설

경기에 승리한 여자를 위해 밖에 나가서 승리를 축하하자고 말하고 있다. 정답은 미안하지만 선약이 있다고 말하는 보기 (d)이다. 남자가 승리를 축하하자고 한 것은 즉흥적인 답변인데 행사를 취소하자고 하는 것은 논리적으로 맞지 않으므로 (c)는 오답이다.

해석

M: 시합에서 이겼나요?
W: 네, 압도적으로 승리했습니다.
M: 축하해요. 나가서 당신의 승리를 축하합시다.
W: ___________________________

(a) 도와주셔서 감사합니다.
(b) 난 괜찮아요. 당신은 어때요?
(c) 축하행사를 취소하고 싶습니다.
(d) 죄송하지만 제가 선약이 있습니다.

어휘

competition 시합, 경쟁
landslide 압도적 승리
cancel ~을 취소하다
pervious engagement 선약

정답 (d)

31 W: Brumby's Legal Office. How can I help you?
M: Hello. May I speak to Mr. Brumby, please?
W: I'm sorry, but he's just stepped out.
M: Did he say when he'll be back?
W: No, he didn't. Would you like to leave a message?
M: Yes. My name is John Brown, and I'm calling about my lawsuit against the city council. Please have him call me at 0411-333-4345.
W: No worries. I'll give him your message.
M: Thank you. Have a great day.

Q: What is the main topic of the conversation?
(a) Suing the legal office.
(b) Visiting a lawyer at his legal office.
(c) Taking a lawyer out to the court.
(d) Arranging to talk with a lawyer.

해설

남자가 Brumby 법률사무소로 전화를 걸어 Mr. Brumby와 통화를 요청하는 내용의 대화문이다. 전화 통화와 관련된 대화문에서 통화를 하고자 하는 대상이 부재중일 경우, 전화를 건 사람은 다시 전화를 걸겠다고 하거나 혹은 자신에게 전화를 다시 걸어달라는 메시지를 남겨달라고 요청하는 경우가 대부분이다. 본 대화문에서는 시의회를 상대로 한 소송과 관련해 Brumby 씨가 자신에게 전화를 다시 달라고 요청하고 있으므로, 대화의 주요 토픽은 '변호사와 대화를 나누기 위한 조정'이라는 (d)이다.

해석

W: 브럼비 법률 사무소입니다. 무엇을 도와드릴까요?
M: 여보세요. 브럼비 씨랑 통화할 수 있을까요?
W: 죄송하지만, 방금 나가셨습니다.
M: 언제 돌아온다고 말씀하셨나요?
W: 아뇨, 그러지 않으셨어요. 메시지 남기시겠어요?
M: 네, 제 이름은 존 브라운이구요, 시의회를 대상으로 한 제 소송과 관련해서 전화 드렸습니다. 그에게 제게 0411-333-4345로 전화해 달라고 말씀 좀 전해주세요.
W: 걱정 마세요. 메시지를 전달해 드리겠습니다.
M: 감사합니다. 좋은 하루되세요.

Q: 대화의 주제는 무엇인가?
(a) 법률사무소 고소하기
(b) 법률사무소로 변호사 방문하기
(c) 변호사를 법정으로 데리고 가기
(d) 변호사랑 대화하기 위해서 조정하기

어휘

legal 법률(의)
leave a message 메시지를 남기다
lawsuit 소송
city council 시의회

정답 (d)

32 W: Do you have your plane ticket?
M: Don't worry. I've already put it in the bag.
W: Are your suitcases ready?
M: Of course. Everything is ready. I haven't forgotten anything.
W: Great. How are you going to get to the airport, by the way? Are you going to take the subway or go by bus?
M: I will take a taxi. It's more convenient.
W: How long does the taxi take to get to the airport?
M: It takes less than an hour, I think.

Q: What is the conversation mainly about?
(a) Planning an overseas trip.
(b) Getting ready for a trip.
(c) Choosing a right transportation.
(d) Giving the man a ride.

해설

여자가 남자가 여행을 떠나는 날 준비사항에 대해서 이것저것 질문을 던지고 남자는 이에 대답하는 형식의 대화문이다. 티켓을 챙겼는지, 공항엔 어떻게 갈 건지, 공항까지 얼마나 걸릴 것인지 등등의 내용들은 모두 남자의 여행 준비상황과 관련된 내용이다. 그러므로 대화의 주제는 '여행 떠날 준비하기'이고 정답은 (b)이다. 이미 계획된 여행을 가는 것이지 어디로 여행을 갈지 계획하는 것은 아니므로 (a)는 정답이 될 수 없다.

해석

W: 비행기 티켓은 가지고 있니?
M: 걱정 마. 이미 가방에 넣어두었어.
W: 여행 가방들도 준비되었니?
M: 물론이지. 모든 게 다 준비되었어. 아무것도 잊어버린 거 없어.
W: 잘했어. 그런데 공항까지는 어떻게 갈 거니? 전철타고 갈 거니, 아니면 버스타고 갈거니?
M: 택시타고 갈 거야. 그게 더 편해.
W: 택시로 공항까지 얼마나 걸리니?
M: 한 시간도 안 걸릴 거야.

Q: 대화의 주된 내용은 무엇인가?
(a) 해외여행 계획하기
(b) 여행 갈 준비하기
(c) 올바른 교통수단 선택하기
(d) 남자를 태워다주기

어휘

suitcase 여행 가방
by the way 그런데
go by bus 버스타고 가다
get ready 준비하다
give a person a ride ~를 차로 태워다주다

정답 (b)

33 W: Excuse me. Could you tell me how I can get to the City Library?
M: Sure. Go straight down this street, turn left at the corner and go down another block.
W: Uh, will it be on my right or left?
M: It will be on your right. The library is really big, so there is no way you can miss it.
W: Thank you for your help.
M: My pleasure.

Q: What is the man doing?
(a) He is asking for help.
(b) He is heading for the library.
(c) He is giving directions.
(d) He is directing traffic.

해설

시 도서관을 찾아가려는 여자가 남성에게 가는 길을 묻고 있는 '길 찾기'와 관련된 대화문이다. 여자가 길을 물어보는 주체이고, 길을 알려주는 주체는 남자라는 사실을 혼동하지만 않으면 쉽게 문제를 풀 수 있다. 남자가 하고 있는 일은 길을 알려주는 것이므로 정답은 보기 (c)이다.

해석

W: 실례합니다. 시 도서관으로 가는 방법을 제게 알려주시겠어요?
M: 물론이죠. 이 길을 쭉 따라서 내려가다가 길모퉁이에서 왼쪽으로 가세요. 그리고 한 블록 더 가시면 됩니다.
W: 아, 도서관이 제 왼쪽에 있나요, 오른쪽에 있나요?
M: 오른쪽에 있을 겁니다. 도서관이 정말 커요, 그러니 절대 못 찾으시는 일은 없을 거예요.
W: 도와주셔서 감사해요.
M: 별말씀을요.

Q: 남자는 무엇을 하고 있는가?
(a) 그는 도움을 요청하고 있는 중이다.
(b) 그는 도서관을 향해서 가고 있다.
(c) 그는 길을 알려주고 있다.
(d) 그는 교통지휘를 하고 있다.

어휘

no way + S + V 절대 ~할 일 없다
ask for help 도움을 요청하다
head for ~로 향해 나아가다
give directions 길을 알려주다
direct traffic 교통지시를 하다

정답 (c)

34 W: Hi. I'd like to buy these plates.
M: Okay. Those are 25 dollars.
W: Can I have them gift-wrapped, please?
M: If you want to have these gift wrapped, you have to go to the Gift Wrapping section in aisle 2. You also have to pay 5 dollars for the service.
W: 5 dollars? I thought is was free of charge.
M: I wish it were. But it's the store policy.
W: Okay. Did you say aisle 2?
M: That's correct.

Q: What does the woman want the man to do?
(a) Give her the plates for free.
(b) Gift-wrap the goods she bought.
(c) Check the price of the plates.
(d) Take her to aisle 2.

해설

물건을 구매한 여성이 남자에게 포장을 해달라고 요청하고 있는 내용의 대화문이다. 부탁, 허락, 요청을 할 때 가장 많이 사용하는 문장패턴인 'Can I ~?'의 내용만 들으면 쉽게 문제를 풀 수 있다. 정답은 '그녀가 구매한 물품의 포장'인 보기 (b)가 된다.

해석

W: 안녕하세요. 이 접시들을 사고 싶습니다.
M: 알겠습니다. 25 달러네요.
W: 이것들 포장해 주실 수 있으세요?
M: 이것들의 포장을 원하시면 2번 복도에 있는 선물 포장 구간으로 가셔야 합니다. 또한 포장 서비스를 원하시면 5달러를 내셔야 하고요.
W: 5달러요? 전 공짜인 줄 알고 있었는데요.
M: 저도 그럴 수 있었으면 좋겠네요. 하지만 그게 가게정책입니다.
W: 알았어요. 2번 복도라고 하셨죠?
M: 맞습니다.

Q: 여자는 남자가 무엇을 하길 원하는가?
(a) 그녀에게 접시들을 공짜로 주기
(b) 그녀가 구입한 물품들을 포장하기
(c) 접시들의 가격을 확인하기
(d) 그녀를 2번 복도로 데리고 가기

어휘

gift-wrap 선물을 예쁘게 포장하다
aisle 복도
free of charge 무료인
policy 정책, 방침

정답 (b)

35 W: Excuse me. Have you seen a small red suitcase, by any chance?
M: Here? No, I'm sorry, I haven't.
W: I have lost my suitcase. I don't know what to do. Everything I had was in it.
M: Hey, look. There is a suitcase over there, near the staircase. Isn't it yours?
W: No, mine is much smaller. And also the color is different.
M: Perhaps, it would be better to go and check at the Lost and Found Office. It's over there at the end of the station.
W: Okay, but I want to look around and see if someone has taken it before I go to the Lost and Found office.

Q: What is the conversation about?
(a) Where to go to report a lost item.
(b) How to catch a thief who stole the woman's suitcase.
(c) How to identify the woman's bag.
(d) What to do to find a lost bag.

해설

가방을 잃어버린 여자에게 남자는 물품보관소에 가보라고 권하고 있고, 여자는 그러기 전에 좀 더 주위를 둘러보겠다는 말을 하고 있다. 그러므로 대화의 주제는 '잃어버린 가방을 찾기 위해 해야 할 것'인 보기 (d)가 정답이 된다. 여성의 가방이 도둑맞았다고 확신하는 내용은 등장하지 않고, 여성의 가방을 확인하는 것과 잃어버린 가방을 찾는 것은 그 의미가 다르므로 (b)와 (c)는 정답이 될 수 없다.

해석

W: 실례합니다. 혹시 작은 빨간색 여행 가방을 보신 적 없나요?
M: 여기서요? 아뇨, 보지 못했어요.
W: 제 여행 가방을 잃어버렸어요. 어떻게 해야 할지 모르겠네요. 제 모든 것들이 그 안에 들어 있거든요.
M: 아, 저기 봐요. 저쪽에 계단 근처에 여행 가방이 하나 있네요. 저게 당신 것 아닌가요?
W: 아뇨, 제 것은 훨씬 작아요. 그리고 색깔도 달라요.
M: 아마, 물품보관소에 가셔서 확인해 보시는 게 좋을 것 같군요. 역 맨 끝에 위치해 있어요.
W: 알았어요, 하지만 물품보관소에 가기 전에 누군가가 가방을 가져갔는지 둘러보며 확인해 보고 싶네요.

Q: 무엇에 관한 대화인가?
(a) 잃어버린 물품을 신고하기 위해 어디로 가야 하는가
(b) 여자의 가방을 훔쳐 간 도둑을 어떻게 잡을 것인가
(c) 여자의 가방을 어떻게 확인할 것인가
(d) 잃어버린 가방을 찾기 위해 무엇을 해야 하는가

어휘

by any chance 혹시, 만약에
staircase 계단
Lost and Found Office 물품보관소
report 보고하다, 신고하다
identify 확인하다

정답 (d)

36 W: What did you think of the movie?
M: It wasn't as good as I expected. Especially, the acting was very poor.
W: Well, I'm not with you on that one. I really liked the acting in the film, not to mention the plot. However, I wasn't satisfied with the way it was filmed.
M: That's interesting. I actually found a variety of filming techniques used in the movie very innovative.
W: I guess you and I have a different taste in movies.
M: No doubt about it.

Q: What is the conversation about?
(a) Terrible performances by actors.
(b) How the film techniques used in the movie.
(c) Different points of views.
(d) Unique tastes in movies.

해설

영화를 보고 난 뒤 남자와 여자가 서로의 의견을 나누는 내용의 대화문이다. 영화의 요소인 acting, film techniques, plot 등이 언급되지만 그 어느 것도 두 사람의 의견이 일치하는 것이 없다. 그러므로 대화의 주제는 '서로 다른 견해들'인 보기 (c)이다. 서로의 의견이 다른 것이지 둘의 의견들을 독특하다고 볼 수는 없기에 (d)는 정답이 될 수 없다.

해석

W: 영화 어땠어요?
M: 제가 기대했던 것만큼 괜찮지는 않더군요. 특히, 연기가 아주 형편없었어요.
W: 음, 그 부분은 전 생각이 달라요. 전 영화 속 연기가 아주 맘에 들었어요. 줄거리는 말할 것도 없고요. 하지만, 영화가 촬영된 방식은 만족스럽지가 않더군요.
M: 재미있군요. 사실 전 영화에서 사용된 다양한 촬영 방식들을 매우 혁신적이라고 생각했거든요.
W: 당신과 나는 영화에 대한 취향이 다른 것 같네요.
M: 전혀 의심의 여지가 없네요.

Q: 무엇에 대한 대화인가?
(a) 배우들에 의한 끔찍한 연기
(b) 영화에서 촬영테크닉이 사용된 방법
(c) 서로 다른 견해
(d) 영화에 대한 독특한 취향들

어휘

as + 형용사 + as ~만큼 ~한
acting 연기
not to mention ~은 말할 것도 없고
plot 줄거리
be satisfied with ~에 만족하다
innovative 혁신적인

정답 (c)

37 W: Can you give me three hundred grams of ham and two hundred grams of cheese, please?
M: Sure. What cheese would you like?
W: What do you have?
M: Everything that you could want. We have Mild cheese, Mozzarella, Parmesan. You name it.
W: Then, could you give me one hundred grams of Mozzarella and another hundred grams of Mild cheese, please?
M: No problem. Will that be all?
W: Yes, that's all.

Q: What's happening in the conversation?
(a) The woman is cutting cheese for the man.
(b) The man is helping the woman buy cheese.
(c) The man wants to purchase more cheese from the woman.
(d) The woman is paying for the cheese.

해설

여성이 치즈가게에 들어가서 치즈를 구입하고 있는 상황을 대화문으로 보여주고 있다. 남자는 치즈가게의 주인으로 여성이 무슨 종류의 치즈를 살 수 있는지 알려주며 구매를 도와주고 있다. 그러므로 정답은 '남자가 여자가 치즈 사는 것을 도와주고 있다'는 (b)가 된다. 여자가 아직 치즈 값을 계산하고 있는 것은 아니므로 (d)는 정답이 될 수 없다.

해석

W: 햄 300그램과 치즈 200그램 주시겠어요.
M: 물론이죠. 치즈는 뭐로 드릴까요?
W: 무슨 치즈들이 있죠?
M: 원하시는 모든 것들이 있습니다. 마일드 치즈, 모짜렐라, 파마잔 등 말씀만 하십시오.
W: 그렇다면, 모짜렐라 치즈 100그램과 마일드 치즈 100그램 주시겠어요?
M: 문제없습니다. 다 된 건가요?
W: 네, 그게 다에요.

Q: 대화에서 무슨 일이 벌어지고 있는가?
(a) 여자는 남자를 위해서 치즈를 자르고 있다.
(b) 남자는 여자가 치즈를 사는 것을 도와주고 있다.
(c) 남자는 여자로부터 더 많은 치즈를 사길 원하고 있다.
(d) 여자는 치즈 값을 지불하고 있다.

어휘

Will that be all? 다 된 건가요?
purchase 구매하다

정답 (b)

38 M: Is there something wrong?
W: Yes, I can't get in the house because I left the key in the room.
M: Don't you have an extra key?
W: No, I don't. Oh, what am I going to do?
M: Why don't you call a locksmith to come and open the door?
W: You're right. Why didn't I think of that? Do you have the number for the locksmith?
M: Wait here. I will go get the Yellow Pages.

Q: Which is correct according to the conversation?
(a) The woman has lost her house key.
(b) The woman knew the locksmith's number.
(c) The man remembers the number for the locksmith.
(d) The woman locked herself out of the house.

해설

세부사항을 파악해야 하는 내용의 문제로 대화문의 내용은 열쇠를 방에 두고 나와 집 안에 들어갈 수가 없는 상황을 다루고 있다. 여자가 방에 열쇠를 두고 나온 것이지 열쇠를 잃어버린 것은 아니므로 (a)는 오답이고, 남자는 여성이 열쇠수리공의 전화번호를 아느냐고 묻자, 전화번호를 가져오겠다고 했으므로 보기 (c)처럼 열쇠수리공의 전화번호를 기억한다고 보기 어렵다. 정답은 '여자가 열쇠를 안에 두고 집 문을 잠갔다'라는 보기 (d)이다.

해석

M: 무슨 문제가 있나요?
W: 네, 집안에 열쇠를 놔두고 와서 집에 들어갈 수가 없어요.
M: 여분의 열쇠가 없으신가요?
W: 네, 없어요. 아, 저 어떡하죠?
M: 열쇠 수리공에게 전화해서 오라고 한 다음 문을 열도록 하는 건 어때요?
W: 맞아요. 제가 왜 그 생각을 못했죠? 열쇠 수리공 전화번호 가지고 계신가요?
M: 여기서 기다리세요. 가서 전화번호부를 가지고 올게요.

Q: 대화에 의하면 옳은 것은 무엇인가?
(a) 여자는 그녀의 집 열쇠를 잃어버렸다.
(b) 여자는 열쇠수리공의 전화번호를 알고 있었다.
(c) 남자는 열쇠수리공의 전화번호를 기억한다.
(d) 여자는 열쇠를 안에 두고 집 문을 잠갔다.

어휘

get in ~로 들어가다
locksmith 자물쇠 제조공, 열쇠수리공
Yellow Page 업종별 전화번호부
lock oneself out of the house 열쇠를 안에 두고 문을 잠그다

정답 (d)

39 M: Jennifer, how have you been?
W: I've been great. It's good to see you again.
M: Me, too. When did you return from the seminar in London?
W: Two days ago. It was such a long flight. I am still suffering from jet leg.
M: Oh, you must be very tired. Anyway, how was the seminar? Anything special?
W: It was great. I really had a good time with professors from all around the world.
M: Oh, I had been there with you.

Q: Which is correct according to the conversation?
(a) The woman had left London to attend a seminar.
(b) The woman has not recovered from the time difference.
(c) The man had a chance to hang out with many professors.
(d) The man wants to visit London someday.

해설

런던에서 열린 세미나에 참석하고 돌아온 여성과 같이 가지 못한 남성이 서로 대화를 나누고 있다. 여자는 런던에서 열린 세미나에 간 것이지 세미나를 가기 위해 런던을 떠난 것이 아니기에 (a)는 오답이고, 남자는 여자와 같이 세미나에 참석하지 못함을 아쉬워하며 같이 가고 싶었음을 말하는 것이지, 언젠가 런던을 방문하고 싶어 하는 것은 아니기에 (d) 역시 정답이 될 수 없다. 본문에서 여자는 아직 시차로 인해 힘들어하고 있다고 했으므로 '여자는 시차에서 아직 회복되지 않았다'는 보기 (b)가 정답이다.

해석

M: 제니퍼, 잘 지내셨나요?
W: 잘 지냈습니다. 다시 만나 뵙게 돼서 좋군요.
M: 저도 그렇습니다. 언제 런던에서의 세미나에서 돌아오신 건가요?
W: 이틀 전에요. 정말 긴 여행이었습니다. 아직도 시차적응으로 힘이 드네요.
M: 아, 굉장히 피곤하시겠네요. 아무튼, 세미나는 어떠셨나요? 특별한 것 없었나요?
W: 좋았습니다. 전 세계에 오신 교수님들과 즐거운 시간을 보냈습니다.
M: 아, 저도 당신과 함께 거기에 있었으면 좋았을 텐데요.

Q: 대화에 의하면 옳은 것은 무엇인가?
(a) 여자는 세미나에 참석하기 위해서 런던을 떠났었다.
(b) 여자는 아직 시차에서 회복되지 않았다.
(c) 남자는 많은 교수들과 어울릴 기회가 있었다.
(d) 남자는 언젠가 런던을 방문하기를 원한다.

어휘

return 돌아오다
suffer from ~을 겪다
jet leg 시차(적응)
professor 교수
attend ~에 참석하다
recover 회복하다
time difference 시차
hang out ~와 어울리다

정답 (b)

40 M: Did you finish the assignment?
W: Yes, I did. It was a breeze. How about you?
M: No. I sat at the computer all day but I couldn't even write a sentence. I felt like I was beating my head against the wall.
W: Why didn't you ask me for help?
M: I thought it was difficult for everyone, not just me.
W: Don't worry. It's due this Friday, so, you still have time. I will show you the ropes.
M: Thank you. You're the best.

Q: Which is correct according to the conversation?
(a) The man's head was injured by a brick wall.
(b) The man thought no one could help him do the assignment.
(c) The assignment should be handed in by Tuesday.
(d) The woman will show the man the correct answers to the assignment.

해설

숙제와 관련해서 남자와 여자가 대화를 나누는 내용이다. 숙제를 끝내지 못했다는 남자에게 왜 도움을 요청하지 않았냐고 여자가 묻자 남자는 자신뿐만이 아니라 모든 사람들에게 숙제가 어려웠을 거라고 생각했다고 답하고 있다. 즉, 남자는 숙제를 도와줄 사람이 아무도 없을 거라고 생각했던 것이다. 그러므로 정답은 (b)이다. 'show a person the ropes'는 '요령을 보여주다'라는 뜻으로 무언가를 할 수 있는 방법을 알려주는 것이지, (d)와 같이 아예 정답을 보여주는 것과는 그 의미가 다르다.

해석

M: 과제 끝냈어요?
W: 네, 끝냈어요. 아주 쉬웠어요. 당신은요?
M: 아뇨. 하루 종일 컴퓨터 앞에 앉아 있었지만 한 문장도 쓸 수가 없었어요. 마치 되지도 않는 일에 시간낭비하고 있단 느낌이 들더군요.
W: 왜 저한테 도움을 청하지 않았나요?
M: 전 저만 그런 것이 아니라 모든 사람들한테 어려울 거라고 생각했죠.
W: 걱정 말아요. 이번 주 금요일이 마감일이잖아요. 그러니 아직 시간이 있어요. 제가 요령을 알려드릴게요.
M: 고맙습니다. 당신이 최고에요.

Q: 대화에 의하면 옳은 것은 무엇인가?
(a) 남자의 머리는 벽돌에 의해서 부상을 입었다.
(b) 남자는 아무도 그가 과제하는 것을 도와줄 수 있을 거라고 생각하지 않았다.
(c) 과제는 화요일까지 제출되어야 한다.
(d) 여자는 과제의 정답들을 남자에게 보여줄 것이다.

어휘

assignment 숙제, 연구과제
It's a breeze 쉽다, 간단하다
beat one's head against the wall 가망성 없는 일에 시간을 낭비하다
show someone the ropes 요령을 알려주다
injure 부상을 입히다
hand in 제출하다

정답 (b)

41 M: I'm afraid the skirt you're looking for is out of stock.
W: Oh, no. Can you order more of these skirts for me?
M: Well, I can have them sent from the warehouse in New York, but It will take some time.
W: How long do you think it will take to get here from New York?
M: Four or five business days, I guess.
W: No problem. I can wait. Can you give me a call when they arrive?
M: Okay. Please give me your phone number and your name.
W: Sure. I'll give you my business card.

Q: Why did the woman give the man her business card?
(a) She wants to do business with the man.
(b) She hopes to go out on a date with the man.
(c) She needs to get the man's call when her skirt arrives.
(d) She plans to meet the man in New York.

해설

여자가 남성에게 자신의 명함을 건네 준 이유가 무엇인지 알아내야 한다. 대화문은 상점에서 스커트를 사려던 여자가 재고가 없다는 남자의 말에 상품을 주문해 줄 것을 요청하고 있는 내용을 담고 있다. 상품이 도착하는데 시간이 걸리기 때문에 나중에 자기에게 전화를 주면 들르겠다고 했고, 이에 남자가 여자의 전화번호와 이름을 요청한 것이다. 그러므로 정답은 '그녀는 스커트가 도착했을 때 남자의 전화를 받을 필요가 있다'는 보기 (c)가 된다.

해석

M: 죄송하지만 찾고 계신 스커트가 재고가 없네요.
W: 아, 저런. 이 스커트들을 좀 더 주문해 주실 수 있나요?
M: 음, 뉴욕에 있는 창고에서 보내지도록 할 수는 있지만, 시간이 좀 걸릴 거예요.
W: 뉴욕에서 여기까지 도착하는데 얼마나 걸릴까요?
M: 근무일로 4일에서 5일 정도 걸릴 것 같네요.
W: 괜찮아요. 기다릴 수 있어요. 스커트가 도착하면 제가 전화주실 수 있으세요?
M: 그럴게요. 전화번호와 이름을 알려주세요.
W: 물론이죠. 제 명함을 드릴게요.

Q: 왜 여자는 남자에게 자신의 명함을 주었는가?
(a) 그녀는 남자와 함께 사업을 하길 원한다.
(b) 그녀는 남자와 데이트를 하길 원한다.
(c) 그녀는 그녀의 스커트가 도착했을 때 남자의 전화를 받아야 한다.
(d) 그녀는 뉴욕에서 남자를 만날 계획이다.

어휘

out of stock 재고가 떨어진
warehouse 창고
name card 명함
go out on a date 데이트하러 가다

정답 (c)

42 M: When was the last time you had your car looked at?
W: I guess it's almost been a year. But I didn't have any problems until recently.
M: Well, please take a look. The old oil is all stuck inside the engine.
W: Does this have something to do with the trouble I'm having with my car?
M: Absolutely. You have to change your car engine oil every 6 month. Otherwise, it can cause serious damages to your car.
W: Oh, I didn't know that.
M: You've got to be kidding me. When did you get your driver's license?

Q: Which is correct according to the conversation?
(a) The woman takes her car to the garage regularly.
(b) The woman's car has caused her many problems over the years.
(c) The engine oil should be changed twice a year.
(d) The woman got her driver's license a year ago.

해설

자동차 정비소에서 고장이 난 자동차에 대해 이야기를 나누고 있는 내용이다. 남자는 자동차의 엔진 오일과 관련해서 'You have to change your car engine oil every 6 month'라고 말하고 있다. 이는 즉 엔진 오일이 1년에 두 번은 바꿔주어야 한다는 말과 같다. 그러므로 정답은 (c)이다.

해석

M: 마지막으로 차를 점검한 것이 언제인가요?
W: 거의 1년 정도 된 것 같네요. 하지만 최근까지 아무런 문제도 없었어요.
M: 음, 이걸 보세요. 오래된 기름이 엔진 속에 막혀 있습니다.
W: 이게 제가 지금 겪고 있는 문제랑 관련이 있는 건가요?
M: 물론이죠. 자동차 엔진 오일은 매 6개월마다 갈아줘야 합니다. 그렇지 않으면, 차에 심각한 피해를 입힐 수 있어요.
W: 아, 그건 몰랐네요.
M: 농담이시죠? 면허증을 언제 따신 건가요?

Q: 대화에 의하면 옳은 것은 무엇인가?
(a) 여자는 정기적으로 자동차를 정비소에 가지고 간다.
(b) 여자의 자동차는 많은 문제들을 일으켜 왔다.
(c) 엔진 오일은 1년에 두 번씩은 교체되어야 한다.
(d) 여자는 운전면허증을 1년 전에 땄다.

어휘

recently 최근
stuck 막힌
have something to do with ~와 상관이 있다
Absolutely! 당연하죠!
You've got to be kidding me. 농담하시는 거죠?
driver's license 운전면허증
garage 정비소
regularly 정기적으로

정답 (c)

43 W: It's that time of the year again.
M: What are you talking about?
W: It's tax time again. It starts from Monday next week.
M: Oh, no. Did you hire an accountant to do the job for your shop?
W: No, I don't need to hire anyone. Because I've already had my brother do it.
M: Good for you. I think I have to do it on my own.
W: I can ask my brother if he can help you.
M: Really? Thanks. I appreciate it.

Q: According to the conversation, what will the woman probably do next?
(a) Do the tax work on her own.
(b) Make her brother do the tax work for her.
(c) Hire a professional accountant to get help with tax returns.
(d) Check if her brother is available for another tax work.

해설

화자의 다음 행동을 묻는 문제 유형의 경우, 정답은 대화문의 마지막 부분에 숨어 있다. 혼자서 세금 일을 하겠다는 남자에게 자신의 남동생에게 그를 도와줄 수 있는지 물어보겠다고 말하고 있다. 그러므로 '동생이 또 다른 세금 업무를 다룰 시간이 되는지 확인해본다'인 (d)가 정답이다.

해석

W: 한 해의 그 시간이 또 왔네요.
M: 무슨 말씀이시죠?
W: 세금을 정산할 시간 말이에요. 다음 주 월요일부터 시작하잖아요.
M: 아, 이런. 당신 상점의 세금 일을 해줄 회계사를 고용했나요?
W: 아뇨. 전 아무도 고용할 필요가 없어요. 왜냐면 이미 동생에게 해달라고 해놨거든요.
M: 좋겠네요. 전 그냥 제가 혼자서 해야 할 것 같아요.
W: 동생에게 당신을 도와 줄 수 있는지 물어볼 수 있어요.
M: 정말요? 고마워요. 감사합니다.

Q: 대화에 의하면 여자는 다음에 무엇을 할 것 같은가?
(a) 혼자서 세금 관련 업무하기
(b) 그녀의 동생에게 그녀를 위해 세금 일을 하게 시키기
(c) 세금 환급과 관련한 도움을 얻기 위해 전문 회계사 고용하기
(d) 그녀의 남동생이 또 다른 세금 업무를 도와줄 시간이 되는지 확인하기

어휘

tax 세금
hire 고용하다
accountant 회계사
on one's own 혼자서, 알아서

정답 (d)

44 M: What do you do in your spare time?
W: I visit exhibitions and museums. There is always something new to see. I also like walking in the town center because it is full of nice elegant stores.
M: But what's the weather usually like in Milan? I know that there is usually a lot of fog.
W: It is true, but I don't mind. I put my raincoat on and a scarf around my neck and I walk around all the same.
M: Where do you go on the weekends?
W: Sometimes I take the train and go to Venice or I go skilling in the mountains. It is easy to reach nice mountain resorts for winter sports from here.

Q: What can be inferred from the conversation?
(a) She likes to take a walk along the park.
(b) She usually walks all day long.
(c) She currently lives in Milan.
(d) She will go skiing this weekend.

해설

여자는 멋진 상점을 볼 수 있는 마을 중심을 걷길 좋아하는 것이지 공원을 따라 걷는 것을 좋아하는 것은 아니며, 또한 하루종일 걷는 게 아니라 쉬는 시간에 걷는 것을 좋아한다는 내용이다. 주말에는 가끔 베니스에 가거나 혹은 스키를 타러 간다는 것이지 이번 주말에 스키를 간다고 한 적은 없기에 (a), (b), (d) 모두 정답이 될 수 없다. 본문에서 산책을 좋아한다는 말에 남자가 여자에게 밀란의 날씨에 대해 질문을 하고 있는 것을 통해 여자가 현재 밀란에 산다는 것을 유추해 낼 수 있다.

해석

M: 당신은 쉬는 시간에 무엇을 하나요?
W: 전 박물관과 전시회를 방문해요. 그곳에는 항상 새로운 볼거리들이 있죠. 저는 또한 마을 중심을 걷는 것을 좋아해요. 왜냐면 멋지고 우아한 상점들로 가득하거든요.
M: 하지만 밀란의 날씨가 보통 어떻죠? 보통 안개가 굉장히 많이 낀다고 알고 있거든요.
W: 맞아요. 하지만 전 개의치 않아요. 전 우비를 걸치고 목에 스카프를 두르고 똑같이 걷죠.
M: 주말에는 어디에 가나요?
W: 가끔 기차를 타고 베니스로 가기도 하고 혹은 산에 스키를 타러 가기도 해요. 여기서부터 겨울 스포츠를 즐기기 위해 괜찮은 산 휴양지로 가는 것은 쉽거든요.

Q: 대화로부터 추론할 수 있는 것은 무엇인가?
(a) 그녀는 공원을 따라서 산책하는 것을 좋아한다.
(b) 그녀는 보통 하루 종일 걷는다.
(c) 그녀는 현재 밀란에 살고 있다.
(d) 그녀는 이번 주말에 스키 타러 갈 것이다.

어휘

spare time 여가 시간
exhibition 전시회
elegant 우아한
all the same 똑같이
reach 도달하다
take a walk 산책하다
currently 현재

정답 (c)

45 M: Jenny, did you read the project plan that Mike submitted this morning?
W: No, I didn't. How was it?
M: It was full of holes. I'm not satisfied with it at all.
W: That's strange. Mike's been mainly dealing with project plans for the last six years. It's his specialty.
M: I know. I think his divorce with his wife might have been affecting his work lately.
W: That's possible. I think you'd better talk to him about this problem.
M: Yeah, I think I should. But I don't think we can keep him here any longer if he continues to show poor performance.

Q: What can be inferred from the conversation?
(a) Mike has not submitted his project plan.
(b) Jenny has recently divorced with Mike.
(c) Jenny is not happy with Mike's work.
(d) Mike will be sacked if he keeps up the bad work.

해설

마지막에 남자가 한 말에 문제해결의 포인트가 있다. 남자는 마이크가 계속해서 형편없는 업무성과를 보여주면 더 이상 그를 데리고 있을 수 없다고 말하고 있다. 즉, 마이크의 업무가 좋지 않다면 마이크는 해고될 것이라는 보기 (d)가 정답이다.

해석

M: 제니, 마이크가 오늘 아침에 제출한 프로젝트 계획서 읽어봤나요?
W: 아뇨, 어떤가요?
M: 허점이 너무 많아요. 전혀 만족스럽지가 않더군요.
W: 이상하네요. 마이크는 지난 6년간 주로 프로젝트 계획들을 다뤄왔잖아요. 그건 그의 전문분야인데요.
M: 저도 알아요. 전 그가 아내와 이혼한 것이 최근에 업무에 영향을 미치고 있다는 생각이 들어요.
W: 그런 것 같네요. 당신이 이 문제에 대해서 그와 직접 얘기를 해보는 게 좋을 것 같아요.
M: 네, 그래야 할 것 같아요. 하지만 그가 계속해서 부족한 업무성과를 보여주면 그를 계속 데리고 있을 수 없을 것 같네요.

Q: 대화로부터 추론할 수 있는 것은 무엇인가?
(a) 마이크는 프로젝트 계획을 제출하지 않았다.
(b) 제니는 최근에 마이크와 이혼을 했다.
(c) 제니는 마이크의 업무에 만족스럽지가 않다.
(d) 마이크가 계속해서 좋지 않은 업무성과를 보인다면 해고당할 것이다.

어휘

full of holes 허점투성이 인
be satisfied with ~에 만족하다
deal with ~을 다루다
specialty 전문
divorce 이혼
affect 영향을 미치다
continue 계속하다, 지속하다
be sacked 해고당하다
keep up ~을 유지하다

정답 (d)

46 Today, we're going to talk about a controversial American fertility doctor who claims to have cloned 14 human embryos and transferred eleven of them into the wombs of four women. If true, these would be the first cloned embryos specifically created for the purpose of human reproduction. While the procedure is a criminal offense in Britain and illegal in many other countries, Dr. Panayiotis Zavos is believed to have carried out the work at a secret laboratory in the Middle East where there is no cloning ban.

Q: What is the lecture mainly about?
(a) A cloning research done by insane doctors.
(b) The alleged baby cloning claim.
(c) The illegality of cloning in some countries.
(d) An island where cloning is not forbidden.

해설

강의의 대의를 파악해야 하는 문제유형이다. 보통 지문의 주제는 첫 번째 문장에서 드러난다. 태아를 복제했다고 주장해 논란이 되고 있는 의사에 관해 이야기를 나누겠다고 하고 있다. 뒤에 'If true'라고 단서를 단 것으로 보아, 이 주장은 아직 사실유무가 판단되지 않는 주장임을 알 수 있다. 그러므로 정답은 (b)이다. 보기 (a)의 본 의사가 제 정신이 아니다(insane)라는 근거는 지문 어디에서도 등장하지 않는다.

해석

오늘, 우리는 14명의 인간 태아를 복제하여 그 중 11명을 4명의 여성의 자궁에 옮겼다고 주장해 논란이 되고 있는 미국 수정 박사에 관해서 이야기를 하려고 합니다. 만약 이것이 사실이라고 한다면, 이는 인간의 복제 목적만을 위해서 만들어진 첫 번째 복제 태아들이 될 것입니다. 이러한 절차가 영국에서는 범죄행위이고 여러 많은 국가들에서 불법이라, Penayiotis Zavos 박사는 복제를 금지하지 않는 중동의 은밀한 연구소에서 작업을 진행한 것으로 여겨지고 있습니다.

Q: 강의의 주제는 무엇인가?
(a) 미친 박사들에 의해 행해진 복제 연구
(b) 진위가 밝혀지지 않은 아기 복제 주장
(c) 몇몇 국가들에서의 복제의 불법성
(d) 복제가 금지되어 있지 않은 섬

어휘

controversial 논쟁의 대상인
fertility 번식, 생식
claim 주장(하다)
clone 복제(하다)
embryo 태아, 배
womb 자궁
procedure 절차, 진행
illegal 불법인
laboratory 실험실, 연구소
ban 금지(하다)
insane 미친, 광기의
alleged 주장되는, (근거 없이) 전해지는
forbid 금하다

정답 (b)

47 Good afternoon. We'd like to remind you that the library will close in thirty minutes time. Membership and lending services will close in fifteen minutes. If you wish to join the library or borrow books today, please proceed to the circulation desk. The library will close at 6 o'clock. Thank you.

Q: What is the purpose of the announcement?
(a) To let people know how to lend books from the library.
(b) To publicly tell people the closure of the library.
(c) To announce how to get a membership card for the library.
(d) To make people remember the library's closing time.

해설

방송의 목적은 처음에 분명하게 드러난다. 'We'd like to remind you that the library will close in thirty minutes time.'를 통해서 본 방송의 목적이 사람들에게 도서관이 문 닫는 시간이 몇 시인지 상기시켜 주기 위함임을 알 수 있다. (b)의 closure는 영구적인 폐쇄를 의미함으로 당일의 종료시간과는 그 의미가 다르다.

해석

좋은 오후입니다. 도서관이 30분이 지나면 닫히게 될 것이란 것을 알려드립니다. 회원 가입과 대출 서비스는 15분 뒤에 종료될 것입니다. 도서관에 가입을 하시고 싶으시거나 혹은 오늘 책을 빌리시기 원하는 분들은 대출창고로 가시면 됩니다. 도서관은 6시에 문을 닫습니다. 감사합니다.

Q: 방송의 목적은 무엇인가?
(a) 사람들에게 도서관에서 책을 빌리는 방법을 알려주기 위해서
(b) 공개적으로 사람들에게 도서관의 폐쇄를 말하기 위해서
(c) 도서관의 회원증을 어떻게 받는 것인지 방송하기 위해서
(d) 사람들이 도서관이 문 닫는 시간을 기억하도록 하기 위해서

어휘

remind 상기시키다
membership 회원의 자격
lending service 대출 서비스
circulation 대출, 유통
publicly 공개적으로
closure 폐쇄
announce 발표하다

정답 (d)

48 How much would you like to see your children reading more? Creating a small library in the home is a good way to make it a real possibility, and it's not difficult at all. This could take the shape of a corner of the living room, a small office or disused space, just about anywhere in the home. Consider your children's ages and then decorate accordingly. It needn't be expensive. A cozy armchair, good lighting and a few shelves might be all that's required. As long as it's welcoming and there's plenty of great reading material on hand, it's bound to attract your kids.

Q: What is the speaker's main point?
(a) It is important to take children to libraries as often as possible.
(b) Making a spot for reading at home takes a lot of work.
(c) Encouraging young readers at home is a simple job.
(d) A reading nook is primarily for leisure and pleasure.

해설

초반에 던진 질문에서 화자가 말하려고 하는 주요 내용이 무엇인지 알 수 있다. 아이들이 더 많이 책을 읽는 것을 보려면 집 안에 자그마한 도서관을 만들면 된다는 것이 핵심 내용이다. 또한, 이것이 어려운 일이 아님을 언급해 주고 있다. 그러므로 정답은 '집에서의 어린 독서가들을 장려하는 것은 간단한 일이다'라는 (c)가 정답이다.

해석

당신은 얼마큼이나 당신의 아이들이 책을 더 많이 읽는 모습을 보길 원하나요? 집 안에 자그마한 도서관을 만드는 것은 이것이 진정 가능하게끔 하는 좋은 방법입니다. 그리고 이것은 전혀 어렵지 않지요. 이는 거실 구석, 조그만 사무실 또는 사용되지 않는 공간을 비롯해 집 안의 어느 곳에서라도 그 형태를 이뤄낼 수 있습니다. 당신의 아이들의 나이를 고려하고 나서 그에 맞춰 장식을 하세요. 돈이 많이 들어갈 필요가 없습니다. 아늑한 안락의자와 좋은 채광 그리고 몇 개의 선반이 필요한 전부입니다. 이 장소가 사람들을 환영하고, 훌륭한 독서 자료들이 가까이 충분히 있다면 이는 반드시 당신의 아이들을 끌어들이지 않을 수가 없습니다.

Q: 화자의 주요 관점은 무엇인가?
(a) 가능한 많이 아이들을 도서관에 데려 가는 것은 중요하다.
(b) 집에 독서할 수 있는 장소를 만드는 것은 많은 작업을 필요로 한다.
(c) 집에서의 어린 독서가들을 장려하는 것은 간단한 일이다.
(d) 독서 공간은 우선적으로 여가와 기쁨을 위한 것이다.

어휘

create 창조하다, 만들다
possibility 가능성, 실현성
take the shape of ~의 형태로 나타나다
accordingly 따라서, 그에 맞게
cozy 아늑한, 포근한
require 필요로 하다
be bound to ~하지 않을 수 없는
nook 구석, 모퉁이

정답 (c)

49 Social networking sites such as Facebook and Twitter add to users' social lives, and reports of harassment only represent a minority experience. The media is full of reports condemning social networking sites, claiming they replace real interaction with superficial connection. High profile reports of cyberbullying over such sites have added to negative perception. However, a study of 531 users of these sites found that few had experienced harassment. This may be because people they are interacting with are friends and acquaintances who know them on the site, so there are some social controls.

Q: What is the main topic of the talk?
(a) Social networking sites have negative impacts on people's lives.
(b) The activity of cyberbullying is prevalent among social networking site users.
(c) Social networking sites allow users to select who they want to be part of their network.
(d) Social networking sites are not a source of online harrassment.

해설

본 담화의 주제는 중간의 However 이하의 문장에서 드러난다. 사회 인맥형성 사이트들에 대한 부정적인 기사들과 인식들이 있지만 실제 조사 결과 그것은 사실이 아니라는 것이 본 내용이 전달하고자 하는 주제다. 그러므로 정답은 (d)이다. 보기 (c)는 본 글의 주제문인 (d)가 가능한 이유일 뿐이다.

해석

Facebook과 Twitter와 같은 인맥형성 사이트들은 사용자들의 사회생활을 풍부하게 해주며 괴롭힘과 관련한 기사들은 단지 소수의 경험을 나타낼 뿐입니다. 언론은 인맥형성 사이트들이 현실의 상호작용을 피상적인 관계로 대체시킨다고 주장하며 이 사이트들을 비난하는 기사들로 넘쳐나고 있습니다. 이러한 사이트들에서의 온라인상 괴롭힘에 관한 고자세의 기사들은 부정적인 인식을 덧붙였습니다. 하지만, 이 사이트들을 사용하는 531명을 대상으로 한 연구조사는 괴롭힘을 경험한 사람이 거의 없다는 것을 알아내었습니다. 이는 아마도 사용자들이 상호작용을 하는 사람들이 그들의 친구들과 사이트에서 그들을 알고 있는 사람들이기 때문에 몇몇 사회적인 통제장치들이 있기 때문일지도 모르겠습니다.

Q: 담화의 주제는 무엇인가?
(a) 사회 인맥형성 사이트들은 사람들의 삶에 부정적인 영향을 끼친다.
(b) 온라인상으로 괴롭히는 행위는 사회 인맥형성 사이트 사용자들 사이에 만연해 있다.
(c) 사회 인맥형성 사이트들은 사용자들이 그들이 네트워크에 일원이고 싶은 사람들을 선택할 수 있도록 허용해 준다.
(d) 사회 인맥형성 사이트들은 온라인상 벌어지는 괴롭힘의 원인지가 아니다.

어휘

social networking sites 인맥형성 사이트
harassment 괴롭힘
minority 소수
condemn 비난하다
superficial 표면상의, 피상적인
high profile 고자세, 선명한 입장
cyberbully 온라인상으로 괴롭히다
perception 지각, 인식
phenomena (phenomenon의 복수) 현상(들)
interact 상호작용하다

정답 (d)

50 Constipation can really impact your life. So it's a huge relief to know you can start your day constipation free with Dulcolax, the world's most popular over-the-counter laxative! Dulcolax tablets are taken before you go to bed, which means you can have relief the next morning in the comfort of your own home. So the next time you suffer from constipation, talk to your pharmacist about Dulcolax, you'll be happy you did. To find more about Ducolax, please visit our website at www.ducolax.com.

Q: What is the advertisement about?
(a) A new health clinic.
(b) A medicine that helps you sleep.
(c) A web site for a medical center.
(d) A medication that doesn't require a prescription.

해설

광고하고 있는 내용이 무엇인지 파악해야 한다. 지속적으로 언급되고 있는 Ducolax가 광고하는 대상의 명칭이다. 내용 중에 언급되는 'over-the-counter laxative', 'tablets', 'pharmacist' 등의 단어를 통해 Ducolax가 약품, 그중 처방전이 필요 없는 일반 약품임을 파악할 수 있다. 그러므로 정답은 (d)이다.

해석

변비는 정말 당신의 삶에 영향을 줄 수 있습니다. 그러므로 세계에서 가장 인기 있는 일반 판매용 변비약인 Dulcolax와 함께 변비 없는 하루를 시작하실 수 있다는 것을 알게 된다면 크게 안심이 될 것입니다. Ducolax 정제는 잠자리에 들기 전에 복용하시면 되는데, 이는 여러분이 자신의 집에서 다음 날 아침에 편하게 있을 수 있다는 것을 의미합니다. 그러니, 다음 번 변비로 인해서 고생하시게 되면, 약사와 Ducolax에 관해 얘기해 보세요. 여러분은 잘 한 일이라고 기뻐하게 될 것입니다. Ducolax에 대해 더 많은 것을 알고 싶으시면 저희 웹사이트 www.ducolax.com을 방문해 주십시오.

Q: 무엇에 대한 광고문인가?
(a) 새로운 건강 클리닉
(b) 수면을 도와주는 약품
(c) 의학병원을 위한 웹 사이트
(d) 처방전을 필요로 하지 않는 약품

어휘

constipation 변비
impact 영향을 주다
relief 안심, 위안
over-the-counter 의사의 처방 없이 팔 수 있는, 일반 판매약의
laxative 변비약
pharmacist 약사

정답 (d)

51 Last year I made the trip of a lifetime to visit three of the boys I sponsor in Ethiopia. I saw the daily challenges people living in poverty face and also the positive effects World Vision child sponsorship has. I left with the knowledge that our contributions are giving the children access to education and immunizations, while also enriching the communities they live in through agricultural work and, most importantly, HIV/AIDS awareness and training. I challenge other American families to join World Vision in the fight against poverty by sponsoring a child.

Q: What is the purpose of this speech?
(a) To inform people of the danger of HIV/AIDS.
(b) To emphasize the importance of education for African children.
(c) To fight against the poverty among American families.
(d) To encourage people to take part in the child-sponsoring organization.

해설

앞에서는 자신의 경험담을 예로 들면서 World Vision 어린이 후원 프로그램을 통해 직접 아프리카에서 목격한 그들의 어려움과 후원 프로그램을 통해 이들에게 도움을 줄 수 있음을 말하고 있다. 연설의 목적은 후반부의 'I challenge other American families to join World Vision in the fight against poverty by sponsoring a child'를 통해서 들어난다. 미국인들이 자기와 같이 아이들을 후원하는 본 단체에 가입할 것을 촉구하는 것이 본 연설의 목적이다. 그러므로 정답은 (d)이다.

해석

작년에, 전 에티오피아에 있는 제가 후원하는 세 명의 소년들을 방문하는 일생의 여행을 했습니다. 전 가난 속에 살아가는 사람들이 직면하게 되는 매일 매일의 어려움을 목격했고, World Vision 어린이 후원 프로그램이 갖는 긍정적인 효과도 보았습니다. 전 저희들의 후원이 그 아이들에게 교육을 받게 하고, 예방주사를 맞도록 한다는 것과 또한 농업일과 가장 중요한 것으로 HIV/에이즈에 대한 자각과 교육을 통해서 그들이 살고 있는 공동체를 더욱 풍성하게 하는데 공헌을 한다는 지식을 얻고 그 곳을 떠났습니다. 저는 다른 미국인 가정들도 World Vision에 가입하여 아이를 후원함으로써 가난에 대항한 싸움에 참여해 주실 것을 촉구하는 바입니다.

Q: 본 연설의 목적은 무엇인가?
(a) 사람들에게 HIV/에이즈의 위험을 알리기 위해서
(b) 아프리카 아이들에게 있어서 교육의 중요성을 강조하기 위해서
(c) 미국 가정들 사이의 가난과 대항해 싸우기 위해서
(d) 사람들이 아이 후원 단체에 가입하는 것을 장려하기 위해서

어휘

lifetime 일생(의)
sponsor 후원하다
poverty 가난
education 교육
immunization 예방주사
enrich 풍부하게 하다
challenge 촉구하다, 요구하다
emphasize 강조하다
take part in ~에 참여하다

정답 (d)

52 Tsuyoshi Kusanagi, a member of the popular boy-band SMAP, apologized to fans after he was arrested for wandering around a Tokyo park drunk, naked and yelling incoherently. Released by police without charge, Kusanagi had been reportedly drinking with friends, consuming ten large glasses of rice wine and beer. The Japanese motor company Toyota cancelled commercials featuring the singer and the Japanese communications minister reportedly called him a disgrace. The government hired him to publicize the shift from analogue to digital television.

Q: Which is correct about the singer according to the news report?
(a) He was apprehended for suspected drug use.
(b) He was let go without being prosecuted.
(c) He was given drinks without charge.
(d) He holds a grudge against the Japanese communications minister.

해설

뉴스방송에 따르면 한 가수가 술에 취해 발가벗고 소리 지르며 밖을 돌아다니다 체포되었다고 전하고 있다. 내용 중 'Released by police without charge'란 문장이 언급되는데, 이것은 경찰에 의해서 고발되지 않고 풀려났다는 것을 의미한다. 정답은 보기 (b)이다. 보기 (c)는 내용에서 언급된 'without charge'의 다른 의미를 들어 만든 오답이다.

해석

인기 보이 그룹 SMAP의 멤버인 Tsuyoshi Kusanagi는 동경에 있는 한 공원 주위를 술에 취해 발가벗은 채 알아들을 수 없는 소리를 치며 돌아다니다 체포된 후에 팬들에게 사과를 했습니다. 기소되지 않고 경찰에 의해서 풀려났는데, 보도에 의하면 Kusanagi는 친구들과 정종과 맥주를 큰 잔으로 10잔을 마셨다고 합니다. 일본 자동차 회사인 도요타는 이 가수가 출연하는 광고를 취소하였고, 보도에 따르면 일본 통신부 장관은 그를 망신스러운 인간이라고 불렀다 합니다. 정부는 Kusanagi를 아날로그에서 디지털 텔레비전으로의 전환을 선전하기 위해서 고용했었습니다.

Q: 뉴스보도에 따르면 그 가수에 대해서 옳은 것은 무엇인가?
(a) 그는 마약복용 혐의로 체포되었다.
(b) 그는 기소되지 않은 채 풀려났다.
(c) 그는 공짜로 술을 서비스 받았다.
(d) 그는 일본 통신부 장관에 대한 원한을 품고 있다.

어휘

apologize 사과하다
wander 돌아다니다
naked 벌거벗은
incoherently 논리가 없는
release 풀어주다
charge 고소, 고발
reportedly 보도에 따르면
consume 마시다
rice wine 정종
disgrace 불명예, 수치, 망신
publicize 광고하다, 선전하다
apprehend 체포하다
suspected 의심되는
prosecute 기소하다
without charge 무료로
hold a grudge against ~에게 원한을 품다

정답 (b)

53 Hello, you have reached Tully Medical Office. Our office hours are from 10 a.m. until 6 p.m. on weekdays and 10 a.m. to noon on Saturdays. We're closed on Sundays and holidays. If you're a physician, please press one and the pound button. If you want to request medical records, please press two. If you have billing inquires, please press three. If you're a patient and wish to make, change, or cancel appointment, please press four. If you need to speak with a medical practitioner, please stay on the line. Thank you for calling Tully Medical Office.

Q: What do you need to do to alter the appointment date?
(a) Press 1 and the pound button
(b) Press 3
(c) Press 4
(d) Stay on the line.

해설

예약 날짜를 변경하기 위해선 무엇을 해야 하는지를 묻고 있다. 방송 내용 중 'If you're a patient and wish to make, change, or cancel appointment, please press four'이란 문장을 통해서 예약과 관련한 모든 사항은 4번 버튼을 눌러야 함을 알 수 있다. 그러므로 정답은 (c)이다.

해석

안녕하세요. 여러분은 Tully 병원으로 전화를 주셨습니다. 저희의 병원 운영 시간은 주중엔 오전 10시부터 저녁 6시까지고, 토요일에는 오전 10시부터 정오까지입니다. 만약 당신이 의사라면 1번을 누르고 우물정자 버튼을 눌러주세요. 만약 의료기록을 요청하시고 싶으시다면, 2번을 눌러주세요. 요금 관련 문의는 3번을 눌러주시고요. 만약 전화거신 분께서 환자분이시고 예약을 하거나 변경 그리고 취소하고자 한다면 4번을 눌러주세요. 만약 여러분께서 전문의와 통화를 해야 하신다면, 그냥 전화를 들고 계시면 됩니다. Tully 병원으로 전화 주셔서 감사합니다.

Q: 예약 날짜를 변경하기 위해서는 무엇을 해야 하는가?
(a) 1번을 누르고 우물정자 버튼을 누른다.
(b) 3번을 누른다.
(c) 4번을 누른다.
(d) 전화를 들고 기다린다.

어휘

reach ~에 연락하다
physician 의사
pound button (전화기의) 우물정자 버튼
medical record 의료 기록
billing inquires 비용청구서 문의
patient 환자
medical practitioner 전문의
alter 변경하다

정답 (c)

54 In 1848, gold was discovered in California, which attracted 80,000 people from all over the world. The surface diggings, where prospectors used primitive techniques, were soon worked out. Most of the gold was in deep and hard veins of quartz, which needed capital and expensive machinery for extraction, so big business took over. Gold was found in Colorado Rockies in 1858 and a year later in Nevada, where there was the greatest single deposit of gold and silver ever found in the USA.

Q: Which of the following is True according to the lecture?
(a) Gold was first found in Colorado Rockies.
(b) Most of the gold was extracted by outdated means.
(c) The gold digging business didn't work out in the end.
(d) Nevada had the largest gold deposit in America.

해설

강의의 마지막 부분에 언급된 내용 'a year later in Nevada, where there was the greatest single deposit of gold and silver ever found in the USA'을 통해 네바다가 미국에서 가장 큰 금 매장량을 가지고 있었음을 알 수 있다. 그러므로 정답은 (d)이다. 강의에서 언급된 장소들 중 가장 빨리 금이 발견된 곳은 캘리포니아 주고, 대부분의 금은 구식의 방식으로는 채출할 수 없는 깊은 곳에 있으며, 이로 인해 금 채굴 사업이 실패한 것이 아니라 거대 사업으로 이어졌다고 했으므로 (a), (b), (c)는 모두 오답이다.

해석

1848년도에 캘리포니아 주에서 금이 발견되어 전 세계에서 80,000명의 사람들을 불러들였습니다. 광산 시굴자들이 원시적인 방법을 사용했던 표면의 광산들은 곧 모두 소진되었죠. 금의 대부분은 석영의 깊고 단단한 광맥 안에 있었고 이를 추출하기 위해선 자본과 비싼 기계류가 필요했습니다. 그래서 거대 사업체들이 이를 이어받게 되었죠. 금은 1858년도에 콜로라도 산맥에서 발견되었고, 1년 후에는 미국에서 가장 많은 금과 은의 최대 단독 매장량이 있던 네바다에서 발견되었습니다.

Q: 강의에 의하면 다음 중 옳은 것은 무엇인가?
(a) 금은 콜로라도 산맥에서 제일 처음 발견되었다.
(b) 대부분의 금은 구식의 방법으로 추출되었다.
(c) 금 채굴 사업은 결국에 잘 풀리지 않았다.
(d) 네바다 주는 미국에서 가장 큰 금 매장량을 가지고 있었다.

어휘

discover 발견하다
attract 끌어들이다
digging 채굴, 광산
prospector (광산의) 시굴자, 투기자
primitive 원시의, 구식의
work out (광산을) 다 파내다
vein 암맥, 광맥
quartz 석영
capital 자본
machinery 기계류
extraction 뽑아냄, 추출
take over 이어받다, 접수하다
deposit 매장량
extract 추출하다
outdated 구식의

정답 (d)

55 Be ready to whisk yourself away for a day of fun and adventure. Silvercruise is a luxury 29 meter catamaran designed with every equipment you need to experience an underwater world of colorful marine life and coral gardens in safety and comfort. Silvercruise explores the spectacular dive sites of Thetford, Milln and Flynn Reefs. Visit 3 different reef sites with a choice of 3 certified dives, introductory diving and adventure snorkeling. This is the fastest and most comfortable reef diving, and the only vessel that visits 3 sites daily.

Q: Which is correct according to the advertisement?
(a) Silvercruise is a submarine that goes underwater to tour the reefs.
(b) Passengers on the Silvercruise will visit three different cities.
(c) Silvercruise has different levels of dives available.
(d) There is no other ship that serves three different meals to its passengers.

해설

Silvercruise라는 바다의 산호초 지역을 방문하는 여객선에 관한 광고방송이다. 내용 중 'Visit 3 different reef sites with a choice of 3 certified dives, introductory diving and adventure snorkeling.'을 통해서 자격이 있는 사람들의 잠수와 입문자 잠수의 레벨을 달리한 잠수코스가 제공되어짐을 파악할 수 있다. 그러므로 정답은 (c)이다. 바다 속을 여행하기 위한 모든 장비들을 갖추고 있다고 했지, 배 자체가 잠수함이 아니다. 이 배는 쌍동선이라고 내용중에도 언급이 된다. 그래서 (a)는 정답이 될 수 없다.

해석

재미와 모험의 하루에 여러분 자신을 데려갈 준비를 하십시오. Silvercruise는 고급의 29미터 길이의 선체가 둘인 쌍동선으로 여러분들이 안전함과 편안함 속에서 화려한 해양 생명체들과 산호초 정원들의 화려한 수면 아래 세계를 경험하기 위해 필요한 모든 장비들을 갖추고 있습니다. Silvercruise는 Theford, Millin 그리고 Flynn 산호초들의 웅장한 잠수 지역들을 탐험합니다. 3명의 다른 산호초 지역들을 자격자 잠수와, 입문자 잠수 그리고 모험 스노클링 세 가지 중에서 선택하여 방문하세요. 이는 가장 빠르고 가장 안전한 산호초 잠수이며 하루에 세 개 지역을 모두 방문하는 유일한 배입니다.

Q: 광고에 의하면 옳은 것은 무엇인가?
(a) Silvercruise는 산호초를 여행하기 위해 수면 밑으로 이동하는 잠수함이다.
(b) Silvercruise의 승객들은 세 개의 다른 도시들을 방문할 것이다.
(c) Silvercruise는 난이도가 다른 잠수활동을 제공한다.
(d) 승객들에게 3가지 다른 요리를 제공하는 다른 배는 없다.

어휘

whisk away 휙 채가다
catamaran 두 개의 선체를 나란히 연결시킨 배
marine 해양의
coral 산호초
explore 탐험(탐사)하다
certified 증명된, 공인된
introductory 입문자의

정답 (c)

56 After 18 years on the road, Stomp still feels fresh. The physical percussion and dance show has been ubiquitous since its success at the Edinburgh Festival in 1991, begetting several touring companies. It's easy to understand the appeal. The stage of Stomp 2009 is a jumble of ordinary objects, such as bins, newspapers and plastic bags. They are all ingeniously transformed into instruments. One Flamenco-inspired sequence relies solely on the performers' clapping and stamping, while another uses tin cans to mimic African drumming. Without compromising its own stern rules of no dialogue and no conventional instruments, Stomp generates some spectacular physical theater.

Q: Which is correct about Stomp according to the talk?
(a) Stomp has been performed around the world since 1991.
(b) The performers of Stomp 2009 do not use hands to make sounds.
(c) Newspapers are used to imitate the sound of African drumming.
(d) The performers of Stomp 2009 do not talk to each other after the show.

해설

전 세계에서 공연되고 있는 Stomp에 대한 소개 글이다. 담화 초반에 언급되는 내용인 'ubiquitous since its success at the Edinburgh Festival in 1991, begetting several touring companies'을 통해서 1991년 이후에 전 세계에서 공연되어 왔음을 알 수 있다. 그러므로 정답은 (a)이다. 중간에 공연의 한 장면에서 공연자들이 손뼉치기(clapping)에만 의존한다고 했기에 (b)는 정답이 될 수 없고, 공연 중에 대화를 하지 않는다고 했지, 공연 후에도 서로 얘기를 하지 않는다고 언급된 바는 없다.

해석

18년간의 여행 후에도, Stomp는 아직도 신선하게 느껴집니다. 이 신체를 이용한 타악과 춤의 공연은 1991년 에딘버러 축제에서의 성공 이후로 몇 개의 투어 회사들을 낳았고 전 세계 도처에 있어 왔습니다. 본 공연의 매력을 이해하는 것은 쉽습니다. Stomp 2009의 무대는 큰 상자, 신문, 그리고 비닐봉지 등 일상의 물체들을 주워 모았죠. 이것들은 모두 음악 악기로 변합니다. 플라맹고에서 영감을 받은 한 장면은 공연자들의 손뼉과 발 구름에 전적으로 의존하고, 또 한 장면은 아프리카 드럼 소리를 흉내 내기 위해서 양철깡통을 사용합니다. 대화 없고 전통적인 악기가 없으며 엄격한 규칙에 대한 타협 없이, Stomp는 신체를 이용한 웅장한 장면들을 만들어 냅니다.

Q: 담화에 의하면 옳은 것은 무엇인가?
(a) 1991년 이후 Stomp는 전 세계에서 공연되어져 왔다.
(b) Stomp 2009의 공연자들은 소리를 만들기 위해서 손을 사용하지 않는다.
(c) 아프리카 드럼 소리를 흉내 내기 위해서 신문지가 사용되어진다.
(d) Stomp 2009의 공연자들은 공연이 끝난 후에 서로 얘기하지 않는다.

어휘

on the road 여행하는
percussion 진동, 타악기
ubiquitous 도처에 있는, 편재하는
beget 낳다
appeal 매력
jumble 혼잡, 주워 모은 것
sequence 순서, 차례, 한 장면
Flamenco 스페인의 한 지방의 집시 춤
tin 양철
mimic 흉내 내다
compromise 타협하다
stern 엄격한
conventional 전통적인, 진부한
generate 일으키다, 발생시키다
spectacular 장관의, 눈부신
theater 극장, 현장, 무대

정답 (a)

57 There is an insurmountable difference to removing a spleen than to removing or aborting a fetus of an unborn child. It's the difference between life and death. It is not a removal of an organ, a part of a human body but a potential human life. Abortion destroys that potential life and takes away the most fundamental of human rights, which is the right to life. Imagine for a moment that your parents had decided to terminate your potential. Well, it's impossible because you're here. You never had your potential taken from you before you had a voice. We must take strong measures to stop people from getting rid of their unborn babies who has no voice to speak for themselves.

Q: What is the tone of the speaker?
(a) Assertive
(b) Sarcastic
(c) Skeptical
(d) Impatient

해설

화자는 태아를 낙태하는 것의 부당함을 설명하고 이를 막기 위해 강력한 조치를 취해야 한다고 주장하고 있다. 일관된 논리와 예를 통해 자신의 의견을 강하게 내비추고 있으므로 화자의 목소리 톤은 단호하다고 볼 수 있다. 그러므로 정답은 (a)이다.

해석

(신체의) 비장을 제거하는 것과 아직 태어나지 않은 아이의 태아를 낙태하는 것에는 엄청난 차이가 있습니다. 이는 생명과 죽음의 차이입니다. 이는 인간의 신체의 일부인 장기를 제거하는 것이 아니라 잠재적인 인간의 생명을 제거하는 하는 것입니다. 낙태는 잠재적 생명을 파괴하고 인간의 가장 근본적인 권리를 앗아가는 것입니다. 그것은 바로 삶에 대한 권리죠. 잠시 여러분의 부모님이 여러분의 잠재성을 끝내기로 결정했다고 상상해 보세요. 자, 그건 불가능하죠. 왜냐면 여러분은 지금 여기 있으니까요. 여러분은 본인들이 목소리를 내기 전에 잠재성을 결코 빼앗긴 적이 없습니다. 우리는 스스로를 대변할 수 있는 목소리가 없는 태어나지 않은 아이들을 사람들이 제거하는 것을 막기 위해서 강력한 조치를 취해야 합니다.

Q: 화자의 목소리 톤은 어떠한가?
(a) 단호한
(b) 빈정대는
(c) 회의적인
(d) 성급한

어휘

insurmountable 능가할 수 없는, 이겨내기 힘든
spleen 비장, 지라
abort 낙태하다
fetus 태아
fundamental 기본적인, 근원의
right (to) ~에 대한 권리
terminate 끝내다, 차단하다
take a measure 조치를 취하다
assertive 자기주장이 강한, 단호한
sarcastic 비꼬는, 빈정대는
skeptical 회의적인
impatient 성급한

정답 (a)

58 This is the daily weather forecast. It was very windy again today and will continue into late tomorrow. We might get some snow flurries again from late tonight into tomorrow with lows in the 20's. However, no accumulations are expected at this time. Around March 20 another cold blast will move southward and will possibly bring high temperatures only into the 30's. The sky is very cloudy and dark at the moment.

Q: What was the weather like for the past few days?
(a) It was cold and cloudy.
(b) It was hot and humid.
(c) It was windy and snowy.
(d) It was dark and pouring with rain.

해설

초반에 날씨와 관련해 언급되는 'again'이란 단어에 문제 해결의 포인트가 있다. 기상 캐스터는 앞으로의 날씨를 예보하면서 'It was very windy again today and will continue into late tomorrow. We might get some snow flurries again.' 즉, 바람이 다시 불고 눈보라가 다시 온다는 얘기는 지난 며칠간의 날씨도 이러했다는 것을 의미한다. 그러므로 정답은 (c)이다.

해석

매일의 일기예보입니다. 오늘은 또 다시 바람이 많이 불었고 이는 내일 늦게까지 계속될 것입니다. 최저 기온 20도 즈음에서 오늘 늦은 밤부터 내일까지 또 다시 눈보라가 올 수도 있습니다. 하지만, 현재로서는 눈이 쌓일 것으로 예상되지는 않습니다. 3월 20일 즈음에서 또 다른 냉풍이 남쪽으로 향하겠고, 기온이 높아야 30도 즈음까지 올라갈 가능성이 있습니다. 현재 하늘은 매우 구름이 많이 꼈있고 어둡습니다.

Q: 지난 며칠간의 날씨는 어떠했는가?
(a) 날씨는 춥고 구름이 많이 꼈었다.
(b) 날씨는 덥고 습기가 많았었다.
(c) 날씨는 바람이 불고 눈이 내렸었다.
(d) 날씨는 어둡고 비가 쏟아졌다.

어휘

weather forecast 일기예보
continue 계속되다
snow flurry 눈보라
accumulation 축적, 누적
cold blast 냉풍, 찬바람

정답 (c)

59 Immunologists in Britain say fruit and vegetables are replacing the peanut as a major cause of allergies in children. An increasing number of people are reacting to fresh produce, particularly bananas. Apples, pears, nectarines, hazelnuts and cherries have also triggered problems. Fruit and vegetable allergies are around five time more common than reactions to peanuts, but the symptoms are normally milder. Rather than causing anaphylaxis, the fruit allergy produces tingling and discomfort in the mouth. Curiously, cooked fruit and vegetables do not appear to cause the same oral allergy.

Q: What can be inferred from the talk?
(a) Peanut will become the number one cause of food allergies in children.
(b) The symptoms of fruit and vegetable allergies are five times severer than those of peanuts.
(c) Touching bananas can provoke allergies in people.
(d) A child with an allergy to fresh apples would not usually have a reaction to roasted apples.

해설

담화의 마지막에 언급된 'Curiously, cooked fruit and vegetables do not appear to cause the same oral allergy'를 통해서 과일이나 야채를 요리할 경우 알레르기 반응을 일으키지 않는다는 것을 알 수 있다. 그러므로 정답은 (d)이다. 내용에서 언급되는 과일과 야채에 대한 알레르기 반응은 입 안에서 발생하는 증상들이므로 단순히 바나나를 만지는 것으로부터 알레르기가 발생될 수 있다고 한 (c)는 그 근거가 부족하다.

해석

영국의 면역학자들은 과일과 야채가 아이들에게 있어 알레르기의 중요 원인으로서 땅콩을 대체할 것이라고 말합니다. 점점 더 증가하는 많은 사람들이 신선한 농산물, 특히 바나나에 반응을 일으키고 있습니다. 사과, 배, 복숭아, 헤이즐넛, 그리고 체리 또한 알레르기를 유발합니다. 과일과 야채에 대한 알레르기는 땅콩에 의한 알레르기보다 약 5배 정도가 일반적 입니다. 하지만 증상은 보통 더 약하죠. 과민성 반응을 일으키기 보다는 과일 알레르기는 입 안에 따끔따끔하고 불편한 증상을 낳습니다. 이상하게도, 요리된 과일이나 야채는 이러한 입 안 알레르기를 일으키는 것으로 보이지 않는다는 것입니다.

Q: 담화로부터 추론할 수 있는 것은 무엇인가?
(a) 땅콩은 아이들에게 있어 음식 알레르기의 첫 번째 이유가 될 것이다.
(b) 과일 알레르기의 증상은 땅콩 알레르기의 증상보다 5배 더 심각하다.
(c) 바나나를 만지는 것은 사람에게 알레르기를 일으킬 수 있다.
(d) 과일에 알레르기가 있는 아이들은 보통 구운 사과에는 반응을 일으키지 않을 것이다.

어휘

immunologist 면역학자
react 반응하다
produce 농산물
nectarine 복숭아
trigger 일으키다, 유발하다
anaphylaxis (혈청, 단백질 주사에 대한) 과민성
tingle 따끔따끔 아프다, 쑤시다
curiously 이상하게도
severe 심한, 위험한
roast 굽다

정답 (d)

60 A convicted drug dealer who became an addict at 16 and was pocketing 20,000 dollars a week from pill sales six years later has been given a longer prison sentence. New South Wales' Attorney-General argued in the Court of Appeal the sentences imposed on Tom Baker in the Supreme Court at Sydney on November 4, 2009 for 20 drug-related offences were inadequate. Yesterday, the Court of Appeal agreed with the Attorney-General and set aside the parole eligibility date fixed at March 1, 2010 and substituted it with the date August 20, 2012.

Q: What can be inferred from the news report?

(a) The drug dealer was sentenced to sixteen years in jail.

(b) The name of the Attorney-General is Tom Baker.

(c) The convict can be released from prison right after March 1, 2010.

(d) The initial sentence can be altered by the Court of Appeal.

해설

뉴스기사 내용에 따르면, 항소법원을 통해서 최초 선고되었던 범죄자에 대한 보석 날짜가 더 긴 기간으로 대체되었음을 알 수 있다. 그러므로 정답은 (d)이다.

해석

16살에 마약 중독자가 되어 6년 후 매주 20,000달러씩을 약물판매로 돈을 챙겨 유죄 선고된 마약 딜러에게 더욱 긴 감옥형이 선고되었습니다. 뉴 사우스 웨일즈의 법무장관은 항소법원에서 2009년 11월 4일 시드니에서의 대법원의 20건의 마약 관련 범죄와 연관된 Tom Baker에게 내린 판결이 부적절하다고 주장했습니다. 어제 항소법원은 법무장관의 의견에 동의해 2010년 3월 1일로 결정되었던 보석 자격을 취소하고, 이 날짜를 2012년 8월 20일로 대체했습니다.

Q: 뉴스기사를 통해 추론할 수 있는 것은 무엇인가?

(a) 마약 딜러는 16년 징역형을 받았다.

(b) 법무장관의 이름은 Tom Baker이다.

(c) 죄수는 2010년 3월 이후에 바로 감옥에서 석방될 수 있다.

(d) 최초 판결은 항소법원을 의해서 변경될 수 있다.

어휘

convict ~에게 유죄를 입증하다 n. 죄수, 기결수
drug 마약
dealer 상인, 판매업자
addict 중독자
pocket 착복하다
be given a sentence 형을 선고받다
Attorney-General 법무장관
a court of appeal 항소법원, 상고법원
impose 지우다, 부과하다
the Supreme Court 대법원
offence 위반, 범죄
set aside 제외하다, 파기하다
parole 가석방
eligibility 적임, 자격

정답 (d)

Actual Test 2 Answers

01	(c)	02	(b)	03	(c)	04	(c)
05	(a)	06	(d)	07	(c)	08	(b)
09	(b)	10	(d)	11	(c)	12	(d)
13	(b)	14	(c)	15	(c)	16	(c)
17	(d)	18	(d)	19	(a)	20	(d)
21	(b)	22	(d)	23	(c)	24	(d)
25	(b)	26	(c)	27	(b)	28	(d)
29	(c)	30	(b)	31	(d)	32	(c)
33	(c)	34	(d)	35	(b)	36	(c)
37	(c)	38	(b)	39	(c)	40	(b)
41	(c)	42	(d)	43	(c)	44	(c)
45	(b)	46	(b)	47	(d)	48	(d)
49	(d)	50	(c)	51	(b)	52	(d)
53	(c)	54	(c)	55	(c)	56	(b)
57	(d)	58	(d)	59	(b)	60	(a)

1 M: It's time that you took responsibility for your own actions.
W: ______________________________

(a) I'm glad you recognized my efforts.
(b) I would, but I don't like action flicks.
(c) That's out of the question.
(d) Please don't blame yourself.

해설

남자는 여자에게 본인이 한 행동에 대해서 책임을 질 때가 되었다고 충고하고 있다. 이러한 충고는 넓은 마음으로 인정하고 받아들일 수도 있지만, 화를 내며 말도 안 되는 소리한다고 면박을 줄 수도 있을 것이다. 여기서의 대답방식은 후자에 속한다. 정답은 보기 (c)이다.

해석

M: 당신의 행동에 대해 책임을 지실 때가 되었습니다.
W: ______________________________

(a) 제 노력을 알아주셔서 기쁩니다.
(b) 그러고 싶지만, 전 액션영화를 좋아하지 않습니다.
(c) 말도 안 되는 소리를 하시는군요.
(d) 제발 자신을 책망하지 마십시오.

어휘

take responsibility for ~에 대한 책임을 지다
out of the question 전혀 불가능한, 말도 안 되는
recognize 알아보다, 인정하다
flick 영화
blame 비난하다, 책망하다

정답 (c)

2 W: I have to decide whether I should decline the offer or accept it.
M: ______________________________

(a) I don't think I can accept this.
(b) Think thoroughly before you make up your mind.
(c) You're going to regret your decision.
(d) I'm sorry, but your card has been declined.

해설

무언가를 결정해야 하는 상대방에게 적절한 응답을 골라야 한다. 마음을 정하기 전에 곰곰이 생각해보라고 조언하는 (b)가 정답이다. 아직 결정을 내리지도 않았는데, 결정을 후회할 것이라는 (c)는 논리적으로 맞지 않고, (d)는 동사 decline을 이용한 오답이다.

해석

W: 그 제안을 거절해야 할지 아니면 받아 들여야 할지 결정을 해야 해요.
M: ______________________________

(a) 이것을 받아들일 수 없을 것 같네요.
(b) 맘을 정하기 전에 곰곰이 생각해보세요.
(c) 넌 네 결정을 후회하게 될 거야.
(d) 죄송합니다만, 주신 (신용)카드가 거부당했습니다.

어휘

decline 거절(거부)하다
accept 허락하다, 받아들이다
thoroughly 충분히, 면밀히
make up one's mind 마음을 정하다
regret 후회하다

정답 (b)

3 M: Who's that man wearing sunglasses?
W: ______________________________

(a) He doesn't wear sunglasses.
(b) He is sitting right next to John.
(c) Your guess is as good as mine.
(d) It looks good on him.

해설

선글라스를 끼고 있는 사람이 누구인지 물어보고 있다. 구체적으로 누구인지 말할 수도 있지만 여기서는 잘 모르겠다고 대답하는 (c)가 정답이다. '잘 모르겠다'는 대답으로는 이외에도, 'Beats me.', 'I have no idea.', 'Who knows.' 등이 있다.

해석

M: 저기 선글라스를 쓰고 있는 남자는 누구죠?
W: ______________________________

(a) 그는 선글라스를 쓰지 않습니다.
(b) 그는 바로 존 옆에 앉아 있어요.
(c) 저도 잘 모르겠네요.
(d) 그에게 잘 어울리네요.

어휘

next to ~의 옆에
Your guess is as good as mine. 저도 잘 모르겠습니다.
look good on ~에게 잘 어울리다

정답 (c)

4 W: How do you describe yourself?
M: ____________________

(a) I work in the IT department.
(b) I have to visit my father next week.
(c) I'm fun-loving and easygoing.
(d) You have no idea how much I wanted to draw this.

해설

질문인 'How do you describe yourself?'는 보통 인터뷰 시 상대방의 성격을 설명해 보라는 의도로 사용되는 질문이다. 이 질문에 자신이 일하고 있는 부서를 말하거나 혹은 자신의 계획을 이야기하는 것은 적절치 못하다. 정답은 (c)이다. (d)는 describe와 비슷한 의미를 가진 draw를 이용해 만든 오답이다.

해석

W: 자신이 어떤 사람이라고 설명하시겠어요?
M: ____________________

(a) 전 IT 부서에서 일하고 있습니다.
(b) 전 다음 주에 아버지를 뵈러 가야 합니다.
(c) 전 즐겁게 사는 걸 좋아하고 낙천적입니다.
(d) 내가 이것을 얼마나 그리고 싶어했는지 당신은 모릅니다.

어휘

describe 묘사하다, 기술하다
fun-loving 즐겁게 사는 걸 좋아하는
easygoing 낙천적인
draw 그리다

정답 (c)

5 M: Guess what? I just got a raise.
W: ____________________

(a) Good for you!
(b) How much will you pay for it?
(c) I don't like guessing.
(d) Good luck with that.

해설

Guess what?은 보통 좋은 소식을 알려주기 전에 상대방의 기대를 높이기 위해서 마치 추임새를 붙여주는 것처럼 사용하는 표현이다. 봉급이 인상되었다고 기뻐하는 사람에게 적절한 응답은 축하의 말일 것이다. 정답은 (a)이다. (d)의 'Good luck with that'은 상대방이 무언가 새로운 일을 도전하러 가거나 할 때 격려의 의미로 사용하는 표현으로 여기서는 적절치 못하다.

해석

M: 맞혀 봐요! 나 봉급이 인상됐어요.
W: ____________________

(a) 잘됐네요!
(b) 그거 얼마나 지불하실 건가요?
(c) 전 추측하는 거 좋아하지 않아요.
(d) 잘 되길 바랍니다.

어휘

raise 봉급인상
Good for you! 잘됐구나!
guess 추측하다

정답 (a)

6 W: Where can I find the post office?
M: ____________________

(a) It opens at 9 a.m. and closes at 6 p.m.
(b) You will find it on the second shelf.
(c) I know where I can buy a postcard.
(d) There's one near the department store.

해설

우체국의 위치를 묻는 질문으로 의문사 'where'와 'post office'를 반드시 들어야 오답을 피할 수 있다. 정답은 백화점 근처에 하나가 있다고 말하는 보기 (d)이다. (b)는 상점과 같은 장소에서 특정 물품의 위치를 물었을 때, 그에 대한 대답으로 사용할 수 있는 표현이다.

해석

W: 우체국은 어디로 가야 하나요?
M: ____________________

(a) 우체국은 9시에 열고 6시에 닫습니다.
(b) 두 번째 선반에서 찾으실 수 있으세요.
(c) 전 제가 어디서 우편엽서를 살 수 있을지 알고 있어요.
(d) 백화점 근처에 하나가 있어요.

어휘

post office 우체국
shelf 선반
postcard 우편엽서

정답 (d)

7 M: How was the turnout at the charity concert?
W: ______________________________

(a) The concert was too short considering the cost of tickets.
(b) The more, the better.
(c) It was a bit disappointing.
(d) I wish you were there, too.

해설

자선 콘서트에 관객 수가 어땠는지 묻고 있다. 정답은 다소 실망스러웠다고 하는 보기 (c)이다. 보기 (a)는 'How was the charity concert?'라고 물었을 때, 적절한 답변이고, 보기 (b)는 이미 열린 콘서트의 관객 수에 대한 질문의 답변으로 적절하지 못하다.

해석

M: 자선 콘서트에서 관객 수가 어땠나요?
W: ______________________________

(a) 콘서트는 티켓 가격을 고려하면 너무 짧았어요.
(b) 많을수록 더 좋죠.
(c) 다소 실망스러웠습니다.
(d) 너 역시 그 곳에 있었으면 좋았을 텐데.

어휘

turnout 출석자 수
charity 자선
considering ~을 고려하면
The more, the better 많을수록 더 좋다, 다다익선
disappointing 실망스러운

성납 (c)

8 W: Are you taking your car to the garage?
M: ______________________________

(a) It's right next to the parking lot.
(b) Yeah, it's been acting up lately.
(c) No, I don't need a car.
(d) Yes, I'm going to take it for a spin.

해설

차를 정비소로 가지고 가는 중이냐고 묻고 있다. be동사 질문으로 정답은 보통 'Yes(Yeah)' 아니면 'No'로 등장한다. 정답은 (b)이다. (c)는 'No' 이후에 연결되는 문장이 질문의 내용과는 관련이 없으므로 오답이다.

해석

W: 차를 정비소로 가지고 가는 건가요?
M: ______________________________

(a) 그것은 바로 주차장 옆에 있습니다.
(b) 네, 최근에 차가 상태가 좋지 않네요.
(c) 아뇨. 전 차가 필요 없습니다.
(d) 네, 차를 한 번 몰아보려고 합니다.

어휘

garage 정비소
parking lot 주차장
act up 기능이 나빠지다
take it for a spin (자동차를) 한 번 몰아보다, 시승해보다

정답 (b)

9 M: Don't you think Susan works hard these days?
W: ______________________________

(a) You should've told me before.
(b) Yeah, she's a totally different person now.
(c) You're right. She's working out too much.
(d) No, she is an industrious person.

해설

'Don't you think ~ ?'는 강하게 상대방의 동의를 구할 때 자주 사용되는 질문 패턴이다. 요즈음 열심히 일한다는 것은 과거에는 그렇지 못했다는 것을 암시하므로 '그래, 이제 완전히 다른 사람이 되었어'라는 (b)가 정답이 된다. (d)의 근면한 사람은 질문자가 물어본 열심히 일하는 수잔과 같은 내용이므로 'No' 대신 'Yes'라고 해야지 정답이 될 수 있다.

해석

M: 요즈음 수잔이 열심히 일을 한다고 생각하지 않아요?
W: ______________________________

(a) 미리 나에게 얘기를 했어야지.
(b) 네, 이제 완전히 다른 사람이 되었어요.
(c) 맞아요. 너무 열심히 운동을 해요.
(d) 아뇨, 그녀는 근면한 사람이에요.

어휘

totally 완전히
work out 운동하다
industrious 근면한, 부지런한

정답 (b)

10 W: You must be James Baker.
M: ______________________

(a) It was nice meeting you.
(b) Sorry, but I don't have time for this.
(c) That's right. I work as a baker.
(d) Yes, do I know you?

해설

'must be'는 '~일 것이다' 또는 '~임에 틀림없다'라는 뜻으로, 확신을 가지고 무언가를 추측할 때 사용하는 표현이다. 그러므로 상대방의 추측에 동의하며 '네, 절 아시나요?'라는 묻는 (d)가 정답이다. (a)는 이미 상대방과 이야기를 나눈 후 헤어질 때 사용하는 표현이며 (c)는 Baker라는 이름을 응용한 오답이다.

해석

W: 제임스 베이커 씨군요.
M: ______________________

(a) 만나서 반가웠습니다.
(b) 죄송합니다만, 제가 이럴 시간이 없습니다.
(c) 맞아요. 제빵사로 일하고 있습니다.
(d) 네, 절 아시나요?

어휘

must be ~임에 틀림없다
baker 제빵사
Do I know you? 절 아세요?

정답 (d)

11 M: What are we having for dinner?
W: ______________________

(a) Thank you for the lovely meal.
(b) Dinner is almost ready.
(c) I will cook some Mexican dishes.
(d) Around six.

해설

저녁에 먹을 음식이 무엇인지 묻고 있는 질문이다. 구체적인 음식의 종류가 나오거나 무엇을 먹을지 모르겠다 정도의 답변이 나올 것을 예상할 수 있다. '멕시코 음식을 요리할 것이다'라는 (c)가 정답이다.

해석

M: 우리 저녁에 뭐 먹을 건가요?
W: ______________________

(a) 멋진 식사 감사합니다.
(b) 저녁 거의 준비 됐어요.
(c) 멕시코 음식을 요리할 거예요.
(d) 6시쯤에요.

어휘

lovely 멋진, 훌륭한
Mexican 멕시코(의)
dish 요리, 음식

정답 (c)

12 W: I'm so glad to meet you. I've heard a great deal about you.
M: ______________________

(a) Yes, I'd like that.
(b) You're making a big deal out of this.
(c) I thought we had a deal.
(d) Nothing bad, I hope.

해설

'I've heard a great deal about you' 또는 'I've heard a lot about you'는 직접 보지는 못했지만 상대방에 대해서 많은 이야기들을 들었을 때 이를 알려주며 반가움의 표시로 사용되는 표현이다. 정답은 농담식의 답변인 보기 (d)이다. 상대방에 대해서 많은 이야기를 들었다는 것이 호들갑 떨고 있는 상황은 아니므로 (b)는 오답이고, 보기 (c)는 deal을 이용한 오답이다.

해석

W: 이렇게 만나 뵙게 되어서 반갑습니다. 말씀 많이 들었습니다.
M: ______________________

(a) 네, 저도 그러고 싶습니다.
(b) 별일 아닌 것에 호들갑 떨고 있군요.
(c) 우리가 약속을 했다고 생각했었는데요.
(d) 나쁜 얘기는 안 들으셨길 바라요.

어휘

I've heard a great deal about you. 말씀 많이 들었습니다.
make a big deal out of ~을 호들갑스럽게 받아들이다
have a deal 약속하다, 거래하다

정답 (d)

13 M: I'm beat. I'm going to turn in early tonight.
W: ______________________________

(a) Sounds like a plan. Let's make it happen.
(b) Okay. I will see you tomorrow then.
(c) Please don't beat yourself up.
(d) You can turn it in tomorrow if you want to.

해설

남자는 피곤하기 때문에 일찍 잠자리에 들겠다고 말했다. 이에 적절한 응답은 그럼 내일보자고 대답하는 보기 (b)이다. 보기 (c)는 beat을 이용한 오답이고, (d)는 turn in을 활용한 오답이다.

해석

M: 나 녹초가 됐어. 오늘 밤 일찍 잘래.
W: ______________________________

(a) 좋은 생각이야. 한 번 해보자고.
(b) 알았어. 그럼 내일 보자.
(c) 자책하지는 말아요.
(d) 원하시면 내일 제출하셔도 됩니다.

어휘

beat 지친, 녹초가 된
turn in 제출하다, 잠자리에 들다
Sounds like a plan. 좋은 생각이야.
Let's make it happen. 한번 해보자.
beat oneself up 자책하다

정답 (b)

14 W: Do we have time to grab something to eat real quick?
M: ______________________________

(a) I don't know what time it is now.
(b) Yes, that's exactly what I've seen.
(c) No, we're running out of time.
(d) I'd like to have a chicken burger and french fries.

해설

무언가를 급하게 먹을 만한 시간이 있는지 여부를 묻고 있다. 조동사 Do로 물어보는 질문이기에 정답은 Yes 혹은 No로 나올 확률이 높다. 정답은 늦어서 안 된다고 말한 보기 (c)이다. (a)는 time을 이용한 오답이고, 보기 (d)는 패스트푸드점에서 주문을 할 때 사용할 수 있는 표현이다.

해석

W: 우리 빠르게 뭐 좀 먹을 시간이 있나요?
M: ______________________________

(a) 지금 몇 시인지 저도 몰라요.
(b) 네, 그게 정확히 제가 본 거예요.
(c) 아뇨. 우리 늦었습니다.
(d) 전 치킨 버거랑 감자튀김 주세요.

어휘

grab something to eat ~을 간단히 먹다
real quick 급히, 빨리
We're running out of time. 우리 늦었어요. 우리 시간이 부족해요.

정답 (c)

15 M: I came down with a flu. Do you have anything for a cold?
W: ______________________________

(a) No, I'm not cold at all.
(b) There are a lot of colds going around.
(c) Here. Take this pill.
(d) I was surfing the internet.

해설

감기에 좋은 약 있냐는 물음에 적절한 답변은 약을 건네주며 먹으라고 하는 보기 (c)이다. 보기 (a)는 cold를 활용한 오답이고, (b)는 여자의 질문이 감기약 있는지 여부를 물은 것이기에 응답으로 적절하지 못하다.

해석

M: 난 감기 걸렸어요. 감기에 좋은 약 있나요?
W: ______________________________

(a) 아뇨, 전 전혀 춥지 않아요.
(b) 각종 감기가 극성이네요.
(c) 여기요. 이 약을 드세요.
(d) 전 인터넷을 검색하고 있었어요.

어휘

come down with a flu 감기에 걸리다
pill 알약
surf the internet 인터넷을 검색하다

정답 (c)

16 M: I was wondering if you could let me use your car today.
W: What's the occasion?
M: I have to pick up my brother at the airport.
W: ______________________________

(a) No problem. I'll give you a ride.
(b) What time does your plane leave?
(c) Okay. Just make sure you drive safely.
(d) Don't forget to feed the meter.

해설

차를 빌려달라고 했으므로 안전하게 운전이나 잘하라고 당부하는 (c)가 답이다. (d)의 feed the meter라는 뜻은 parking meter에 동전을 넣은 만큼 주차할 수 있기 때문에 밥을 먹거나, 잠시 주차하는 동안 벌금 등을 물지 않도록 동전을 주차 시간을 연장시키라는 말이다.

해석

M: 오늘 네가 너의 차를 네게 빌려줄 수 있으면 하는데 괜찮을까.
W: 무슨 일로?
M: 오늘 공항으로 동생을 태워줘야 하거든.
W: ______________________________

(a) 문제없어. 차를 태워줄게.
(b) 네 비행기는 언제 출발하는데?
(c) 그래. 그저 운전이나 안전하게 잘해.
(d) 미터기에 동전 넣는 거 잊지 마.

어휘

What's the occasion? 무슨 일 있어요?
pick up ~를 데리러 가다
airport 공항
give someone a ride ~를 태워다주다
feed the meter (주차) 미터기에 돈을 채우다

정답 (c)

17 M: I'm here to make a savings account.
W: Okay. Could you fill out this form, please?
M: Sure. What should I do next?
W: ______________________________

(a) Just tell me how much you'd like to withdraw.
(b) The next stop will be the Baker Palace.
(c) Why don't you take a rest for a few days?
(d) Please wait until I finish copying this paper.

해설

은행에서 계좌개설과 관련해 대화를 나누고 있다. 양식 기입이 끝나고 다음엔 뭘 해야 할지를 묻는 질문에 복사하는 동안 잠시 기다려달라는 (d)가 정답이다. 나머지 보기는 모두 대화 내용과 어울리지 않는다.

해석

M: 저는 저축 예금 계좌를 개설하려고 하는데요.
W: 네. 이 양식을 기입해주시겠어요?
M: 물론이죠. 다음은 뭘 해야 하죠?
W: ______________________________

(a) 그냥 얼마를 인출하고 싶은지 제게 말해주세요.
(b) 다음 정류장은 베이커 펠리스입니다.
(c) 한 며칠 쉬는 게 어때요?
(d) 이 서류 복사가 끝날 때까지 잠시 기다려주세요.

어휘

make a savings account 저축 예금계좌를 개설하다
fill out a form 양식을 기입하다
withdraw (돈을) 인출하다
take a rest 쉬다

정답 (d)

18 M: Can you give me a lift?
W: Not a problem. Where are you going?
M: I'm going to the night Market to buy some groceries.
W: ______________________________

(a) Okay. I'll pick you up there.
(b) How much do you want for that?
(c) Think nothing of it.
(d) It's right next to Harrison street, right?

해설

여자는 남자에게 차로 야시장에 태워다 달라고 말하고 있다. 남자는 야시장의 위치를 알지만, 여자에게 다시 한 번 확인해보고 있는 보기 (d)가 정답이다. 차를 태워다 달라고 한 건데, 거기로 데리러 가겠다는 보기 (a)는 적절한 응답이 아니며, 보기 (c)는 여자가 'Thank you for giving me a lift'와 같이 감사를 표시했을 때, 대답할 수 있는 응답이다.

해석

M: 나 좀 태워다 줄 수 있어요?
W: 그럼요. 어디로 가시나요?
M: 식료품을 좀 사러 야시장에 가는 중이에요.
W: ______________________________

(a) 알겠어요. 거기로 데리러 갈게요.
(b) 그것 얼마에 원하시나요?
(c) 천만에요.
(d) 해리슨 스트리트 옆에 있죠, 맞나요?

어휘

give someone a lift ~를 차로 태워다주다
groceries 식료품
Think nothing of it. 천만에요. 그런 말씀 마세요.

정답 (d)

19 W: Hey, Jake. What's the plan for tonight?
M: Haven't thought about it yet. Do you have any?
W: How about a movie and popcorn?
M: ______________________________

(a) That's an unbeatable combination.
(b) I'm not sure yet.
(c) It was nicely filmed.
(d) Yeah, the movie was really great.

해설

오늘 밤 무엇을 할지 서로 얘기하는 내용의 대화문이다. 'How about ~ ?'은 무언가를 제안할 때 사용할 때 사용하는 질문 패턴으로 보통 정답은 '좋다' 또는 '안 된다' 등으로 등장한다. 여기서는 영화를 보며 팝콘을 먹자는 제안에 '그거 탁월한 조합인데'라고 긍정적인 답변을 하는 보기 (a)가 정답이다.

해석

W: 제이크, 오늘 밤 계획이 어떻게 돼?
M: 아직 생각 안 해 봤는데. 넌 계획 있어?
W: 팝콘 먹으면서 영화나 보는 건 어때?
M: ______________________________

(a) 그거 탁월한 조합인데!
(b) 아직 확신이 안섭니다.
(c) 그거 촬영이 잘 되더라고.
(d) 응, 영화는 정말 재미있었어.

어휘

unbeatable 탁월한

정답 (a)

20 W: I wish my English were as good as yours.
M: I think your English is already good enough.
W: I know you're just saying that.
M: ______________________________

(a) How did you find out about him?
(b) Yes, I'm really fluent in English.
(c) You're flattering me.
(d) No, I really mean it.

해설

여자의 영어 실력도 훌륭하다는 남자의 칭찬에 여자는 그냥 말만 그렇게 해주는 걸 안다며 믿지 못해한다. 이에 남자가 진심이라고 강조하는 보기 (d)가 정답이다.

해석

W: 내 영어 실력이 너처럼 좋았으면 좋겠다.
M: 네 영어 실력은 이미 충분히 좋다고 생각해 난.
W: 그냥 말하는 건거 알아.
M: ______________________________

(a) 어떻게 그에 대해서 알았나요?
(b) 네, 전 정말 유창하게 영어를 합니다.
(c) 과찬의 말씀이세요.
(d) 아니에요. 진심이에요.

어휘

as good as ~만큼 좋은
find out 알아내다
fluent 유창한
You're flattering me. 과찬의 말씀이세요.
mean it 진심이다

정답 (d)

21 M: Guess what? I'm getting married next month.
W: You've got to be kidding me. With whom?
M: Juliet Simpson. Do you remember her? We all went to the same school together.
W: ______________________________

(a) That's right. She is at school.
(b) Well, the name rings a bell.
(c) Yeah, she is my future wife.
(d) I don't remember anything about you.

해설

남자는 자신이 결혼하는 여자의 이름을 대며 여자에게 기억을 하는지 묻고 있다. ring a bell은 '생각이 나다' 혹은 '생각이 떠오르다'란 표현으로 여자의 이름을 들으니 기억이 난다는 의미인 보기 (b)가 정답이다. 보기 (d)는 you 대신에 her가 들어가야지 정답 표현으로 가능하다.

해석

M: 맞혀봐. 나 다음 달에 결혼해요.
W: 농담하는 거죠? 누구랑 하는데요?
M: 줄리엣 심슨이랑 해요. 그녀를 기억해요? 우리 모두 같은 학교에 다녔었잖아요.
W: ______________________________

(a) 맞아요. 그녀는 학교에 있어요.
(b) 음, 이름이 생각이 나네요.
(c) 네, 그녀가 저와 결혼할 사람입니다.
(d) 전 당신에 대해서 기억이 나는 것이 없어요.

어휘

Guess what? 맞혀봐? 무슨 일이 있는지 알아?
get married 결혼하다
You've got to be kidding me. 농담하는 거지.
ring a bell 기억이 나다

정답 (b)

22 M: You don't wear jeans, do you?
W: No, I only wear skirts.
M: Why do you always wear skirts?
W: ______________________________

(a) Because I like wearing make-up.
(b) That's exactly my point.
(c) Because I feel comfortable wearing jeans.
(d) It's because I'm used to them.

해설

청바지는 입지 않고 치마만 입는 여성에게 왜 그런지 이유를 묻고 있다. 정답은 익숙하기 때문이라고 대답한 (d)이다. 보기 (c)의 경우 치마만 입는 것과 청바지가 편하다는 얘기는 서로 모순이 되므로 정답이 될 수 없다.

해석

M: 당신은 청바지를 입지 않잖아요, 그렇죠?
W: 네, 전 오직 치마만 입어요.
M: 왜 항상 치마만 입으시는 거죠?
W: ______________________________

(a) 왜냐면 전 화장하는 것을 좋아하거든요.
(b) 제 말이 바로 그겁니다.
(c) 왜냐면 전 청바지를 입는 게 편하거든요.
(d) 왜냐면 그게 더 익숙하거든요.

어휘

wear make-up 화장을 하다
That's exactly my point. 내 말이 바로 그 말이야.
comfortable 편안한
used to ~하곤 했었다

정답 (d)

23 M: It's almost time for lunch. What do you feel like having?
W: How about some Chinese food?
M: No, it's too greasy. I've got an idea. How about some sushi at Tokyo Express?
W: ______________________________

(a) Then, we should book a flight.
(b) Sure. I can cook it for you.
(c) But that's exactly what I had yesterday.
(d) Glad you like Chinese food.

해설

점심을 중국 음식으로 먹자는 여자의 의견에 반대하며 남자는 스시를 먹는 게 어떤지 제안하고 있다. 정답은 어제 먹은 게 그거라며 간접적으로 거절하고 있는 보기 (c)다. Tokyo Express 라는 식당 이름까지 구체적으로 언급해주고 있는데, 요리를 해주겠다고 대답한 (b)는 정답이 될 수 없다.

해석

M: 점심시간 거의 다 됐네. 뭐 먹고 싶니?
W: 중국 음식 먹는 게 어때?
M: 싫어. 중국 음식은 너무 느끼해. 좋은 생각이 있어. Tokyo Express에서 스시를 먹는 건 어때?
W: ______________________________

(a) 그러면 비행기 표를 예약해야겠다.
(b) 물론이지. 내가 널 위해 요리해 줄 수 있어.
(c) 하지만, 내가 어제 먹은 게 바로 그건데.
(d) 네가 중국 음식을 좋아한다니 기쁘다.

어휘

feel like ~ing ~하고 싶다
greasy 기름진, 느끼한
I've got an idea. 좋은 생각이 있어.
book 예약하다

정답 (c)

24 M: Good morning, Professor Cruise.
W: Good morning. You must be Professor Douglas.
M: Yes, I am. I'm so glad to meet you in person. Please call me Jack.
W: ______________________________

(a) Sure. I will call Jack.
(b) When do you want me to call you?
(c) Thank you so much.
(d) Okay, Jack. You can call me Linda.

해설

서로 만난 적은 없지만 이름과 얼굴은 알고 있던 두 사람이 서로 처음 만나 서로를 소개하는 내용의 대화문이다. 서양에서는 친해지는 단계로 서로의 이름을 자연스럽게 부르는 것이 일반적이기 때문에 보통 'Please call me + 이름' 또는 'You can call me + 이름'이라고 말하며 친분을 트고는 한다. 그러므로 정답은 (d)이다. 보기 (a), (b)는 동사 call을 이용한 오답이다.

해석

M: 좋은 아침입니다. 크루즈 교수님.
W: 좋은 아침입니다. 더글러스 교수님이시군요.
M: 네, 그렇습니다. 이렇게 직접 만나 뵙게 되어서 기쁩니다. 전 잭이라고 불러주십시오.
W: ______________________________

(a) 물론이죠. 제가 잭에게 전화할게요.
(b) 내가 언제 당신께 전화하길 바라시나요?
(c) 매우 감사합니다.
(d) 알겠어요. 잭. 전 린다라고 부르시면 돼요.

어휘

must be ~임에 틀림없다
call someone A ~를 A라고 부르다

정답 (d)

25 M: I heard your parents got divorced when you were young.
W: That's right. That's why I'm living with my father now. My mom moved to another city after the divorce.
M: How often do you get in touch with her?
W: ______________________________

(a) I'll email her later.
(b) A few times a month.
(c) I've been thinking about her for a long time.
(d) Around 5 or 6 hours.

해설

현재 같이 살고 있지 않는 어머니와 얼마나 자주 연락을 하냐는 질문에 적절한 답변을 찾아야 한다. 정답은 한 달에 몇 번 정도라고 대답한 보기 (b)이다.

해석

M: 너희 부모님들이 네가 어렸을 때 이혼하셨다는 얘길 들었어.
W: 맞아. 그래서 내가 지금 아버지랑 같이 사는 거야. 어머니는 이혼 후에 다른 도시로 이사하셨어.
M: 어머니랑 얼마나 자주 연락하니?
W: ______________________________

(a) 그녀에게 나중에 이메일을 보낼게.
(b) 한 달에 몇 번 정도
(c) 오랫동안 그녀 생각을 해왔어.
(d) 5시간에서 6시간 정도

어휘

get divorced 이혼하다
get in touch with ~와 연락하다
email ~에게 이메일을 보내다

정답 (b)

26 W: I'm planning to go shopping tomorrow.
M: Really? Can I tag along with you?
W: Sure, why not? Shall we meet after lunch?
M: ______________________________

(a) I'll pick you up there.
(b) Sure. I can't wait to shop online.
(c) Okay. Give me a call later.
(d) I'll pay for it.

해설

남자와 여자는 내일 같이 쇼핑에 갈 계획이다. 약속시간을 점심 식사 후로 하자는 여자의 제안에 적절한 답변은 보기 (c)이다. 장소를 제안한 것이 아니기에 (a)는 정답이 될 수 없고, 같이 쇼핑을 가기로 한 것인데 뜬금없이 온라인 쇼핑을 얘기하는 (b) 역시 오답이다.

해석

W: 전 내일 쇼핑 갈 계획이에요.
M: 정말요? 저도 따라가도 될까요?
W: 물론이죠, 안 될게 뭐 있겠어요? 점심 식사 후에 만날까요?
M: ______________________________

(a) 거기로 데리러 갈게요.
(b) 물론이죠. 빨리 온라인으로 쇼핑하고 싶어요.
(c) 그래요. 나중에 전화 줘요.
(d) 제가 계산할게요.

어휘

tag along 따라가다
shop online 온라인으로 쇼핑하다

정답 (c)

27 W: Could you tell me how I can get to the Central Park?
M: You can take a taxi from here or catch a bus.
W: How long will it take by bus?
M: ______________________________

(a) The bus is right over there.
(b) Less than 20 minutes, I guess.
(c) You can walk there in no time.
(d) You better ask the taxi driver.

해설

공원으로 가는 두 가지 교통수단인 버스와 택시 중 여자는 남자에게 버스로는 시간이 얼마나 걸릴 지 물어보고 있다. 정답은 구체적인 시간을 언급해 주는 (b)이다.

해석

W: 센트럴 파크로 가는 방법을 알려주시겠어요?
M: 여기서 택시를 타셔도 되고 버스를 타셔도 됩니다.
W: 버스를 타면 얼마나 걸릴까요?
M: ______________________________

(a) 버스는 바로 저 쪽에 있습니다.
(b) 20분 미만으로 걸릴 겁니다.
(c) 걸어서 금방 가실 수 있어요.
(d) 택시 운전사에게 물어보는 편이 나아요.

어휘

less than ~보다 적게
walk 걷다
in no time 금방, 즉시
had better ~하는 편이 낫다

정답 (b)

28 W: Are we still going to the party tonight?
M: Of course, we are.
W: Then, What time will you come pick me up?
M: ____________________

(a) I'll pick you up at your place.
(b) It happened at 3.
(c) Please keep the time limit.
(d) Whatever time you'd like.

해설

파티에 가기로 한 상황에서 여자가 남자에게 몇 시에 자신을 데리러 올 것인지 묻고 있다. 구체적인 시간이 나올 것으로 예상한 상태에서 (b)를 고르는 실수를 하지 않도록 한다. 정답은 원하는 시간 아무 때나라고 답한 보기 (d)이다.

해석

W: 우리 아직 오늘 밤 파티에 가기로 한 거지?
M: 물론이지.
W: 그러면, 몇 시에 나 데리러 올 거니?
M: ____________________

(a) 너희 집으로 데리러 갈게.
(b) 그건 3시에 발생했어요.
(c) 시간제한을 엄수해 주세요.
(d) 네가 원하는 시간 아무 때나.

어휘

keep the time limit 시간제한을 지키다

정답 (d)

29 W: I really love this cell phone, but the price is too steep.
M: What's your price range?
W: Around 500 dollars.
M: ____________________

(a) Can you come down a little?
(b) That's a rip-off.
(c) I'll see what I can come up with for you.
(d) I don't think so.

해설

원하는 핸드폰의 가격대를 여자가 말했으니, 남자가 할 일은 그 가격대에 맞는 휴대폰을 찾아 주는 것일 거다. 정답은 (c)이다. (a)와 (b)는 고객인 여자가 할 수 있는 말이다.

해석

W: 이 핸드폰이 너무 마음에 들지만 가격이 너무 세요.
M: 원하시는 가격대가 어떻게 되세요?
W: 500달러 정도요.
M: ____________________

(a) 좀 깎아 주시면 안 돼요?
(b) 완전 바가지군요.
(c) 보여드릴 수 있는 게 뭔지 확인해보도록 할게요.
(d) 난 그렇게 생각 안 해요.

어휘

cell phone 핸드폰
steep (가격이) 센
price range 가격대
Can you come down a little? (흥정할 때) 좀 깎아 주시겠어요?
rip-off 바가지
come up with ~을 제안하다

정답 (c)

30 M: Amy, Could you do me a favor?
W: Of course, what is it?
M: Would you mind watching my bags? I'll only be a minute.
W: ____________________

(a) You need to watch it as soon as possible.
(b) Don't worry. Take your time.
(c) That long? I'm sorry I can't.
(d) Don't be a stranger.

해설

남자는 친구에게 금방 돌아올 테니 가방을 좀 봐달라고 요청하고 있다. 정답은 보기 (b)이다. 보기 (a)는 watch를 이용한 오답이고, 남자가 'I'll only be a minute'이라고 했는데 'That long?'이라고 반문하는 것은 적절치 못하다. 마지막 (d)는 오랜 시간 작별해야 하는 상황에서 연락을 하며 지내자는 의미를 건넬 때 사용되는 표현이다.

해석

M: 에이미. 내 부탁 좀 들어줄 수 있어?
W: 물론이지. 뭔데?
M: 내 가방 좀 지켜줄래? 잠깐이면 돼.
W: ____________________

(a) 너 가능한 빨리 그것을 볼 필요가 있어
(b) 걱정하지 마. 천천히 갔다 와.
(c) 그렇게나 오래? 미안하지만 안 되겠어
(d) 연락하고 살자.

어휘

do someone a favor ~의 부탁을 들어주다
Would you mind ~ing? ~좀 해주시겠어요?
I'll only be a minute. 잠깐이면 돼.
as soon as possible 가능한 빨리
Take your time. 서둘지 마세요. 천천히 하세요.
Don't be a stranger. 연락하고 살자

정답 (b)

31 M: My five-day vacation starts from this Wednesday.
W: That's wonderful. Do you have any special plans for your vacation?
M: Well, I will just go to somewhere no one can find me and take a rest.
W: Sounds interesting. Any specific places in mind?
M: I haven't thought about it yet. Do you have any suggestions?
W: What about Fiji? The place is very secluded and restful.
M: Fiji? I don't think it's a good idea. I can't even afford to buy a plane ticket to go there.

Q: What is the main topic of the conversation?
(a) The best way to spend a vacation
(b) Leaving friends and families behind
(c) The wonderful Fiji island
(d) Deciding where to go on vacation

해설

휴가를 가기로 된 남자가 구체적으로 어디로 갈지에 대해서 여자와 나누는 대화내용이다. 그러므로 대화의 주제로 적절한 정답은 '휴가 때 어디로 갈지 결정하기'인 보기 (d)이다. 남자가 휴가를 어떻게 보낼 것이고, 여자가 피지를 휴가지로 추천해주는 내용들은 모두 주제와 관련된 지엽적인 사항들일 뿐이다.

해석

M: 제 5일간의 휴가가 이번 주 수요일부터 시작입니다.
W: 잘 됐네요. 휴가기간 동안 특별한 계획이라도 있으신가요?
M: 음, 그냥 아무도 저를 찾을 수 없는 곳으로 가서 휴식을 취하려고 합니다.
W: 흥미로운걸요. 구체적으로 생각해 둔 장소는 없으세요?
M: 아직 생각해보지 않았어요. 뭐 제안해 주실 곳이라도 있나요?
W: 피지는 어떤가요? 그곳은 굉장히 사람도 없고 편안한 곳이에요.
M: 피지요? 별로 좋은 생각이 아닌 것 같아요. 그곳에 가는 비행기 표를 구입할 여유도 되질 않아요.

Q: 대화의 주제는 무엇인가?
(a) 휴가를 보내기 위한 최고의 방법
(b) 친구들과 가족들을 남겨두고 떠나기
(c) 아름다운 피지 섬
(d) 휴가 때 어디로 갈지 결정하기

어휘

take a rest 휴식을 취하다
specific 구체적인
suggestion 제안

정답 (d)

32 M: Hi. My name is Terry Smith, and I'm from Bugs' Network.
W: Hello, Mr. Smith. How can I help you?
M: I'm here to install new broadband lines to help your internet connection.
W: I see. May I see your work order?
M: Certainly. Here you are.
W: It says here that Mrs. Coles scheduled this appointment.
M: That is correct.
W: I'll let you through. Please take the elevator down the hall and go up to the second floor.

Q: What is the purpose of the man's visit?
(a) To make an appointment with Mrs. Coles
(b) To install new computers
(c) To lay new cables for online access
(d) To inspect the elevator on the second floor

해설

대화에 대한 파악과 함께 궁극적으로 남자가 방문한 목적이 무엇인가를 묻고 있는 질문이다. 본인이 어디에 온 목적을 이야기할 때 보통 'I want to ~' 또는 'I'm here to ~'라는 형태의 문장패턴이 자주 사용된다. 남자는 인터넷 연결을 위한 새 광대역 선을 설치하기 위해서 왔다고 말하고 있다. 그러므로 정답은 '온라인 접속을 위한 새로운 케이블의 부설'인 (c)이다.

해석

M: 안녕하세요. 제 이름은 테리 스미스이고 Bugs' Network에서 왔습니다.
W: 안녕하세요. 스미스 씨 무엇을 도와드릴까요?
M: 저는 인터넷 연결을 도와드리기 위해서 새로운 광선을 설치하기 위해서 왔습니다.
W: 그렇군요. 작업 명령서를 볼 수 있을까요?
M: 물론이죠. 여기 있습니다.
W: 여기 보니 Coles 씨가 본 약속의 일정을 잡으신 걸로 되어 있네요.
M: 맞습니다.
W: 통과시켜 드리겠습니다. 복도 아래에 있는 엘리베이터를 타시고 2층으로 올라가시면 됩니다.

Q: 남자가 방문한 목적은 무엇인가?
(a) 콜스 씨와 약속을 하기 위해서
(b) 새로운 컴퓨터들을 설치하기 위해서
(c) 온라인 접속을 위한 새 케이블을 깔기 위해서
(d) 2층에 있는 엘리베이터를 검사하기 위해서

어휘

install 설치하다
broadband line 광선
connection 연결, 접속
work order 작업 명령서
schedule 일정을 잡다
let someone through ~를 통과시키다
lay 깔다
access 접근
inspect 검열하다, 조사하다

정답 (c)

33 W: Tom. Did you get the tickets for the movie?
M: Of course, I did. I told you that you could count on me.
W: That's great. How did you manage to get the tickets? I heard the tickets were already sold out yesterday.
M: Well, I knew this movie would become a big hit, so I booked two tickets three days ago.
W: You're the best. I really wanted to see this movie. What time does it start?
M: It starts at 7:30. So I'll pick you up at 7.
W: No, please come pick me up at 6, and we can have some time for coffee before the movie starts.

Q: What does the woman suggest the man do?
(a) Make a ticket reservation in advance
(b) Pick her up at the movies
(c) Come by an hour earlier
(d) Buy her a cup of coffee

해설

여자가 남자에게 요구하고 있는 사항이 무엇인지 알아내어야 한다. 영화 표를 구한 남성이 7시에 여자를 데리러 가겠다고 하자, 여자는 남자에게 6시에 데리러 오라고 말하고 있다. 그러므로 정답은 '한 시간 더 일찍 들려라'는 보기 (c)이다. 극장으로 데리러 오라고 한 적은 없고, 또한 커피를 같이 마시자는 것이지 사달라는 것이 아니므로 (b), (d)는 정답이 될 수 없다.

해석

W: 탐, 그 영화 티켓 구했나요?
M: 물론 구했죠. 제가 절 믿어도 된다고 말했잖아요.
W: 잘했어요. 어떻게 표를 구한 건가요? 어제 이미 표가 매진되었다고 들었는데.
M: 음, 전 이 영화가 크게 성공할 거란 걸 알았어요. 그래서 3일 전에 미리 2장의 표를 예매해놨지요.
W: 당신이 최고에요. 저 이 영화를 정말 보고 싶었거든요. 몇 시에 영화가 시작하죠?
M: 7시 반이요. 그러니 7시에 데리러 갈게요.
W: 아니요. 6시에 데리러 오세요. 영화 시작하기 전에 커피 마실 시간을 좀 가지자고요.

Q: 여자는 남자가 무엇을 할 것을 제안하는가?
(a) 미리 표 예매를 하는 것
(b) 극장으로 그녀를 데리러 오는 것
(c) 한 시간 일찍 오는 것
(d) 그녀에게 커피를 한 잔 사주는 것

어휘

count on ~를 믿다, 의지하다
manage to ~을 해내다
be sold out 매진되다

정답 (c)

34 M: Amy, where did you get this cooler bag?
W: I got it from the gas station. It was given out for free as a promotion.
M: It looks nice. Do you have an extra one?
W: No, it's the only one I've got. Maybe you should visit the gas station and ask for one.
M: Good idea. Which gas station was it?
W: It was Shell, located at the corner of Mcleod Street.
M: Thanks. I hope the promotion is still on.

Q: What is the conversation mainly about?
(a) Purchasing a cooler bag
(b) Changing a gas station
(c) Promoting a new cooler bag
(d) Receiving a free cooler bag

해설

대화내용을 포괄하는 전체 주제의 핵심 소재는 바로 홍보행사를 목적으로 공짜로 나누어진 cooler bag이다. 남자는 이 공짜 가방을 받고 싶어하고, 여자는 이를 나눠준 주유소의 위치를 남자에게 알려주고 있다. 그러므로 대화의 주제는 '공짜 냉각 가방 받기'인 (d)가 정답이다.

해석

M: 에이미, 그 냉각 가방 어디서 구했나요?
W: 주유소에서 받았어요. 홍보상품으로 공짜로 나눠주더라고요.
M: 좋아 보이는데요. 더 가지고 있는 거 있나요?
W: 아뇨, 이게 제가 갖고 있는 유일한 거예요. 주유소를 방문해서 하나 달라고 하세요.
M: 좋은 생각이네요. 어느 주유소였나요?
W: Shell 이었어요. 맥클로드 거리 구석에 위치하고 있어요.
M: 고마워요. 아직도 홍보가 진행되고 있으면 좋겠네요.

Q: 대화의 주제는 무엇인가?
(a) 냉각 가방을 구매하기
(b) 주유소를 바꾸기
(c) 새로 나온 냉각 가방 홍보하기
(d) 공짜 냉각 가방을 얻기

어휘

cooler bag 냉각 가방
gas station 주유소
for free 공짜로
promotion 홍보
purchase 구입하다

정답 (d)

35 M: May I see your ticket and your passport, please?
W: Sure, here they are.
M: Thank you. Would you like to sit anywhere in particular?
W: I prefer a window seat, and preferably not over the wing.
M: I'm sorry, but all window seats have been taken. Is the aisle seat okay with you?
W: Okay. No problem.
M: Here's your boarding pass, and you'll be boarding through gate 7B in 20 minutes. Have a pleasant flight.

Q: What is the woman doing in the conversation?
(a) Advising the man on where to sit
(b) Checking in at the airport
(c) Proceeding to the departure gate
(d) Reserving a plane ticket

해설

공항에서 가장 먼저 밟게 되는 절차는 탑승수속절차(check in)로 해당 항공사 직원에게 자신의 표(ticket)와 여권(passport)을 보여주고 비행기 좌석을 정한 후, 탑승권(boarding pass)을 받는 것이다. 정답은 (b)이다.

해석

M: 표와 여권을 보여주시겠습니까?
W: 물론이죠. 여기 있습니다.
M: 감사합니다. 특별히 앉고 싶으신 자리가 있나요?
W: 전 창문 쪽 자리가 좋습니다. 그리고 날개 쪽이지 않았으면 좋겠고요.
M: 죄송합니다만, 창가 자리는 모두 다 찼습니다. 통로측 좌석은 괜찮으신가요?
W: 괜찮아요. 문제없습니다.
M: 여기 탑승권입니다. 탑승은 7B 게이트에서 20분 후에 하게 되실 겁니다. 즐거운 여행 되세요.

Q: 대화에서 여자는 무엇을 하고 있는가?
(a) 여자가 어디에 앉아야 할지 조언을 해주고 있다.
(b) 공항에서 탑승수속을 밟고 있다.
(c) 이륙 게이트로 이동하고 있다.
(d) 비행기 표를 예약하고 있다.

어휘

in particular 특히, 특별히
preferably 더 좋은, 더 나은
aisle seat 통로측 좌석
boarding pass 탑승권
advise 조언하다, 충고하다
check in 탑승수속을 하다
proceed 나아가다

정답 (b)

36 W: Jack. What are you looking at?
M: I have received the photos we took during the winter vacation.
W: Oh, I was looking forward to seeing them.
M: Here they are.
W: Thanks. You look so funny in these pictures. No offense, but I think you are not photogenic at all.
M: I know. That's why I don't like taking pictures.
W: As a matter of fact, I'm not photogenic, either.
M: Well. I guess we have something in common.

Q: What do speakers agree about?
(a) Taking pictures during the next winter vacation
(b) Committing an offense against other members of society
(c) Looking unattractive in photos
(d) Lacking in common sense

해설

사진을 보던 두 사람이 서로 동의하는 부분은 바로 둘다 사진발이 별로 다라는 것이다.(not photogenic) 그러므로 정답은 '사진 속에서 매력 없이 보이는 것'이라고 한 보기 (c)이다.

해석

W: 잭, 너 뭐 보고 있니?
M: 울 방학 동안 우리가 같이 찍었던 사진들을 받았어.
W: 아, 나도 그 사진들 보는 거 고대하고 있었는데.
M: 여기 있어.
W: 고마워. 너 진짜 웃기게 나왔다. 기분 나쁘게 듣지는 말고, 근데 너 영 사진발이 안 받는 거 같아.
M: 나도 알아. 그래서 내가 사진 찍는 걸 싫어하는 거야.
W: 사실, 나 역시도 사진발이 별로야.
M: 음, 우리 서로 공통점이 있는 것 같네.

Q: 화자들은 무엇에 대해 동의하고 있는가?
(a) 다음 겨울 휴가 동안 사진 찍는 것
(b) 사회의 다른 구성원들을 대상으로 범죄를 저지르는 것
(c) 사진 속에서 매력 없이 보이는 것
(d) 상식이 부족한 것

어휘

look at ~을 보다
No offense. 기분 나빠하지 마.
photogenic 사진발이 잘 받는
commit an offense 범죄를 저지르다
common sense 상식

정답 (c)

37 W: Jack. I need to ask you a favor.
M: Okay. Shoot.
W: Could you take care of my dog while I'm away on a business trip?
M: I'm not sure. When are you leaving?
W: I'll be leaving tomorrow and I won't be away for long. Come on, what are friends for?
M: Okay. Drop your dog off at my place on your way to the airport. And don't forget to bring me a souvenir.

Q: What does the woman want the man to do?
(a) She wants him to take the dog with him on a business trip.
(b) She wants him to go on a business trip.
(c) She wants him to look after her dog.
(d) She wants him to drop her off at the airport.

해설

여자가 남자에게 부탁하는 내용이 곧 그녀가 그가 하기를 원하는 내용이다. 여자가 남자에게 한 부탁은 'Could you take care of my dog while I'm away on a business trip?'으로 즉, 그녀는 그가 그녀의 개를 돌봐주기를 원하는 것이다. 그러므로 정답은 (c)이다.

해석

W: 잭, 너에게 부탁할 게 있어.
M: 그래. 말해봐.
W: 내가 출장 가 있는 동안 내 강아지 좀 돌봐줄 수 있어?
M: 잘 모르겠는데. 언제 떠나는데?
W: 내일 떠나 그리고 오랫동안 가 있지는 않을 거야. 제발, 친구 좋다는 게 뭐니?
M: 알았어. 공항에서 돌아오는 길에 우리 집에 강아지 놔두고 가. 그리고 기념품 사오는 것 잊지 말고.

Q: 여자는 남자가 무엇을 하기를 원하고 있는가?
(a) 그녀는 그가 그와 함께 출장에 개를 데려가기를 원한다.
(b) 그녀는 그가 출장을 가기를 원한다.
(c) 그녀는 그가 그녀의 개를 돌봐주기를 원한다.
(d) 그녀는 그가 공항에 그녀를 내려주기를 원한다.

어휘

ask someone a favor ~에게 부탁을 하다
take care of ~를 돌보다
away on a business trip 여행을 떠나 있는
What are friends for? 친구 좋다는 게 뭐야?
drop off ~을 내려주다
souvenir 기념품

정답 (c)

38 M: Is there anything I can help?
W: Oh, yes. I'm looking for a gift for my boyfriend. He recently passed the bar exam. Can you recommend me anything?
M: Sure. May I ask how old he is and what his favorite color is?
W: He turned 35 this year and his favorite color is blue.
M: Got it. How about this blue cigarette holder? It's very popular among men in their mid 30's.
W: But he doesn't smoke.
M: Well, if so, I recommend this blue name card holder instead.

Q: Why is the woman buying a present for her boyfriend?
(a) The woman's boyfriend successfully graduated from university.
(b) The woman's boyfriend became a lawyer.
(c) The woman's boyfriend turned 35 this year.
(d) The woman's boyfriend succeeded in quitting smoking.

해설

여자가 남자친구를 위해 선물을 사는 이유가 무엇인지 묻고 있다. 초반에 여자는 선물을 찾고 있다고 말한 후 'He recently passed the bar exam'이라고 말했다. 즉 남자친구가 변호사가 된 것이 선물을 사는 이유임을 알 수 있다. 그러므로 정답은 (b)이다.

해석

M: 뭐 도와드릴까요?
W: 아, 네. 제 남자친구에게 줄 선물을 찾고 있어요. 최근에 변호사 시험을 통과했거든요. 제게 뭐 추천해 주실 것 없나요?
M: 물론이죠. 남자 분 나이와 좋아하는 색상이 무엇인지 말해주시겠어요?
W: 올해 35살이 됐고요, 가장 좋아하는 색깔은 파란색이에요.
M: 알겠습니다. 이 파란색 담배케이스는 어떠신가요? 30대 중반 분들에게 굉장히 인기가 있습니다.
W: 하지만 남자친구가 담배를 안 펴요.
M: 음, 만약 그러시다면, 대신에 이 파란색 명함케이스를 추천해 드립니다.

Q: 왜 여자는 남자친구를 위한 선물을 하고 있는가?
(a) 여자의 남자친구는 성공적으로 대학을 졸업하였다.
(b) 여자의 남자친구는 변호사가 되었다.
(c) 여자의 남자친구는 올해 35살이 되었다.
(d) 여자의 남자친구는 담배를 끊는데 성공했다.

어휘

gift 선물
recently 최근에
pass 통과하다
bar exam 변호사 시험
recommend 추천하다
successfully 성공적으로
graduate 졸업하다
lawyer 변호사
quit 그만두다

정답 (b)

39 M: Hi. My name is Chris. Nice to meet you.
W: I'm Susan. Nice to meet you, too.
M: I've never seen you before. Are you new around here?
W: Yes, I have started working here from this month.
M: Oh, I see. What department are you in?
W: I'm in the personnel department. What about you?
M: I used to be in the IT department, but now I'm transferred to Marketing Division.

Q: Which is correct according to the conversation?
(a) The man has started working from this month.
(b) The woman and the man work in the same department.
(c) The woman is a newly hired employee.
(d) The man is now working in the IT department.

해설

새로 왔냐는 남자의 질문에 여자는 그렇다고 대답하며 이번 달부터 일하기 시작했다고 대답했다. 그러므로 '여자는 새로 고용된 직원이다'라는 (c)가 정답이다. 남자는 IT 부서에서 일했었지만 지금 일하는 곳은 마케팅 부서이므로 (d)는 정답이 될 수 없다.

해석

M: 안녕하세요. 제 이름은 크리스라고 합니다. 만나서 반가워요.
W: 전 수잔이에요. 저도 만나서 반가워요.
M: 전에 뵌 적이 없네요. 여기 새로 오셨나 봐요?
W: 네, 이번 달부터 일하기 시작했어요.
M: 아, 그렇군요. 어느 부서에 계시나요?
W: 인사부에 있습니다. 당신은요?
M: 전 IT 부서에서 일했었지만 지금은 마케팅 부서로 이동했습니다.

Q: 대화에 의하면 옳은 것은 무엇인가?
(a) 남자는 이번 달부터 일하기 시작했다.
(b) 여자와 남자는 같은 부서에서 일한다.
(c) 여자는 새롭게 고용된 직원이다.
(d) 남자는 현재 IT 부서에서 일하고 있다.

어휘

department 부서
personnel 인사(의)
transfer 이동하다
newly 새롭게
hire 고용하다

정답 (c)

40 W: You're 5 minutes late.
M: I'm sorry I'm late. It's because I missed the bus.
W: Think nothing of it. I just got here myself.
M: So were you late, too?
W: No, I wasn't. I arrived right on time.
M: Oh, I hate being the only one who's late.

Q: Which is correct according to the conversation?
(a) Both the man and woman were late.
(b) The man failed to catch the bus on time.
(c) The woman is scolding the man for being late.
(d) The man hates tardy people.

해설

남자가 늦은 이유는 버스를 놓쳐서이다. 그러므로 '버스를 제 시간에 잡는 것을 실패했다'는 (b)가 정답이다. 남자가 싫어하는 것은 본인 혼자 지각하는 것이지 지각하는 사람들을 싫어한다는 것은 아니므로 (d)는 정답이 아니다.

해석

W: 5분 늦었군요.
M: 늦어서 죄송해요. 버스를 놓쳐서 그랬어요.
W: 크게 신경 쓰지 마세요. 저도 방금 도착했습니다.
M: 그럼 당신도 늦은 건가요?
W: 아뇨. 그렇지 않아요. 전 딱 제 시간에 도착했습니다.
M: 아, 전 유일한 지각자가 되는 게 정말 싫어요.

Q: 대화에 의하면 옳은 것은 무엇인가?
(a) 남자와 여자는 둘 다 지각했다.
(b) 남자는 제 시간에 버스를 타지 못했다.
(c) 여자는 남자가 지각했음에 그를 혼내고 있다.
(d) 남자는 지각하는 사람들을 싫어한다.

어휘

miss 놓치다
I just got here myself. 나도 방금 도착했다.
scold 혼내다
tardy 늦는, 지각하는

정답 (b)

41 W: What are you doing here? The meeting starts in 5 minutes.
M: Really? I didn't know that.
W: Hurry up and finish your coffee.
M: Okay. How long do you think the meeting will last?
W: I'm not sure, but it won't last long, as we don't much on the agenda.
M: Oh, that's a relief.
W: Why is that?
M: I have to call it a day at 5 because I have to go see a doctor today.

Q: Which is correct according to the conversation?
(a) The man and woman are having coffee.
(b) The woman didn't know she had a meeting.
(c) There are not many topics to talk about during the meeting.
(d) The man has an appointment with a doctor at 5.

해설

회의가 오랫동안 진행될 것인지를 묻는 남자의 질문에 여자는 확실치는 않지만, 안건이 많지 않기 때문에 그렇지 않을 것이라고 대답하고 있다. 그러므로 '회의중 이야기할 논제가 많지 않다'라는 (c)가 정답이다. 남자가 병원에 가기 위해 퇴근하겠다는 시간이 5시이지, 5시에 의사와 예약이 잡혀있는 것은 아니므로 (d)는 정답이 될 수 없다.

해석

W: 여기서 뭐하시는 건가요? 5분 후에 회의가 시작한다고요.
M: 정말요? 난 몰랐어요.
W: 서두르시고 커피는 얼른 마시세요.
M: 알았어요. 회의가 얼마나 오래 걸릴까요?
W: 잘 모르겠어요. 하지만, 길게 가지는 않을 거예요. 왜냐면 논의할 안건이 많지가 않거든요.
M: 아, 그거 다행이네요.
W: 왜 그렇죠?
M: 오늘 병원에 가봐야 해서 5시에 퇴근을 해야 하거든요.

Q: 대화에 의하면 옳은 것은 무엇인가?
(a) 남자와 여자는 커피를 마시고 있다.
(b) 여자는 회의가 있는지 몰랐다.
(c) 회의중 얘기할 주제가 많지 않다.
(d) 남자는 5시에 의사와의 예약이 잡혀 있다.

어휘

last 지속되다
agenda (회의) 안건
relief 위안, 다행
call it a day 퇴근하다

정답 (c)

42 M: Hello. I have a reservation for a room under the name of James Parker.
W: Mr. Parker. Yes. It's room 407 on the fourth floor. This is your key.
M: Thanks. Where's the elevator?
W: It's on the right. Could you give me an identity document, please?
M: Certainly, here is my passport. Could you tell me when breakfast is served?
W: Breakfast is served from 7 to 9 in the dining room on the first floor.
M: And listen, would you wake me up tomorrow morning at 7:30?
W: No problem. 7:30 a.m. for room 407. You're all set.

Q: Which is correct according to the conversation?
(a) The man doesn't have a booking for a room.
(b) The man is going through the customs at the airport.
(c) The breakfast is served on the fourth floor.
(d) The woman will arrange a wake-up call for room 407.

해설

대화의 마지막 부분에서 남자가 여자에게 'would you wake me up tomorrow morning at 7:30?'라고 질문을 하고 여자는 그렇게 하겠다고 대답했다. 즉 여자는 남자가 머무는 방인 407호실을 위한 모닝콜을 준비해 놓은 것이다. 그러므로 정답은 (d)이다.

해석

M: 안녕하세요. 전 제임스 파커란 이름으로 방이 예약되어 있습니다.
W: 파커 씨군요. 네, 4층에 있는 407호실입니다. 여기 열쇠가 있습니다.
M: 고맙습니다. 엘리베이터는 어디에 있죠?
W: 오른쪽에 있습니다. 신분을 확인할 수 있는 서류를 주시겠습니까?
M: 물론이죠. 여기 제 여권이 있습니다. 아침식사는 어디서 제공되는지 알려주시겠어요?
W: 아침식사는 1층의 식당에서 7시부터 9시까지 제공됩니다.
M: 아, 그리고요. 내일 아침 7시 30분에 절 좀 깨워주시겠어요?
W: 문제없습니다. 407호실 7시 30분. 다 되셨습니다.

Q: 대화에 의하면 옳은 것은 무엇인가?
(a) 남자는 방 예약을 해놓지 않았다.
(b) 남자는 공항에서 세관절차를 통과하고 있다.
(c) 아침식사는 4층에서 제공될 것이다.
(d) 여자는 407호 방을 위해 모닝콜을 준비할 것이다.

어휘

under the name of ~의 이름으로
identity 신분
serve 제공하다
You're all set. 다 되셨습니다.
booking 예약

정답 (d)

43 W: What's going on?
M: My laptop broke down again. I have to take it to the repair shop.
W: Again? How many times did it break down this year?
M: Around five or six? I think I've really had it with my computer.
W: It looks like you'd better purchase another one.
M: I know. but the problem is I'm short on money these days.
W: Then, I guess you have no other way, but to fix it.

Q: What can be inferred from the conversation?
(a) The woman's computer crashed again.
(b) The man is going to buy a new laptop.
(c) The man can't afford to buy a new computer.
(d) The woman will help the man fix his computer.

해설

컴퓨터가 자주 고장 나는 남자를 보고 여자가 새 컴퓨터를 살 것을 제안하지만 남자의 대답은 'I'm short on money these days'이다. short on money는 돈이 부족하다는 표현으로 즉, 남자가 새 컴퓨터를 살 돈이 없다는 (c)가 정답이다.

해석

W: 무슨 일인가요?
M: 제 노트북이 또 고장 났어요. 수리점에 가지고 가야 합니다.
W: 또요? 올해만 몇 번째 고장이 나는 건가요?
M: 5번에서 6번 정도요. 정말 제 컴퓨터에 진절머리가 나네요.
W: 다른 걸 하나 구입하셔야 할 것 같은데요.
M: 저도 알아요. 하지만 문제는 요즘 제가 돈이 부족하다는 겁니다.
W: 그렇다면 고치는 것말고는 다른 방법이 없겠네요.

Q: 대화로부터 추론할 수 있는 것은 무엇인가?
(a) 여자의 컴퓨터가 또 고장 났다.
(b) 남자는 새 노트북을 살 예정이다.
(c) 남자는 새 컴퓨터를 살 돈이 없다.
(d) 여자는 남자가 컴퓨터를 고치는 것을 도와줄 것이다.

어휘

What's going on? 무슨 일이죠?
break down 고장 나다
repair 수리
have had it with ~에 진절머리가 나다
short on money 돈이 부족한
crash 고장 나다
afford ~을 할(살) 여유가 되다
fix 고치다

정답 (c)

44 W: Where are you going?
M: I'm going to the grocery's to buy some flour.
W: In this awful weather? Haven't you checked outside? It's snowing a lot.
M: I know, but it's not that bad. Don't worry. I will be back in a jiffy.
W: Just listen to me. I don't want you to get into trouble. Besides, I don't think we need flour right now.
M: Well, I need it to bake some cookies and bread.
W: Oh, come on. You can bake cookies and bread tomorrow.
M: Okay. I give up. I won't go out.

Q: What can be inferred from the conversation?
(a) The man never listens to the woman's advice.
(b) It's raining cats and dogs outside.
(c) The man will bake bread later, some other time.
(d) The woman needs flour to bake cookies.

해설

남자는 쿠키와 빵을 만들기 위한 밀가루를 사기 위해 밖에 나가려 하고 있지만 날씨가 좋지 않아 여자가 만류하고 있다. 결과적으로 남자는 여자의 의견을 따르고 있으므로, 빵은 지금이 아닌 다음에 만들게 될 것임을 예상할 수 있다. 그러므로 정답은 (c)이다. 남자는 계속 여자의 충고를 듣지 않았지만 결국은 여자의 말을 따르고 있으므로 (a)는 정답이 될 수 없고, 밀가루가 필요한 것은 여자가 아니라 남자다.

해석

W: 너 어디 가는 거니?
M: 밀가루 좀 사려고 식료품점에 가는 중이야.
W: 이 고약한 날씨에? 너 밖에 안 봤어? 눈이 엄청 오고 있어.
M: 나도 알아. 하지만 그렇게 나쁘지 않던데. 걱정 마. 금방 돌아올게.
W: 그냥 내말 들어. 너한테 문제 생기길 원하지 않아. 게다가, 지금 당장 밀가루가 필요한 것 같지도 않다고.
M: 음. 나 쿠키랑 빵을 만들려면 밀가루가 필요해.
W: 아, 진짜. 빵이랑 쿠키는 내일 만들어도 되잖아.
M: 알았어. 포기할게. 안 나간다고.

Q: 대화로부터 추론할 수 있는 것은 무엇인가?
(a) 남자는 여자의 충고를 절대로 듣지 않는다.
(b) 밖에 소나기가 내리고 있다.
(c) 남자는 빵을 다음에 만들 것이다.
(d) 여자는 쿠키를 만들기 위한 밀가루가 필요하다

어휘

grocery's 식료품점
awful 고약한, 형편없는
in a jiffy 금방
flour 밀가루
give up 포기하다
advice 충고
rain cats and dogs 소나기가 오다

정답 (c)

45 M: Ms. Simpson. Can I ask you something?
W: Go ahead.
M: I was wondering if you made the decision regarding who will be leading the new product promotion.
W: I haven't made a decision yet. I just can't come up with the right person for the job.
M: Well, I think you'd better hurry. We can not postpone the new promotion campaign any longer.
W: You're right. Maybe I should just pick out one person randomly.
M: I've got a better idea. Why don't you let John Baker lead the campaign? He is a very eager and confident person.
W: Okay. I'll check his personal information files and talk to him tomorrow. Thanks for the tip.

Q: What can be inferred from the conversation?
(a) The man hasn't made a decision on who will be in charge of the promotion campaign.
(b) The man has put in a good word for John.
(c) The woman will choose someone for the campaign at random.
(d) The man will interview John Baker tomorrow.

해설
홍보활동과 관련해서 누구를 책임자로 둘지 아직 결정을 못한 여자에게 남자는 존 베이커를 추천하고 있다. 이처럼 누군가에게 제 3자에 대해서 좋게 말하거나 추천을 할 때 영어로는 put in a good word for someone이라고 말한다. 그러므로 정답은 (b)이다.

해석
M: 심슨 씨. 뭐 좀 물어봐도 될까요?
W: 말씀하세요.
M: 누가 새로운 상품홍보를 이끌게 될지와 관련해서 결정을 내리셨는지 궁금하네요.
W: 아직 결정을 내리지 않았습니다. 그 일에 적합한 사람이 떠오르지가 않네요.
M: 음, 서두르시는 게 좋을 것 같네요. 새로운 홍보를 더 이상 미룰 수는 없을 겁니다.
W: 당신 말이 맞아요. 그냥 임의로 한 명을 선택해야 할지도 모르겠네요.
M: 제게 더 나은 생각이 있어요. 존 베이커 씨가 홍보를 이끌게 하는 건 어떨까요? 그는 매우 열정적이고 자신감 있는 사람이거든요.
W: 알았어요. 그의 개인 정보 파일을 확인해보고 내일 그와 얘기해 보도록 하죠. 조언해줘서 고마워요.

Q: 대화로부터 추론할 수 있는 것은 무엇인가?
(a) 남자는 홍보 활동을 책임질 사람을 결정하지 못했다.
(b) 남자는 존에 대해 좋은 말을 해 주었다.
(c) 여자는 홍보를 맡길 사람을 무작위로 선택할 것이다.
(d) 남자는 내일 존 베이커를 인터뷰할 것이다.

어휘
promotion 홍보, 촉진
had better ~하는 편이 낫다
postpone 연기하다
pick out 고르다, 선택하다
at random 임의로, 무작위로

정답 (b)

46 With a Palm Treo Pro, you'll be able to reach your clients when you're out and about. That's because it's capable of sending and receiving mobile email. Plus, when you take up our Palm Treo Pro offer, you'll get a 150MB Data Pack for free each month for the first 2 months! It means you will be able to send around 2000 emails, about 100 emails with attachments and view 1000 mobile websites. And because you'll be on the network that works better in more places you can take your business to new heights.

Q: What is being advertised?
(a) An up-to-date data processor
(b) An out-of-office communication tool
(c) A free desktop computer
(d) A newly launched website

해설
광고가 되고 있는 제품의 이름은 Palm Treo Pro이다. 내용 중에 언급되는 'mobile email', 'mobile website' 등의 단어를 캐치하면 쉽게 이 제품이 휴대폰임을 알 수 있다. 하지만 보기에는 휴대폰을 의미하는 cell phone이란 단어가 언급되지 않는다. 정답은 '사무실 밖에서도 가능한 통신수단'인 보기 (b)이다. 광고 내용 중에 돌아다니면서도 고객들과 이메일을 주고받을 수 있다고 한 내용이 문제 해결의 핵심이다.

해석
Palm Treo Pro와 함께라면, 여러분들은 밖에서 이동중일 때도 여러분들의 고객들에게 연락을 취할 수 있습니다. 왜냐면 이것으로 무선 이메일을 보내고 받을 수 있기 때문이지요. 게다가, 만약 여러분들이 저희 Palm Treo Pro를 신청하신다면, 처음 2개월 동안 매달 무료로 150MB의 자료 팩을 받으실 수 있습니다. 이것은 여러분들이 약 2000여 건의 이메일을 보내고, 첨부자료를 같이해서 약 100여 건의 메일 그리고 1000여 건의 휴대전화 웹 사이트에 방문할 수가 있습니다. 그리고 여러분들이 다른 어떤 장소에서도 더 잘 작동되는 네트워크 망에 연결되어 있으시기 때문에 여러분들은 하시는 사업을 더 높은 곳으로 올려놓을 수가 있습니다.

Q: 광고가 되고 있는 것은 무엇인가?
(a) 최신 데이터 처리기
(b) 사무실 외부용 통신 도구
(c) 공짜 데스크탑 컴퓨터
(d) 새롭게 오픈한 웹사이트

어휘
reach (전화로) 연락하다
client 고객
out and about 돌아다니고, 나다니고
mobile 휴대폰, 이동성이 있는
take up 응하다
offer 제안, 제공
attachment 첨부
on the network 망에 접속한
work 작동하다
up-to-date 최신의, 첨단의
tool 도구
launch 개시하다, 시작하다

정답 (b)

47 We are planning to discontinue the electricity supply to your premises at 175 James St. Sydney on Tuesday, May 12th from 8:30 am to 10:30 am. This interruption is necessary to allow maintenance of the electricity network. It is recommended to disconnect sensitive electrical appliances during an outage. Residents are asked to restrain dogs while our crews are working in their area. We apologize for any inconvenience while this work is carried out.

Q: What is the announcement about?
(a) Affordable electricity installation
(b) The safe use of home appliances
(c) The ongoing danger of dog attacks
(d) Scheduled power interruptions

해설

본 안내문의 목적은 제일 첫 마디인 'We are planning to discontinue the electricity supply to your premises ~'에서 드러나 있다. 네트워크 보수를 위한 전력 공급의 중단을 미리 알리기 위한 안내문인 것이다. 그러므로 정답은 (d)이다.

해석

저희는 여러분들이 머물고 계시는 시드니에 있는 175 제임스 거리의 전기 공급을 5월 12일 오전 8시 30분부터 오전 10시 반까지 중단할 계획에 있습니다. 본 중단은 전기 네트워크의 보수를 위해서 꼭 필요한 것입니다. 민감한 전기 기구들은 정전 동안 전원을 연결시키지 않으시기 바랍니다. 거주 주민 여러분들은 저희 직원들이 그들이 맡은 지역에서 작업을 하는 동안 개들을 저지시켜 주시길 요청 드립니다. 본 작업이 진행되면서 발생한 불편들에 대해서 사과드립니다.

Q: 무슨 안내문인가?
(a) 적당한 가격의 전기 설치
(b) 가정용 기계들의 안전한 사용
(c) 진행중인 강아지들의 공격 위험
(d) 예정된 전력 중단

어휘

discontinue 중단하다
electricity 전기
supply 공급
premises 토지, 부동산
interruption 중단, 방해
allow 허락하다
maintenance 정비, 수리
recommend 추천하다
outage 정전
resident 거주민
carry out 실행하다
affordable 구입 가능한
installation 설치

정답 (d)

48 It's human nature to forget accomplishments and to concentrate on what we haven't achieved. One way of always having your accomplishments handy is to write them down as they happen. Whenever you find an answer to a problem or create a more efficient method for doing something, jot down a sentence or two about what you did on a business card or Post-it, and keep them in your wallet where you can refer to them often.

Q: What is the speaker's advice?
(a) Train your brain to remember all the successes from your past.
(b) Learn how to focus on your priorities.
(c) Scribble any ideas that come to your mind.
(d) Make it a habit to record your accomplishments.

해설

화자가 말하고자 하는 내용의 핵심이 무엇인지 파악한다. 자신이 이루어 놓은 일들은 잊어버리는 인간의 습성을 최초 언급한 이후, 이루어 놓은 성과들을 적어 두어 자주 참고할 수 있도록 하자는 것이 화자가 말하고자 하는 바이다. 그러므로 정답은 '성과를 기록하는 것을 습관으로 삼자'라고 한 보기 (d)이다.

해석

이루어 놓은 성과는 잊고 이루지 못한 것들에 집중을 하게 되는 것이 인간의 본성이다. 이룬 성과를 잊어버리지 않고 항상 가까이 둘 수 있도록 하는 방법 중 하나는 그것들이 발생할 때마다 적어 두는 것이다. 어떤 문제에 대한 정답을 알아내거나 무엇을 하는데 있어서 좀 더 효율적인 방법을 고안해 낼 때마다, 명함이나 포스트잇에 자신이 해낸 내용을 한 문장 또는 두 문장을 적어놓고, 지갑 속에 간직해두어 자주 참고할 수 있도록 한다.

Q: 연설자의 충고는 무엇인가?
(a) 과거로부터의 성공을 기억해낼 수 있도록 두뇌를 훈련시킨다.
(b) 우선 사항들에 집중하는 방법을 배운다.
(c) 머릿속에 떠오르는 어떠한 생각들이라도 적어놓는다.
(d) 자신의 성과를 기록하는 습관을 들인다.

어휘

human nature 인간의 본성
accomplishment 성취, 성과
concentrate (on) ~에 집중하다
handy 가까이, 손에 닿기 쉬운
efficient 능률적인, 효율적인
jot down 적다
refer to 참조하다
record 기록하다
focus 집중하다

정답 (d)

49 Google provides mankind with rich, simple to use and comprehensive web based applications that add real value to people's lives. Its innovative approach towards online technology and its delivery and accessibility is extremely progressive. Google search is the most powerful information search tool in existence. Google is streamlining our lives through the searching of general information, photos, videos, news to online stock exchange tracking, and the way we view and discover planet earth through Google Earth.

Q: What is the main topic of the talk?
(a) When Google has became the number one search engine in the world.
(b) How easy it is to find information through a simple Google search.
(c) Ways to facilitate online communication around the world.
(d) How Google enhanced the quality of individual's lives.

해설

주제는 보통 전체 내용의 처음 혹은 마지막에 드러난다. 화자가 말하고자 하는 것은 구글이 인류의 삶에 질을 향상시켰고, 다양한 검색 기능 및 Google Earth 기능을 통해서 인간의 삶을 능률적으로 변화시켰다는 것이 핵심이다. 그러므로 정답은 보기 (d)이다.

해석

Google은 인간들의 삶에 진정한 가치를 더하는 풍부하고, 사용하기 간단하며 통합적인 웹 기반의 응용소프트웨어들을 인류에게 제공해 주었다. 그것의 온라인 기술에 대한 혁신적인 접근 방식과 전달, 그리고 접근성은 극도로 진보적인 것이다. Google 검색은 현존하는 가장 강력한 정보 검색 장치이다. Google은 일반적인 정보, 사진, 비디오, 뉴스에서부터 주식 거래 자료에 대한 검색과 Google Earth를 통해서 지구란 행성을 발견하고 바라보는 방식을 통해서 우리의 삶을 능률화시키고 있다.

Q: 담화의 주제는 무엇인가?
(a) 구글이 세계에서 최고의 검색 엔진이 된 때
(b) 간단한 구글 검색을 통해 정보를 찾는 것의 쉬움
(c) 전 세계의 온라인 통신을 촉진시키는 방법들
(d) 구글이 어떻게 개개인의 삶의 질을 향상시켰는가

어휘

provide 제공하다
mankind 인류
rich 풍부한
comprehensive 포괄적인, 통합적인
innovative 혁신적인
approach 접근하다
delivery 배달, 전달
progressive 진보적인
in existence 존재하는
streamline 능률화시키다
facilitate 촉진시키다
enhance 증진시키다

정답 (d)

50 We are seeking an exceptional leader to direct the Health Protection Agency's Local and Regional Services. This division provides front line services as part of the Agency's work in protecting people from infectious disease, chemical and radiation hazards and other dangers to health. Its 700 staff operate from a network of local and regional offices to provide specialist support and advice to the public and the government. You will be a key member of the Agency's Executive Team, which leads the Agency in delivering the Board's strategy.

Q: What is the purpose of this advertisement?
(a) To introduce the new strategy of the company to the public.
(b) To provide people with tips on preventing infection.
(c) To find a new division director.
(d) To hire a new chief executive officer of the Health Protection Agency.

해설

초반에 언급하는 'We are seeking'이란 문구를 통해 사람을 구하는 구인광고라는 것을 파악할 수 있다. 그럼 중요한 것은 어떤 사람을 찾느냐는 것인데, 지문에서 언급된 내용에 따르면 협회의 지역 및 지방 서비스들을 이끌고 협회 이사진의 중요한 일원이 될 것이라고 한다. 즉, 협회의 최고경영자를 찾고 있는 것은 아니기에 (d)는 정답이 될 수 없다. 정답은 (c)이다.

해석

저희는 건강 보호 협회의 지역 및 지방 서비스들을 이끌 탁월한 리더를 구하고 있습니다. 본 지부는 사람들을 감염성이 있는 질병, 화학물질 그리고 방사능 위험으로부터 보호하고 그외 다른 위험들로부터 건강을 보호하는 협회의 업무의 부분으로서 최전선의 서비스를 제공하고 있습니다. 저희의 700의 직원들은 지역과 지방 사무소에서 대중들과 정부에게 전문가적 지원 및 조언을 제공하고 있습니다. 당신은 이사회의 전략을 전달하는데 있어서 협회를 이끄는 협회의 이사진의 중요 회원이 될 것입니다.

Q: 본 광고의 목적은 무엇인가?
(a) 회사의 새로운 전략을 대중들에게 소개하는 것
(b) 사람들에게 감염을 예방하는 조언들을 제공하는 것
(c) 새로운 지부 중역을 찾는 것
(d) 새로운 건강 보호 협회의 최고 경영자를 고용하는 것

어휘

local 지역의
regional 지역의, 지방의
division 부, 과
infectious 전염성의
radiation 방사능
hazard 위험
wake up 깨다

정답 (c)

51 A Los Angeles police officer had a narrow escape early yesterday morning after a motorist was stopped for a random breath test. Police alleged a 24-year-old woman was stopped on Harper Avenue and recorded a blood-alcohol level above the legal limit. When told of the result, the woman allegedly drove away, narrowly missing the officer. She was later found and charged with five offenses.

Q: What is the main idea of the talk?
(a) A policeman suffered serious injury after being dragged beside a car.
(b) A law enforcement officer was almost hit by a vehicle.
(c) Drivers must submit to random blood alcohol testing.
(d) A woman was charged with intoxicated driving.

해설

담화문의 주제문은 대부분은 글의 맨 처음 부분에서 드러나는 경우가 많다. 특히 뉴스방송의 경우는 더더욱 그렇다. 처음에 언급되는 문장인 'A Los Angeles police officer had a narrow escape early yesterday morning after a motorist was stopped for a random breath test.' 가 본 기사의 주제로 한 경찰관이 가까스로 목숨을 건졌단 것이다. 뒤에서 언급된 'narrowly missing the officer' 를 통해 도망친 여자의 차량이 가까스로 경찰관을 치지는 않았다는 것을 파악할 수 있다. 정답은 (b)이다.

해석

어제 아침 한 운전자가 무작위 호흡 테스트를 위해서 정지당한 후에, 로스앤젤레스 소속 경찰관이 가까스로 목숨을 건지는 일이 발생했다. 경찰에 따르면 24살의 여성은 Harper Avenue에서 경찰에 의해 정지당했고, 법적 수준 이상의 혈중 알코올 수치를 기록하였다. 수치 결과를 알려주자 이 여성은 운전을 해 도망쳤고, 가까스로 경관을 치지 않고 지나쳐갔다. 그녀는 추후에 잡혔고 5건의 위반사항으로 기소되었다.

Q: 담화의 주제는 무엇인가?
(a) 한 경찰관이 차 옆에 매달린 채 끌려간 후에 심각한 부상을 입었다.
(b) 한 경찰관이 차량에 의해서 거의 치일 뻔했다.
(c) 운전자들은 무작위의 혈중 알코올 테스트에 따라야만 한다.
(d) 한 여성이 음주 운전으로 기소되었다.

어휘

have a narrow escape 구사일생하다, 가까스로 목숨을 건졌다
motorist 자동차 운전자
random 무작위의
allege 진술하다, 주장하다
blood-alcohol 혈중 알코올
legal 법률상의
allegedly 전해지는 바에 따르면
be charged with ~로 기소되다
drag 끌다
law enforcement officer 경관
narrowly 가까스로

정답 (b)

52 For special occasions when you want to house all the family and friends under one roof, you can't go wrong with Pavilions House. This place is built on a grand scale, with 13 beds, including a dormitory-style area for children. The interior has everything you need for a long weekend. There's a huge living area, and the bathroom has a very comfortable and quite indulgent Japanese-style bath. The doors open onto the beach, so you can have a shower in the sun while watching dolphins out at sea.

Q: What is being advertised?
(a) A large-sized residential accommodation
(b) A beach party for all families and friends
(c) Japanese style interior designs for private residences
(d) A getaway for groups

해설

광고에서 언급되고 있는 Pavillion House는 특별한 행사(Special occassions)에 이용할 수 있는 여러 사람들을 한 번에 수용할 수 있는 장소이다. 그러므로 정답은 '단체를 위한 휴양지'인 보기 (d)이다. 특정한 기간동안 이용되는 장소이기 때문에 일반적인 '주거시설(residential accommodation)' 이라고 한 (a)는 정답이 될 수 없다.

해석

특별한 행사를 위해 한 지붕 아래에 모든 가족들과 친구들을 숙박시키고 싶을 때, Pavilions House와 함께라면 일이 잘못될 수가 없습니다. 이 장소는 거대한 규모로 지어졌고 13개의 침실과 아이들을 위한 기숙사 스타일의 구역을 포함하고 있습니다. 내부 인테리어는 긴 주말을 위해 여러분이 필요로 하는 모든 것들을 가지고 있습니다. 크기가 엄청 큰 거실이 있고, 화장실은 매우 편안하고 꽤 관대한 일본식 스타일의 욕조를 가지고 있습니다. 문들은 해변으로 통하고 있어서 여러분들은 바다에 있는 돌고래들을 바라보면서 샤워를 하실 수 있답니다.

Q: 광고되고 있는 것은 무엇인가?
(a) 큰 크기의 거주지
(b) 모든 가족들과 친구들을 위한 해변에서의 파티
(c) 개인 거주지들을 위한 일본 스타일의 내부 디자인
(d) 단체를 위한 휴양지

어휘

occasion 행사
house 숙박시키다
indulgent 관대한, 순한
open onto (문 등이) 어디 쪽으로 통하다
getaway 휴양지

정답 (d)

53 No wonder head lice are so hard to get rid of. The pesky creatures have the most highly evolved mitochondrial chromosomes of any known species. Mitochondria are the power supplies of cells. Most multicellular creatures have a single chromosome to control their mitochondria. Lice, on the other hand, have 12 small chromosomes that, at least sometimes, joins together and split up again. The lice seems to sit at the summit of mitochondrial chromosome evolution.

Q: Which is correct according to the lecture?
(a) It is not so hard to remove head lice from the hair.
(b) Head lice is still evolving to this day.
(c) A mitochondria provides energy to cells.
(d) All of the multicellular creatures only have a single chromosome.

해설

'Mitochondria are the power supplies of cells'를 통해서 미토콘드리아 세포의 에너지 공급 역할을 한다는 것을 파악할 수 있다. 그러므로 정답은 (c)이다. 머리카락에서 머릿니를 제거하는 것은 힘든 일이고, 머릿니가 미토콘드리아 염색체의 진화에 있어서 가장 높은 수준이라고 했지, 아직도 진화하고 있다고 한 적은 없다. 마지막으로, 대부분의 다세포 생명체의 경우 미토콘드리아를 통제하는 하나의 염색체가 있다고 했지 모든 다세포 생명체가 하나의 염색체만 있다고 한 것은 아니기에 (a), (b), (d) 모두 오답이다.

해석

머릿니가 제거하기 어려운 것은 이상한 일이 아닙니다. 이 귀찮은 생명체는 여타 알려진 종들 중에서 가장 높은 수준의 진화된 미토콘드리아 염색체를 가지고 있습니다. 미토콘드리아는 세포의 동력 제공자입니다. 대부분의 다세포 생명체들은 그들의 미토콘드리아를 통제하는 단독의 염색체를 가지고 있습니다. 반면, 머릿니는 최소한 가끔씩 합체했다가 다시 분리되는 12개의 작은 염색체를 가지고 있죠. 머릿니는 미토콘드리아 염색체의 진화에 있어 가장 최상단에 위치해 있는 것으로 보입니다.

Q: 강의에 의하면 옳은 것은 무엇인가?
(a) 머리카락에서 머릿니를 제거하는 것은 어려운 일이 아니다.
(b) 머릿니는 현재까지도 진화하고 있는 중이다.
(c) 미토콘드리아는 세포에 에너지를 제공한다.
(d) 모든 다세포 생명체들은 오직 하나의 염색체만을 가지고 있다.

어휘

No wonder S + V ~가 이상할 것이 없다
head lice 머릿니
get rid of 제거하다
pesky 귀찮은, 성가신
creature 생물
evolve 진화하다
chromosome 염색체
cell 세포

정답 (c)

54 Good afternoon! Ladies and Gentlemen. Welcome onboard American Airlines flight 457. We're sorry for the delay in our departure. Please fasten your seatbelt as we will be departing for Paris shortly. From captain Bernard and the crew, it is our pleasure to serve you today. In a few minutes we will be screening a safety video about this aircraft. You can also find a safety briefing card in the seat pocket in front of you. If you can't find one, please ask one of our flight attendants for assistance. Thank you.

Q: Which is correct according to the announcement?
(a) The plane will take off as originally scheduled.
(b) The plane is bound for America.
(c) A safety video will be played soon.
(d) Flight attendants will help you find your briefcase.

해설

방송을 통해 얻을 수 있는 정보는 다음과 같다. 비행기는 연착되었고 (sorry for the delay in our departure), 비행기의 목적지는 파리이며 (we will be departing for Paris shortly), 곧 안전 비디오가 방송될 것이며(we will be screening a safety video about this aircraft), 좌석 앞주머니에는 안전요약 카드가 들어있다는 것이다(briefing card in the seat pocket). 이 중 선택지의 내용과 일치하는 것은 보기 (c)이다.

해석

좋은 오후입니다. 승객여러분. 아메리카 항공사의 454 항공편에 탑승하신 것을 환영합니다. 본 비행기의 이륙이 지연된 점 사과드립니다. 곧 파리로 출발할 예정이니 승객 여러분께서는 안전벨트를 매주십시오. 버나드 기장님과 저희 승무원들은 오늘 여러분을 모시게 되어 기쁘다는 말씀을 전합니다. 곧, 저희는 비행기와 관련한 안전 비디오를 보여드릴 겁니다. 또한 앞에 있는 좌석 주머니 안에 안전요약 카드를 발견하실 수 있을 겁니다. 만약 찾으실 수 없다면, 저희 승무원 중 한 명에게 도움을 요청하시길 바랍니다. 감사합니다.

Q: 방송에 의하면 옳은 것은 무엇인가?
(a) 비행기는 최초 예정되었던 대로 출발할 것이다.
(b) 비행기는 미국으로 향한다.
(c) 안전 비디오가 곧 플레이될 것이다.
(d) 승무원들은 승객들의 여행 가방을 찾는 것을 도와줄 것이다.

어휘

delay 지연
departure 이륙
fasten 매다
shorty 곧
screen 화면으로 보여주다
bound for ~로 향하는

정답 (c)

55 If you're a smoker, eating fruit and vegetables may not be such a good idea. A high intake of fruit and vegetables appears to reduce the risk of colon cancer among non-smokers but seems to have the reverse effect on smokers. The findings by the National Institute for Public Health showed that non-smokers who ate 600 grams or more of vegetables and fruit a day appear to have a 20% to 25% lower chance of developing colon cancer than people who ate 220 grams or less. But for smokers, the consumption of a diet rich in vegetables and fruit appears to increase their chances of colon cancer.

Q: Which is correct according to the talk?
(a) Fruit and vegetables have negative effects on the health of non-smokers.
(b) Consuming less than 220 grams of fruit and vegetables increases the risk of colon cancer.
(c) A Diet of fruit and vegetables has different effects between smokers and non-smokers.
(d) People are encouraged to stop eating fruit and vegetables.

해설

과일과 야채의 섭취가 흡연자와 비흡연자에게 있어서 대장암의 위험에 어떤 변화를 가져오는지를 비교하여 설명해주고 있다. 담화에 의하면, 비흡연자의 경우, 과일과 야채의 섭취가 대장암의 위험을 낮춰주는 반면, 흡연자들에게 있어서 과일과 야채는 대장암의 위험을 높이는 것으로 드러났다고 밝히고 있다. 그러므로 정답은 (c)이다. 200그램 이하의 과일을 먹는 것보다는 600그램 이상을 먹는 것이 대장암에 걸릴 확률이 낮아진다고 한 것과 200그램 이하를 먹으면 대장암 확률이 증가한다는 것은 완전히 다른 내용이므로 (b)는 정답이 될 수 없다.

해석

만약 당신이 흡연자라면, 과일과 야채를 먹는 것은 그다지 좋은 생각이 아닐 수도 있습니다. 과일과 야채를 많이 섭취하는 것이 비흡연자들 사이에서는 대장암의 위험을 줄여주는 것으로 나타났지만, 흡연자들에게는 정반대의 효과를 가지는 것으로 보여집니다. 공공건강 국가협회에 의한 조사결과는 하루에 600그램 이상의 야채와 과일을 섭취하는 비흡연자들은 야채와 과일을 220그램 혹은 그 이하로 먹는 사람들보다 대장암에 걸릴 확률이 20~25% 낮은 것으로 나타났습니다. 하지만, 흡연자들에게 있어서 야채와 과일이 풍부한 식사를 하는 것은 그들이 대장암에 걸릴 확률을 높이는 것으로 드러났습니다.

Q: 담화에 의하면 옳은 것은 무엇인가?
(a) 과일과 야채는 비흡연자들에게 부정적인 영향을 가져온다.
(b) 220그램 이하의 과일과 야채를 섭취하는 것은 대장암의 위험을 증가시킨다.
(c) 과일과 야채의 섭취는 흡연자와 비흡연자 간에 다른 효과가 있다.
(d) 사람들은 과일과 야채를 그만 먹으라고 권장된다.

어휘

smoker 흡연자
vegetable 야채
intake 섭취량
appear 나타나다, ~로 보이다
reduce 줄이다
colon cancer 대장암
reverse 반대의, 역의
consumption 소비
chance 가능성

정답 (c)

56 Sports drinks can boost your sporting performance even when you spit them out. Cyclists who took part in a time trial recorded significantly faster times if they periodically rinsed their mouths with an energy drink throughout the event. The study suggests that receptors in the mouth signal the human brain about the presence of carbohydrates, triggering reward signals that make exercise seem easier. Much of the benefit from the carbohydrates in sports drinks seems to be provided by these signals passing directly from mouth to brain, rather than the energy source actually fuelling the muscles. This means athletes need not even swallow sports drinks to get an energy boost.

Q: Which is correct about sports drinks according to the talk?
(a) Cyclists who drank water set faster times than those who didn't.
(b) Nerve transmissions between brain and mouth can alleviate work-out difficulty.
(c) Carbohydrates in sports drinks directly intensify muscle strength.
(d) Athletes tend to not drink sports drinks during competition.

해설

스포츠 드링크는 직접적으로 마시지 않고 입안을 헹구기만 해도 입안의 감각기관에 의해서 신호가 뇌로 전달되어 뇌에서 운동을 쉽게 느껴지게 하는 보상 신호가 전달된다는 요지의 글이다. 즉, 음료수 안의 영양분에 의해서가 아니라 뇌와 입 간의 신호에 의해서 운동이 쉬워진다는 것이다. 그럼으로 정답은 보기 (b)이다.

해석

스포츠 음료는 음료를 입 안에서 뱉기만 했을 때조차도 당신의 운동 능력을 끌어올릴 수 있다고 합니다. 타임 트라이얼에 참여한 사이클리스트들은 그들이 실험 중 주기적으로 입 안을 에너지 음료로 헹구었을 때 두드러지게 더 빠른 시간을 기록했습니다. 이 연구결과는 입 안에 있는 감각 기관이 인간의 두뇌에다 탄수화물의 존재에 대한 신호를 주어, 운동을 좀 더 쉽게 만들어주는 보상 신호를 유발한다는 것을 나타냅니다. 스포츠 드링크에 들어 있는 대부분의 탄수화물로부터의 이점들 중 상당수는 음료수 안의 에너지 원천이 실제로 근육에 연료를 공급하는 것이 아니라 이러한 신호들이 입에서 뇌로 직접적으로 전해지면서 제공되어 진 것으로 보입니다. 이는 운동선수들이 에너지를 끌어올리기 위해서 스포츠 음료를 삼킬 필요는 없다는 것을 의미합니다.

Q: 담화에 의하면 스포츠 음료수와 관련해서 옳은 것은 무엇인가?
(a) 물을 마신 사이클리스트들은 그렇지 않은 선수들 보다 더 빠른 시간 기록을 내었다.
(b) 뇌와 입 사이의 신경 전달이 운동의 어려움을 완화시켜 준다.
(c) 스포츠 음료의 탄수화물은 근육의 힘을 직접적으로 증대시켜 준다.
(d) 운동선수들은 경기 중 스포츠 음료를 마시지 않는 경향이 있다.

어휘

boost 끌어올리다, 증가시키다
performance 성능, 수행, 실행
periodically 주기적으로
rinse 헹구다
receptor 감각기관
carbohydrate 탄수화물
fuel 연료를 공급하다
athlete 운동선수
Time trial 타임 트라이얼(선수를 시차가 나게 출발시켜 개인 시간을 재는 레이스)
significantly 두드러지게, 상당히
trigger 유발하다
intensify 증대하다

정답 (b)

57 It's WestNet Internet Service and thank you for calling our company. We provide you with the fastest internet service that you will never be able to experience elsewhere. To find out more about our latest service packages, please visit our web site. If you're calling to subscribe to our service, please press 1. If you would like to upgrade your current internet service package, please press 2. If you have billing inquiries, please press 3. If you have questions or problems concerning other topics, just stay on the line and one of our employees will be with your shortly.

Q: What do you need to do cancel your internet connection?
(a) Visit the web site
(b) Press 2
(c) Press 3
(d) Stay on the line

해설

각 사항별로 무엇을 하라고 지시하는지 잘 메모해 두어 문제를 풀 수 있도록 한다. 최근 서비스 패키지에 대한 궁금 사항은 홈페이지를 방문하고, 회원가입은 1번, 서비스 등급 조정은 2번, 그리고 요금관련 문의사항은 3번이다. 그리고 이외의 질문과 문제들은 그냥 전화를 들고 있으라고 했다. 질문하는 내용은 인터넷 연결 해지와 관련된 것으로 이는 다른 문제나 질문에 해당하므로 정답은 보기 (d)이다.

해석

WestNet 인터넷 서비스입니다. 저희 회사로 전화 주셔서 감사합니다. 저희는 고객 여러분들이 다른 곳에서는 절대로 경험해 보지 못한 가장 빠른 인터넷 서비스를 제공하고 있습니다. 저희의 최근의 서비스 패키지에 대해서 더 알고 싶으시다면, 저희의 웹사이트를 방문해 주세요. 저희 회사 서비스에 가입하고 싶으시다면, 1번을 눌러주세요. 현재 인터넷 서비스 패키지의 등급을 올리고 싶으시다면 2번을 눌러주세요. 요금 관련 문의사항이 있으시다면 3번을 눌러주세요. 다른 주제와 관련하여 질문이나 문제가 있으시다면, 그대로 전화기를 들고 계십시오. 그러면 저희 직원 중 한 명이 곧 전화를 받을 것입니다.

Q: 인터넷 연결을 끊기 위해서는 무엇을 할 필요가 있는가?
(a) 웹사이트를 방문하다.
(b) 2번을 누른다.
(c) 3번을 누른다.
(d) 전화를 그대로 들고 있는다.

어휘

experience 경험하다
latest 최신의, 최근의
subscribe 이용신청하다
billing inquiries 요금문의
concerning ~에 관하여
shortly 곧, 금방

정답 (d)

58 People grumbling their way through the winter gloom have better recall than those enjoying carefree, sunny days. A team of University of New South Wales psychologists tested whether people's moods had an impact on their ability to remember small details. They placed items on the shop counter, then quizzed shoppers about what they saw on their exit. Subjects were able to remember three times as many items on cold, windy, rainy days when irritating music was being played as they were when conditions were bright. Study head Professor Joseph Forgas believes a bad mood helps to focus people's attention and leads to more careful thinking style.

Q: What can be inferred from the talk?
(a) Warm weather can make people feel ignorant.
(b) Despondent people usually pay more attention to small details.
(c) Climate can affect the level of human knowledge.
(d) Annoyed people are more likely to recollect their surroundings.

해설

사람의 기분이 기억력에 영향력을 미칠 수 있다는 논지의 내용이다. 실제 실험을 예를 들고 있는데, 실험 내용 중 'Subjects were able to remember three times as many items on cold, windy, rainy days when irritating music was being played'이라 한 것을 봤을 때, 날씨로 인해 기분도 좋지 않고 짜증나는 음악으로 인해 화가 났을 사람이 더 주변 환경을 많이 기억한다고 볼 수 있겠다. 그러므로 정답은 (d)이다.

해석

겨울의 우울함 속에서 불평을 해대는 사람들은 근심 없고 햇빛이 좋은 날들을 즐기는 사람들보다 더 나은 상기력을 가지고 있습니다. 뉴 사우스 웨일즈 대학 심리학자들의 팀은 사람들의 기분이 그들이 작은 세부사항들을 기억하는 능력에 있어서 영향력이 있는지 그렇지 않은지를 실험했습니다. 그들은 상점의 계산대 위에 물품들을 올려놓은 후, 이들에게 가게 문을 나서면서 무엇을 보았는지 질문을 던졌습니다. 피 실험자들은 날씨가 밝았던 때보다 춥고, 바람이 불고, 비가 오는 날씨에 짜증나는 음악을 틀어 놓았을 때 세 배나 더 많은 물품들을 기억할 수 있었습니다. 이 연구를 이끈 Joseph Forgas 씨는 나쁜 기분이 사람들의 주의력을 집중시키는 데 도움을 주고 좀 더 조심스러운 사고방식으로 이끌어 준다고 믿고 있습니다.

Q: 담화로부터 유추할 수 있는 것은?
(a) 따뜻한 날씨는 사람들을 무지하다는 느낌을 받게 만든다.
(b) 우울한 사람들은 작은 세부사항에 보통 더 많은 집중을 한다.
(c) 기후는 사람들의 학식 수준에 영향을 준다.
(d) 화가 난 사람들은 그들의 주변을 생각해 낼 가능성이 더 많다.

어휘

grumble 불평하다, 투덜대다
gloom 어둠, 침울, 우울
recall 회상, 상기(력)
carefree 근심 없는, 태평한
psychologist 심리학자
quiz ~에게 질문하다
irritating 짜증나게 하는
ignorant 무식한
despondent 낙담한, 기운 없는
intelligence 사고력
surroundings 주위환경
recollect 생각해내다

정답 (a)

59 There are many reasons why a franchise system makes sense as a retail advantage, but it's certainly no guarantee of prosperity. Being part of a franchise system can offer tremendous advantages such as instant brand recognition, a wider distribution network, and economies of scale enjoyed by a large organization rather than a small retailer. However, it can also present some limitations.

Q: What is the speaker most likely to talk about next?
(a) Extensive sales networks the franchise system offers.
(b) Examples of shortcomings in the franchise system.
(c) The level of competition the franchise system faces.
(d) How the franchise system will respond to the restrictive measure.

해설

프랜차이즈 시스템이 갖는 장점의 예들을 열거하고 역접의 접속사 'However' 이하를 통해, 취약점도 역시 있음을 짧게 언급해 주고 있다. 그러므로 이 이후에 이어질 내용은 프랜차이즈 시스템이 갖는 단점들에 대한 예가 될 것임을 추측해 볼 수 있다. 그러므로 정답은 (b)이다. (c)의 경우 경쟁의 수준이란 것이 긍정적인 얘기가 될 수도 있고, 부정적인 얘기가 될 수도 있기 때문에 이어질 내용을 적합하지 못하고, 보기 (d)처럼, 구체적인 제한된 조치가 무엇인지에 대한 언급 없이 바로 대처 반응을 얘기한다는 것은 논리적으로 자연스럽지 못하다.

해석

프랜차이즈 시스템이 왜 소매의 장점으로 일리가 있는가에 대한 많은 이유들이 있습니다. 하지만 그것이 확실한 성공에 대한 보장은 아닙니다. 프랜차이즈 시스템에 속한다는 것은 자그만 소매점보다 큰 조직에 의해서 누릴 수 있는 즉각적인 브랜드 인지도, 더 넓은 유통망 그리고 규모의 경제와 같은 굉장한 장점들을 제공할 수 있지만, 이는 또한 몇 가지 제한사항들을 생기게 할 수도 있습니다.

Q: 연설자가 다음에 할 말로 가장 가능한 것은 무엇인가?
(a) 프랜차이즈 시스템이 제공하는 광범위한 판매망
(b) 프랜차이즈 시스템에서의 단점의 예들
(c) 프랜차이즈 시스템이 직면한 경쟁의 수준
(d) 제한된 조치에 프랜차이즈 시스템이 반응하는 방법

어휘

make sense 말이 되다, 이해되다
retail 소매(의)
advantage 이점, 장점
prosperity 번영, 번창
tremendous 굉장한, 엄청난
recognition 인지(도)
distribution 유통
economies of scale 규모의 경제
limitation 한계, 취약점
extensive 광범위한
shortcoming 단점, 결점
restrictive 제한적인

정답 (b)

60 Firefighters battled to get a grip on a wind-driven bushfire raging in California that has destroyed more than 70 houses and forced thousands to flee. The inferno in the hills around the upmarket coastal town of Santa Barbara exploded into life on Wednesday as powerful hot gusts and record temperatures created a perfect storm of fire conditions. About 15,000 residents of the picturesque city have been evacuated as an army of 23,000 firefighters tackled the flames.

Q: What can be inferred from the news report?

(a) Strong winds are aggravating the fight for the fire crews.

(b) Thousands of people have died as a result of the disaster.

(c) Residents have been moved to a nearby picturesque town of Santa Barbara.

(d) Soldiers and firefighters are working together to control the blaze.

해설

캘리포니아 주에서 발생한 산불과 관련한 뉴스 방송내용이다. 방송에 따르면, 수천 명의 사람들이 대피를 한 것이지 죽은 것은 아니므로 (b)는 오답이고, 산타바바라의 연안 마을 주변의 언덕에서 불이 발생한 것으로 보아, 주민들이 산타바바라의 근처 마을로 이동되어졌다는 (c) 역시 옳지 못하다. 군인과 소방관이 함께 불을 통제하기 위해서 싸우고 있다는 내용 역시 뉴스 내용으로 추론할 수 없는 사실이다. 본문 중, '~ as powerful hot gusts and record temperatures created a perfect storm of fire conditions'을 통해, 강력한 돌풍이 불폭풍이 발생할 완벽한 조건을 만들었다는 것을 알 수 있으므로, 이를 통해 곧 강한 바람이 소방관들의 불과의 싸움을 더욱 힘들게 하고 있다는 것을 추론해 볼 수 있다. 정답은 (a)이다.

해석

소방관들은 70채가 넘는 집을 파괴하고 수천 명이 넘는 사람들을 달아나게 한 캘리포니아 주에서의 바람에 날리는 산불을 통제하기 위해 싸웠습니다. 고급품 상점들의 연안 마을인 산타바바라 주위 언덕에서의 지옥과 같은 화재는 강력하고 뜨거운 돌풍과 기록적인 온도가 완벽한 불폭풍의 조건을 형성해서 만들어졌습니다. 23,000명의 다수의 소방관들이 화염과 싸우는 동안 이 그림 같은 도시의 약 15,000여 명의 주민들은 대피되었습니다.

Q: 이 뉴스 방송으로부터 추론될 수 있는 것은 무엇인가?

(a) 강력한 바람이 소방관들의 싸움을 더욱 악화시키고 있다.

(b) 이 재앙의 결과로 수천 명의 사람들이 사망했다.

(c) 주민들은 산타바바라의 근처 그림과 같은 도시로 이동되었다.

(d) 군인들과 소방관들은 화재를 통제하기 위해서 함께 일하고 있다.

어휘

battle 투쟁하다, 싸우다
bushfire 산불
destroy 파괴하다
force 강제로 ~하게끔 하다
flee 달아나다, 도망치다
inferno (대화재 등의) 지옥
upmarket 고급품 시장
gust 돌풍
picturesque 그림과 같은, 아름다운
evacuate 피난하다
tackle 달라붙다, 맞싸우다
an army of 큰 무리

정답 (a)

Actual Test 3 Answers

01	(a)	02	(c)	03	(c)	04	(c)
05	(d)	06	(c)	07	(b)	08	(d)
09	(d)	10	(c)	11	(c)	12	(b)
13	(c)	14	(c)	15	(d)	16	(b)
17	(d)	18	(c)	19	(c)	20	(b)
21	(a)	22	(c)	23	(b)	24	(d)
25	(c)	26	(d)	27	(d)	28	(b)
29	(d)	30	(d)	31	(c)	32	(b)
33	(c)	34	(a)	35	(d)	36	(c)
37	(d)	38	(d)	39	(d)	40	(c)
41	(b)	42	(c)	43	(b)	44	(d)
45	(b)	46	(c)	47	(b)	48	(d)
49	(c)	50	(c)	51	(a)	52	(b)
53	(c)	54	(d)	55	(b)	56	(d)
57	(c)	58	(d)	59	(b)	60	(c)

1 W: It's freezing outside.
M: ____________________

(a) Yes, it sure is.
(b) Freeze! Do not move.
(c) I don't go outside often.
(d) I hate winter, too.

해설

대부분 평서문에 대한 답변은 정답 보기 (a)의 '정말 춥네요'와 같이 상대방이 한 말에 동의를 하는 내용이 나온다. 춥다고만 한 것이지 겨울이 싫다고 말한 것은 아니므로 (d)는 정답이 될 수 없다

해석

W: 밖이 정말 추워요.
M: ____________________

(a) 네, 정말 그러네요.
(b) 꼼짝마! 움직이지마.
(c) 난 밖에 자주 나가지를 않아요.
(d) 나도 겨울이 싫어요.

어휘

freezing 몹시 추운

정답 (a)

2 W: Mrs. Brown is on another line at the moment.
M: ____________________

(a) Don't hang up on me.
(b) Can I take your message?
(c) Please have her call me back.
(d) Where can I reach you?

해설

전화통화를 요청한 대상이 통화중이라고 했을 때, 가장 적절한 답변은 보기 (c)의 '내게 전화해 달라고 말해 달라'는 (c)이다. 그외, 'I will call back later(나중에 걸겠다)'와 'That's okay. I will hold(괜찮습니다. 기다리겠습니다)' 등도 정답으로 가능하다.

해석

W: 브라운 씨께서 지금 통화중이십니다.
M: ____________________

(a) 말하고 있는데 전화 끊지 마세요.
(b) 메모 남겨 드릴까요?
(c) 저한테 전화 좀 해달라고 말씀해 주세요.
(d) 어디로 연락하면 되죠?

어휘

on another line 통화중인
hang up on (통화중) 전화를 끊다
take a message 메시지를 받다
reach 도달하다, 연락하다

정답 (c)

3 M: Linda's proposal was actually better than I expected.
W: ____________________

(a) You should propose to her.
(b) Yes, it was way better than Linda's.
(c) I told you she wouldn't let you down.
(d) I expect her back by eleven.

해설

남자는 Linda의 제안서가 자신이 생각했던 것보다 더 괜찮았다고 말하고 있다. 이 말은 제안서를 보기 전까지는 그다지 기대를 하지 않았다는 뉘앙스를 나타낸다. 그러므로 이에 대한 적절한 응답은 '그녀가 당신을 실망시키지 않을 거라고 말했잖아요'라는 보기 (c)가 이다. 보기 (a)는 proposal의 동사형인 propose를 이용한 오답이고, (d) 역시 동사 expect를 이용한 오답 보기이다.

해석

M: Linda의 제안서는 사실 제가 예상했던 것보다 더 괜찮았어요.
W: ____________________

(a) 당신은 그녀에게 청혼하셔야 해요.
(b) 네, 그것이 Linda의 것보다 훨씬 더 좋았어요.
(c) 그녀가 당신을 실망시키지 않을 거라고 제가 말했잖아요.
(d) 그녀는 11시까지는 돌아올 거예요.

어휘

proposal 제안(서)
expect 예상하다, 기대하다
propose (to) ~에게 청혼하다
let a person down ~를 실망시키다

정답 (c)

4 W: How may I direct your call?
M: ______________________

(a) He's gone for the day.
(b) Please give me the directions to the place.
(c) Tony Parker's office, please.
(d) You can call me anytime you want.

해설

'How may I direct your call?' 은 상대방의 전화를 받은 후, 다른 사람이나 또는 다른 장소로 전화를 돌려주고자 할 때 사용되는 표현이다. 특정장소인 'Tony Parker의 사무실 부탁합니다' 라고 답한 보기 (c)가 정답이다. 보기 (b)는 direct의 명사형인 direction을 이용한 오답이다.

해석

W: 전화를 어디로 연결해 드릴까요?
M: ______________________

(a) 그는 퇴근했습니다.
(b) 그 장소로 가는 길을 좀 알려 주세요.
(c) Tony Parker의 사무실 부탁합니다.
(d) 원하실 때 언제든지 전화 주세요.

어휘

be gone for the day 퇴근하다
give the directions 길을 가르쳐 주다

정답 (c)

5 M: We have to refurbish our shop to give it a new value.
W: ______________________

(a) It's the thing I valued most in my life.
(b) But I don't want to give it to you.
(c) I hope it's just a rumor.
(d) Can it wait another month?

해설

refurbish는 무언가를 새롭게 고친다는 뜻을 가진 동사다. 남자는 상점을 새롭게 고쳐야 한다고 말하고 있다. 이에 적절한 답변은 한 달이라는 기간 뒤에 할 수 있는지 여부를 물어보는 보기 (d)이다. 남자가 한 말은 누군가로부터 들은 소식을 전달하고자 한 것이 아니라, 자신의 의지를 나타낸 것이기에 보기 (c)는 정답이 될 수 없다.

해석

M: 우리는 우리 상점에 새로운 가치를 주기 위해서 상점을 새롭게 고칠 필요가 있습니다.
W: ______________________

(a) 그것이 제가 인생에서 가장 소중히 여겨온 것입니다.
(b) 하지만 이걸 당신에게 주긴 싫어요.
(c) 그냥 소문이었으면 좋겠어요.
(d) 한 달 더 있다가 하면 안 될까요?

어휘

refurbish 새롭게 하다
value 가치 v. 소중히 하다

정답 (d)

6 W: Do you know where I can find Mrs. Molly?
M: ______________________

(a) No, you can't miss it.
(b) Thank you for your concern.
(c) Couldn't say.
(d) She got up at 7.

해설

여자는 남자에게 Mrs. Molly가 어디 있는지를 물어보고 있다. 정답은 특정 위치를 알려주거나, 왜 그녀를 찾는지 반문한다거나 혹은 잘 모르겠다는 식의 회피형 대답 등이 등장할 것임을 예측할 수 있다. 정답은 '모르겠다' 는 의미인 (c)이다.

해석

W: 제가 어디서 Molly 씨를 찾을 수 있을지 아시나요?
M: ______________________

(a) 아뇨, 꼭 찾으실 수 있으실 겁니다.
(b) 걱정해주셔서 감사합니다.
(c) 잘 모르겠네요.
(d) 그녀는 7시에 일어났어요.

어휘

concern 걱정, 염려
Couldn't say.(= couldn't say. / I don't know.) 모르겠다.

정답 (c)

7 M: Let me see if I can fix it.
W: ______________________________

(a) You'd better accept it.
(b) Be my guest.
(c) Of course, I'd love to.
(d) Okay. I'll fix you up with my friend.

해설

무언가를 고칠 수 있는지 확인해보겠다는 남자에게 적절한 답변은 '그러세요'라고 허락하는 보기 (b) 이다. 보기 (d)는 동사 fix를 이용한 오답 함정이다.

해석

M: 제가 고칠 수 있는지 볼게요.
W: ______________________________

(a) 당신은 그것을 받아들이는 게 좋을 거예요.
(b) 그러세요.
(c) 물론이죠. 그러고 싶어요.
(d) 그래요. 당신을 제 친구와 소개시켜 줄게요.

어휘

had better ~하는 편이 낫다
fix 고치다
accept 받아들이다
Be my guest. 얼마든지요. 그러세요.
fix A with B A를 B와 소개시켜 주다

정답 (b)

8 W: How often do you hear from your father?
M: ______________________________

(a) Just last week.
(b) My father is away on business.
(c) I see her a lot these days.
(d) I've lost track of him.

해설

'How often'은 횟수를 물어볼 때 사용된다. 답변으로 once a week(일주일에 한 번요), everyday(매일요) 등과 구체적인 횟수를 예상해 볼 수 있다. 여기서는 '연락이 끊겼다' 즉, 소식을 전혀 듣지 못한다는 의미로 보기 (d)가 정답으로 제시되었다. 보기 (a)가 정답이 되려면 질문이 'When did you hear from your father(언제 아버지로부터 소식을 들었나요?)'가 되어야 한다.

해석

W: 당신은 얼마나 자주 아버지로부터 소식을 듣나요?
M: ______________________________

(a) 저번 주요.
(b) 저희 아버지는 출장을 가셨습니다.
(c) 요즈음 그녀를 아주 많이 봐요.
(d) 아버지와 연락이 끊겼어요.

어휘

How often ~ 얼마나 자주
be away on business 출장을 가다
lose track of ~와 접촉이 끊기다, ~와 연락이 끊기다

정답 (d)

9 W: What is the purpose of your visit to Japan?
M: ______________________________

(a) I went to Japan to see my old friend.
(b) I think I should search for it.
(c) I've always wanted to visit Japan.
(d) I'm going to attend a conference.

해설

일본을 방문한 목적이 무엇인지 묻고 있다. (a)는 시제가 과거이기에 정답이 될 수 없고, 자신이 방문한 목적으로 검색해서 찾아보겠다는 (b) 역시 오답이다. 정답은 회의에 참석할 예정이라고 한 (d)이다.

해석

W: 일본에 방문하신 목적이 무엇인가요?
M: ______________________________

(a) 예전 친구들을 보러 일본에 갔었어요.
(b) 검색해 봐야 할 것 같아요.
(c) 전 항상 일본을 방문하고 싶어해왔어요.
(d) 회의에 참석할 예정입니다.

어휘

purpose 목적
search 찾다, 검색하다
attend 참석하다
conference 회의

정답 (d)

10 W: Do you know where the nearest subway station is?
M: ______________________________

(a) Yes, it's in the frozen food aisle.
(b) Take line number two.
(c) Just keep walking down this street.
(d) It will take 10 minutes on foot.

해설

가장 가까운 전철역의 위치를 알고 있는지 묻고 있다. (a)는 보통 대형마트나 슈퍼마켓에서 특정 상품을 찾는 경우 위치를 설명해 줄 때 쓸 수 있는 표현이다. 정답은 (c)이다. 보기 (d)는 질문이 'How long does it take ~?'일 경우 가능한 답변이다.

해석

W: 가장 가까운 전철역이 어디에 있는지 아시나요?
M: ______________________

(a) 네, 냉동식품 코너에 있습니다.
(b) 2호선을 타세요.
(c) 이 거리로 쭉 걸어서 내려가세요.
(d) 걸어서 10분 걸릴 겁니다.

어휘

nearest 가장 가까운
frozen food 냉동식품
aisle 복도
on foot 도보로, 걸어서

정답 (c)

11 M: Alicia, why did you come here so early in the morning?
W: ______________________

(a) I want to get up early in the morning.
(b) I' m not a morning person.
(c) I always come early.
(d) You have my word.

해설

남자는 여자에게 왜 이렇게 아침 일찍 이곳에 왔는지 질문하고 있다. 아침에 일찍 일어나고 싶은 것은 여자의 소망이지 오늘 일찍 온 것과는 연관이 없으므로 (a)는 정답이 될 수 없고, (b) 역시 아침에 일찍 나온 여자의 행동과는 반대되는 대답이다. 늘 그래왔다는 의미로 보기 (c)가 정답이다.

해석

M: 앨리시아, 이렇게 아침 일찍 여기에 왜 온 거니?
W: ______________________

(a) 전 아침에 일찍 일어나길 원해요.
(b) 전 아침형 인간이 아닙니다.
(c) 전 항상 일찍 와요.
(d) 약속드립니다.

어휘

morning person 아침형 인간
have one' s word 약속하다, 언질을 주다

정답 (c)

12 W: I can' t make it to my appointment tomorrow.
M: ______________________

(a) Please take a rest.
(b) No worries. I' ll reschedule you for a later time.
(c) I don' t want to cancel it.
(d) How about four o' clock tomorrow?

해설

여자는 내일 약속 때 갈수가 없다고 말하고 있다. 이에 적절한 답변은 일정을 나중으로 다시 잡아주겠다는 보기 (b)이다. 보기 (d)의 경우, 이미 내일 약속을 갈 수 없다고 말했는데, 다시 내일 4시로 제안하는 것은 말이 안 된다.

해석

W: 내일 예약 때 갈 수가 없을 것 같아요.
M: ______________________

(a) 자리에 앉아주십시오.
(b) 걱정 마세요. 나중으로 일정을 조정해 드릴게요.
(c) 전 취소하고 싶지는 않아요.
(d) 내일 4시는 어떠세요?

어휘

make it to ~에 도착하다
reschedule 일정을 조정하다
cancel 취소하다

정답 (b)

13 M: Michael was a no show at the meeting.
W: ______________________

(a) What time did he show up at the meeting?
(b) He' s never on time.
(c) That is so unlilke him.
(d) I' m sure he will come

해설

'no show' 는 아예 나타나지 않은 것을 의미한다. 그러므로 몇 시에 그가 왔는지 묻는 (a)나, 그는 제 시간에 도착하지 않는다는 (b), 그리고 그가 올 것이라고 믿는다는 (d)는 모두 정답이 될 수 없다. 회의에 오지 않은 마이클의 모습이 그답지 않다고 말하는 (c)가 정답이다.

해석

M: 마이클이 회의 때 나타나지 않았어요.
W: ______________________

(a) 그가 회의에 몇 시에 나타났나요?
(b) 그는 제 시간에 도착한 적이 없어요.
(c) 정말 그답지 않군요.
(d) 그가 올 것이라고 확신해요.

어휘

be a no-show 나타나지 않다
show up 나타나다
on time 제 시간에

정답 (c)

14 W: I'm going to cram for the final.
M: ____________________

(a) Which class are you going to take?
(b) Didn't you sleep at all last night?
(c) Good luck with that.
(d) I hope you did well on the final.

해설

벼락치기로 기말고사 공부를 하겠다는 여자에게 적절한 응답은 잘되기를 바란다는 의미인 보기 (c)이다. 기말고사는 미래의 일인데, 보기 (b)와 (d)는 모두 과거시점을 기준으로 말을 했기에 정답이 될 수없다.

해석

W: 나 기말고사 벼락치기 할 거예요.
M: ____________________

(a) 무슨 수업을 들을 건가요?
(b) 어젯밤에 한 숨도 자지 않은 건가요?
(c) 행운을 빌어요.
(d) 당신이 기말고사를 잘 쳤기를 바라요.

어휘

cram 벼락치기 공부하다
final 기말고사
class 수업

정답 (c)

15 M: I think Tom is way too reticent about these issues.
W: ____________________

(a) Yeah, he loves talking about social issues.
(b) I don't think he can make an issue out of it.
(c) That's right. He's on his way home.
(d) Well, he's just a man of few words.

해설

남자는 탐이란 사람이 지나치게 과묵한 것 같다고 말하고 있다. 이에 적절한 응답은 그는 단지 말수가 적은 것뿐이라고 옹호해주는 보기 (d)이다. 말수가 적은데 보기 (a)의 사회적 문제에 대해서 얘기하는 걸 좋아한다는 것은 대화가 일치되지 않고, 보기 (b)는 issue를 이용한 오답이다.

해석

M: 전 탐이 이 문제들에 대해서 지나칠 정도로 침묵하고 있단 생각이에요.
W: ____________________

(a) 네, 그는 사회 문제들을 이야기하는 걸 좋아하죠.
(b) 전 그가 그것을 이슈화시키려 한다고 생각하지 않아요.
(c) 맞아요. 그는 집에 가는 중이에요.
(d) 음, 그는 단지 말수가 적은 것뿐이에요.

어휘

reticent 과묵한, 말을 삼가는
issue 논점, 문제점
social 사회적
make an issue of ~을 문제 삼다, ~을 이슈화시키다
a man of few words 말수가 적은 사람

정답 (d)

16 W: Good afternoon. How can I help you?
M: Hi, can I get a iced coffee and a brownie please?
W: Sure. Would you like some cream on your coffee?
M: ____________________

(a) Yes, I'd like to see it.
(b) Why not?
(c) Yes, put it in the bag.
(d) I'll get it for you.

해설

남자는 아이스커피와 브라우니를 주문했고, 이에 여자는 커피에 크림을 얹을지 여부를 물어보고 있다. 정답은 긍정의 대답인 보기 (b)이다. 'Why not?'은 회화체에서 빈번하게 사용되는 표현으로 상대방의 의견에 승낙이나 동의를 나타날 때 자주 사용된다.

해석

W: 안녕하세요. 무엇을 도와드릴까요?
M: 안녕하세요. 아이스커피랑 브라우니 주시겠어요?
W: 물론이죠. 커피에 크림 올려드릴까요?
M: ____________________

(a) 네, 저도 그거 보고 싶어요.
(b) 물론이죠.
(c) 네, 가방에 넣어 주세요.
(d) 제가 가져다 드릴게요.

어휘

iced coffee 아이스커피
Why not? 물론이죠. 그럼요.

정답 (b)

17 M: Hello. I'd like to speak to Jenny Kim.
W: She's not available right now. Can I take your message?
M: Yes, please. This is Tom Douglas. Please have her call me. She knows my number.
W: ____________________

(a) I'll get back to you as soon as possible.
(b) I'd appreciate it.
(c) I'm afraid you've got the wrong number.
(d) I'll make sure she gets your message.

해설

전화통화와 관련된 대화문이다. 통화를 원하는 사람이 없다고 하자 남자는 자신에게 전화를 달라는 메시지를 남기고 있다. 이에 적절한 여자의 응답은 메시지를 잘 전달하겠다고 하는 보기 (d)이다. 보기 (a)는 여자 본인이 직접 나중에 남자에게 전화해야 하는 것이 아니기에 응답으로 적절치 못하다.

해석

M: 여보세요. Jenny Kim 씨와 통화할 수 있을까요?
W: 지금 자리에 계시지 않습니다. 메시지 남겨드릴까요?
M: 네, 그렇게 해주세요. 전 Tom Douglas입니다. 저에게 전화해 달라고 말씀해주세요. 제 번호를 알고 있을 겁니다.
W: ____________________

(a) 가능한 빨리 연락드릴게요.
(b) 감사합니다.
(c) 전화를 잘못 거신 것 같네요.
(d) 틀림없이 전달하겠습니다.

어휘

available 이용 가능한, 사용 가능한
as soon as possible 가능한 빨리
appreciate 고맙게 여기다, 감사하다
make sure 확인하다, 확실히 하다

정답 (d)

18 W: It was a great movie. I really enjoyed it.
M: Well, I'm glad you liked it.
W: Didn't you enjoy the movie?
M: ____________________

(a) I like thrillers.
(b) Yes, it will be really fun.
(c) Well, not as much as you did.
(d) I'll think about it.

해설

여자는 영화가 즐거웠다며 기뻐하지만 남자는 그저 여자가 좋아했다니 자기도 기쁘다라고 말할 뿐이다. 이에 여자는 남자가 영화를 즐기지 않았는지 묻고 있다. 이에 대한 응답으로 적절한 보기는 '너만큼은 아니었어'라고 답하는 보기 (c)이다. 보기 (a)는 좋아하는 영화의 종류를 질문했을 때 어울리는 답변이고, 보기 (d)는 앞으로 벌어질 상황에 대한 상대방의 의견을 물었을 때 적절한 응답이지 여기서는 어울리는 대답이 아니다.

해석

W: 정말 훌륭한 영화였어. 난 정말 즐겁게 봤어.
M: 음, 네가 좋았다니까 나도 기쁘다.
W: 넌 영화가 재미있지 않았니?
M: ____________________

(a) 난 스릴러 영화가 좋아
(b) 응, 굉장히 재미가 있을 거야.
(c) 음, 너만큼은 아니었어.
(d) 생각해볼게요.

어휘

enjoy 즐기다
thriller 스릴러 영화

정답 (c)

19 M: Excuse me, ma'am. You are not allowed to smoke here.
W: Oh, I'm sorry. Is there a smoking section in this building?
M: None that I know of.
W: ____________________

(a) That's great. Tell me where it is.
(b) I will find the way out.
(c) Okay. I will just go outside and smoke.
(d) Yeah, it's impossible to know things in advance.

해설

흡연이 금지된 건물 안에서 담배를 피던 여자가 남자에게 빌딩 안에 흡연 구역이 있냐고 묻자, 남자는 자기가 아는 바로는 없다고 대답하고 있다. 이에 대한 적절한 응답은 나가서 피우겠다고 하는 보기 (c)이다. 이미 모르겠다고 했는데 (a)로 답하는 것은 상황과 맞지 않고, 남자가 여자보고 나가라고 한 것은 아니기에 (b)라고 답하는 것 역시 어울리지 않는다.

해석

M: 실례합니다. 여기서 담배를 피시면 안 됩니다.
W: 아, 죄송합니다. 이 건물 안에 흡연 구역이 있나요?
M: 제가 아는 바로는 없네요.
W: ____________________

(a) 잘됐네요. 어디 있는지 말씀해 주세요.
(b) 제가 나가는 길을 찾을게요.
(c) 알겠습니다. 그냥 밖에 나가서 담배 필게요.
(d) 네, 사전에 무언가를 알아내는 건 불가능하지요.

어휘

be allowed to ~이 허용되다
None that I know of. 내가 알기론 없다.
the way out 밖으로 나가는 길
in advance 사전에, 미리

정답 (c)

20 W: Oh, I'm having trouble here.
M: What's the problem?
W: I've never used this coffee machine before, so I don't know how to operate it.
M: ______________________

(a) Don't worry. I'll call a repairman.
(b) Let me give it a try.
(c) I am glad I was able to help.
(d) The operation will take a while.

해설

여자의 문제는 한 번도 사용해 본 적이 없는 커피기계를 작동시키는 방법을 모른다는 것이다. 이에 적절한 남자의 응답은 자신이 한 번 해보겠다는 보기 (b)가 정답이다. 커피기계가 고장 난 것이 아닌데 수리공을 부르겠다는 보기 (a)는 정답이 될 수 없고, (d)는 operate의 명사형인 operation을 이용한 오답이다.

해석

W: 아, 저 여기 문제가 생겼어요.
M: 무슨 일인가요?
W: 제가 이 커피기계를 전에 사용해 본 적이 한 번도 없어요, 그래서 어떻게 작동해야 할지를 모르겠어요.
M: ______________________

(a) 걱정 마세요. 제가 수리공을 부를게요.
(b) 제가 한 번 해볼게요.
(c) 제가 도와드릴 수 있어서 기쁩니다.
(d) 수술은 시간이 좀 걸릴 겁니다.

어휘

have trouble 문제가 있다, 어려움이 있다
operate 작동하다, 조작하다
repairman 수리공
give something a try ~을 시도해보다
operation 수술

정답 (b)

21 M: I can't find John anywhere. Do you know where he is?
W: He went into the boss's office to ask him for a raise.
M: Really? Do you think he deserves a raise?
W: ______________________

(a) Yeah, it should be given to him.
(b) Can I take a rain check?
(c) Yes, he deserves to get a promotion.
(d) No, I didn't ask for a raise.

해설

봉급인상을 요구하러 들어간 John을 두고 남자가 여자에게 그가 봉급인상을 받을만한 가치가 있냐고 물어보고 있다. 이에 적절한 응답은, 그렇다고 긍정하는 보기 (a)가 정답이다. 보기 (b)는 약속을 미룰 때 사용하는 표현이지, 대답을 회피하기 위해서 사용할 수 있는 표현은 아니므로 정답이 될 수 없고, 봉급인상과 승진은 다른 개념이기에 (c) 역시 정답이 될 수 없다.

해석

M: 존을 어디에서도 찾을 수가 없어요. 그가 어디에 있는지 알고 있나요?
W: 봉급인상을 요구하려고 사장님 사무실로 들어갔어요.
M: 정말요? 그가 봉급인상을 받을 만한 자격이 된다고 생각해요?
W: ______________________

(a) 네, 그에게 봉급인상이 주어져야 한다고 봐요.
(b) 다음으로 미루면 안 될까?
(c) 네, 그는 승진할 자격이 됩니다.
(d) 아뇨, 전 봉급인상을 요청하지 않았어요.

어휘

deserve ~할 만하다, ~을 받을 가치가 있다
raise 봉급인상
take a rain check (약속을) 다음으로 미루다

정답 (a)

22 W: I think I'm lost. I have a terrible sense of direction.
M: I can help you. Where are you headed?
W: Oh, thank you. Do you know where the nearest post office is?
M: ______________________

(a) What's going on here?
(b) You can't miss it.
(c) It's just around the corner.
(d) You can send it by express mail.

해설

우체국의 위치를 묻는 여자에게 적절한 답변을 해주어야 한다. 정답은 모퉁이를 돌면 나온다고 알려주는 보기 (c)이다. 보기 (b)는 위치를 알려주고 난 후에, 찾기 쉽다는 의미로 덧붙여 줄 때 사용하는 표현이므로 정답이 될 수 없다.

해석

W: 길을 잃어버린 것 같네요. 난 정말 길눈이 어두워요.
M: 내가 도와줄게요. 어디로 향하는 길이신가요?
W: 아, 고마워요. 근처에 가장 가까운 우체국이 어디에 있는지 아시나요?
M: ______________________

(a) 여기 무슨 일인가요?
(b) 꼭 찾으실 수 있을 겁니다.
(c) 모퉁이를 돌면 바로 있습니다.
(d) 빠른우편으로 보내실 수 있습니다.

어휘
have a terrible sense of direction 길눈이 어둡다
be headed (~로) 향하다

정답 (c)

23 M: When will the movie begin?
W: It will start at 6:30.
M: Then, let's go to the theater at 6:00.
W: ______________________

(a) I'll cancel the tickets.
(b) Sounds perfect.
(c) I'll stand in for you today.
(d) How about a movie?

해설
영화 보러 극장으로 출발하는 시간과 관련한 대화문이다. 6시 반에 영화가 시작한다고 하자, 6시에 극장으로 출발하자는 남자의 말에 적절한 응답은 긍정의 대답인 보기 (b)가 정답이다. 영화를 보러가자고 했는데 티켓을 취소하겠다는 (a)나 다시 영화 보러 가는 건 어떠냐고 묻는 (d)는 모두 정답이 될 수 없다.

해석
M: 영화가 언제 시작할까?
W: 6시 30분에 시작할 거야.
M: 그러면, 6시에 극장으로 가자.
W: ______________________

(a) 내가 표 취소할게.
(b) 좋았어.
(c) 내가 오늘 대신 해줄게.
(d) 영화 보러 갈래?

어휘
cancel 취소하다
stand in for ~를 대신해서 일하다
How about~? ~는 어때?

정답 (b)

24 M: My mom's going to get mad at me.
W: What's wrong?
M: I bombed my midterm exam.
W: ______________________

(a) It sounds exciting.
(b) Really? I envy you.
(c) Why did you forget to take the exam?
(d) Oh, I'm sorry to hear that.

해설
남자가 걱정하는 이유는 중간고사를 망쳤기 때문이다. 이 상황에서 적절한 표현은 안타까움을 나타낼 때 사용하는 표현일 것이다. 정답은 (d)이다. 시험을 망친 것인데, 왜 시험을 보는 걸 잊었냐는 (c)의 질문은 어울리지 않는다.

해석
M: 엄마가 내게 화를 내실거야?
W: 뭐가 잘못됐니?
M: 중간고사를 망쳤어.
W: ______________________

(a) 그거 재미있겠는걸.
(b) 정말로? 네가 부럽다.
(c) 왜 시험 보는 걸 깜박 잊은 거니?
(d) 아, 그거 안됐구나.

어휘
get mad at ~에게 엄청 화를 내다
bomb 망치다
midterm exam 중간고사
envy 부럽다

정답 (d)

25 M: Hi, I'd like to send this package to America.
W: Do you want to send it by first class or by parcel post?
M: How much does it cost to send a package first class?
W: ______________________

(a) I get paid nine dollars per hour.
(b) Twenty dollars is all I have.
(c) It depends on how much it weighs.
(d) First-class tickets are very expensive.

해설
우체국에서 소포를 보내는 상황으로 남자는 1종 우편을 보낼 때 드는 가격을 묻고 있다. 정답은 무게따라 다르다고 답하는 보기 (c)이다. 보기 (a)와 (b)는 구체적인 돈의 수치를 언급해서 혼동을 주는 오답이고 (d)의 first class를 이용한 오답이다.

해석
M: 안녕하세요. 이 소포를 미국으로 보내고 싶습니다.
W: 1종 우편으로 보내시겠어요, 아니면 소포 우편으로 보내시겠어요?
M: 1종 우편으로 보내려면 얼마가 드나요?
W: ______________________

(a) 전 시간당 9달러를 받고 있습니다.
(b) 내가 가지고 있는 돈은 20달러가 전부야.
(c) 무게에 따라 다릅니다.
(d) 일등석 요금은 굉장히 비쌉니다.

어휘
package 소포
first class 1종 우편
parcel post 소포우편
depend on ~에 달려 있다
weigh 무게가 나가다
first-class ticket (비행기의) 일등석 티켓

정답 (c)

26 M: Ms. Norman. I need to ask you a favor.
W: What is it?
M: Can we put off the meeting till next week?
W: ______________________________

(a) Okay. Let's hold a second meeting.
(b) How long will it take?
(c) Yes, it's time to resume the meeting.
(d) I'm sorry, but it's not my call.

해설

남자는 회의의 연기가 가능한지 물어보고 있다. 미안하지만 자신이 결정할 수 있는 사안이 아니라고 하는 (d)가 정답이다. 회의를 미루자고 한 거지 또 회의를 열자고 한 것은 아니므로 (a)는 정답이 될 수 없다.

해석

M: 노만 씨. 부탁드릴게 있습니다.
W: 무슨 일이죠?
M: 회의를 다음 주까지 미루면 안 될까요?
W: ______________________________

(a) 그래요. 두 번째 회의를 엽시다.
(b) 얼마나 오래 걸릴까요?
(c) 네, 회의를 재개할 시간입니다.
(d) 미안하지만, 제가 결정한 사안이 아니네요.

어휘

ask someone a favor ~에게 부탁을 하다
put off 미루다, 연기하다
resume 재개하다
It's not my call. 제가 결정할 수 있는 일이 아닙니다.

정답 (d)

27 M: Congratulations! Your business is booming.
W: Thank you. I couldn't have done it without your help.
M: Think nothing of it. Anyway, I wish I could run my own business.
W: ______________________________

(a) I don't have money on me.
(b) We are running short of time.
(c) We can run together every evening.
(d) I hope it works out that way.

해설

상대의 사업이 번창하는 걸 보고 남자는 자기도 본인의 사업체를 가졌으면 좋겠다는 소망을 밝히고 있다. 이 상황에서 가장 적절한 응답은 상대방의 의견에 동의해주거나 격려를 해주는 것일 거다. 정답은 본인도 그렇게 되길 바란다는 보기 (d)이다. (b)와 (c)는 모두 동사 run을 이용한 오답이다.

해석

M: 축하해요. 사업이 번창하고 있군요.
W: 감사해요. 도와주시지 않았다면 해낼 수 없었을 거예요.
M: 부담스럽게 생각하지 마세요. 어쨌든, 저도 제 사업을 운영했으면 좋겠네요.
W: ______________________________

(a) 내가 수중에 돈이 없어요.
(b) 우리는 시간이 별로 없어요.
(c) 매일 저녁에 같이 뛰자고요.
(d) 저도 그렇게 되셨으면 좋겠어요.

어휘

boom 번창하다, 폭등하다
Think nothing of it. 별거 아닙니다. 부담스럽게 생각하지 마세요.
run 운영하다
run short of time 시간이 모자라다
work out (일 등이) 풀리다

정답 (d)

28 W: How many classes are you taking this semester?
M: I'm going to take five classes.
W: Did you sign up for Economics 101?
M: ______________________________

(a) I've missed a few classes.
(b) No, the class was already full.
(c) Yeah, economics is not easy to comprehend.
(d) I'm still looking for the classroom.

해설

'sign up for'는 무언가를 등록하다란 뜻으로 질문의 요지는 경제학원론을 등록했냐고 묻고 있는 거다. 이에 대한 적절한 응답은 이미 수업이 꽉찼다고 답변하는 보기 (b)이다.

해석

W: 이번 학기에 수업 몇 과목이나 듣니?
M: 5과목 들을 예정이야.
W: 너 경제학원론 수강 신청했니?
M: ______________________________

(a) 수업을 몇 개 듣지 못했어.
(b) 아니, 수업이 이미 정원이 꽉 찼더라고.
(c) 응, 경제학은 이해하기가 쉽지가 않아.
(d) 아직도 교실을 찾고 있는 중이야.

어휘

sign up for ~을 수강신청하다
Economics 101 경제학원론
full 꽉 찬
comprehend 이해하다
look for ~을 찾다

정답 (b)

29 W: May I take your order now, sir?
M: Yes, please. I'd like to have the prime rib with baked potatoes.
W: How would you like your steak, sir?
M: ________________________________

(a) I'm sorry, but I'm a vegetarian.
(b) I want to have it now.
(c) It's very succulent.
(d) I'd like mine well-done, please.

해설

식당에서 음식을 주문하고 있는 상황이다. 'How would you like your steak?'는 스테이크의 구운 정도를 질문하는 것이므로 정답은 (d)이다. 덜 익혀달라고 할 때는 'rare' 중간 정도는 'medium'이라고 하면 된다.

해석

W: 주문을 받아도 될까요?
M: 네. 전 구운 감자와 프라임 립으로 하겠습니다.
W: 스테이크는 어떻게 구워드릴까요?
M: ________________________________

(a) 죄송하지만 전 채식주의자입니다.
(b) 지금 먹고 싶어요.
(c) 즙이 아주 많군요.
(d) 바짝 구워주세요.

어휘

take one's order 주문을 받다
vegetarian 채식주의자
succulent 즙이 많은

정답 (d)

30 M: How do I get to the post office from here? Is it far?
W: Well, it's quite a walk. If you want you can take the subway or the bus.
M: No, I prefer walking. How far is it from here?
W: ________________________________

(a) So far so good.
(b) It's far from being over.
(c) It took me a half an hour to get here.
(d) Nine to ten blocks, I guess.

해설

'How far ~?'는 거리를 물어보는 질문이다. 적절한 대답은 구역 단위인 블럭(block)을 사용해서 대답한 보기 (d)가 정답이다. (a), (b)는 far를 이용한 오답이다.

해석

M: 여기서부터 우체국까지 어떻게 가야하나요? 멀리 있나요?
W: 음, 걸어서 꽤 걸려요. 원하시면 버스나 전철을 타시면 됩니다.
M: 아니요. 전 걷는 게 더 좋습니다. 여기서 얼마나 머나요?
W: ________________________________

(a) 지금까지는 괜찮아요.
(b) 아직 전혀 끝나지 않았습니다.
(c) 여기까지 오는 데 30분 걸렸습니다.
(d) 아홉에서 열 블럭 정도일 겁니다.

어휘

prefer ~을 선호하다
So far so good. 지금까지는 괜찮아요.
far from ~이기는커녕, 조금도 ~하지 않는
block (구역 단위) 블럭

정답 (d)

31 W: John, have you called your friends? Who's coming with us?

M: I rang the Johnsons yesterday evening, but they cannot come. Instead, Jack and Susan are coming. There will be four of us.

W: Good. What do we need then for the picnic lunch?

M: They are bringing some cakes. I have brought two roast chickens and now I'm making some sandwiches. But I need more bread and cheese.

W: I'll go and buy them. Is there a supermarket nearby?

M: Yes, look. The supermarket is on the corner, and there is a bakery next door. Can you also buy something to drink?

W: No problem.

Q: What is the man doing?

(a) Calling his friends

(b) Roasting poultry

(c) Preparing picnic food

(d) Taking the woman to the supermarket

해설

남자가 하는 말을 중심으로 대화를 들어야 한다. 남자가 한 일로는 친구에게 전화를 해서 소풍에 갈 사람을 확인한 것이고, 남자가 지금 하고 있는 일은 샌드위치를 만들고 있는 일이다. 그러므로 소풍 음식을 준비한다고 한 보기 (c)가 정답이다. 여자에게 슈퍼마켓의 위치를 알려주고 있기는 하지만, 그녀를 직접 데려다 주는 것은 아니기에 (d)는 오답이다.

해석

W: 친구들에게 전화했나요? 누가 우리랑 같이 가나요?

M: 어제 밤에 존슨 가족에게 전화를 했지만 올 수 없다고 하네요. 대신에 잭과 수잔이 올 거예요. 우리 넷이서 가는 거죠.

W: 잘됐네요. 그러면 소풍 점심으로 뭐가 필요하죠?

M: 그들이 케이크를 가져 올 거예요. 전 구운 치킨 두 마리를 가져왔고요. 그리고 지금 전 샌드위치를 만들고 있어요. 하지만 빵과 치즈가 더 필요해요.

W: 제가 가서 사올게요. 슈퍼마켓이 근처에 있나요?

M: 네, 저기 보세요. 슈퍼마켓은 골목에 있고, 그 옆이 빵집이에요. 마실 것도 사다주실 수 있으세요?

W: 물론이죠.

Q: 남자는 무엇을 하고 있는가?

(a) 친구들에게 전화하기

(b) 닭을 굽기

(c) 소풍 음식 준비하기

(d) 여자를 슈퍼마켓으로 데려다 주기

어휘

roast 굽다

nearby 근처에

poultry (닭, 오리 등을 포함한) 가금

정답 (c)

32 W: I'm organizing an evening at the theater with some friends.

M: That sounds like fun. What exactly are you planning to do?

W: We are going to see a musical "Phantom of the opera". And we are thinking of going to a pizzeria afterwards. Would you like to come with us?

M: No, thanks. I'm too tired today. I shall come with you next time.

W: Okay. Oh, I have to go now. It is already 7 o'clock and in an hour, I'm going to meet my friends downtown.

M: Good bye, Susan. Enjoy yourself and see you some other time.

W: So long, Jack. Try to rest this weekend.

Q: What is the conversation mainly about?

(a) Going to see a movie with friends

(b) An evening get-together with friends

(c) Throwing a dinner party

(d) Ways to decline a friend's invitation

해설

친구들과 함께 뮤지컬을 보고 저녁식사를 하러 갈 계획에 대해서 이야기를 나누고 있다. 정답은 (b)이다. 친구들과 보러 가는 것은 영화가 아닌 뮤지컬이며, 후에 파자집에서 식사를 하는 것을 저녁식사 파티라고는 볼 수 없다.

해석

W: 몇몇 친구들과 극장에서의 함께하는 저녁 약속을 계획하고 있어요.

M: 재미있겠군요. 정확히 뭘 할 계획인가요?

W: 오페라의 유령 뮤지컬을 볼 거예요. 그리고 이후에 피자 가게에 갈려고 생각중이에요. 당신도 우리와 함께 갈래요?

M: 고맙지만 전 괜찮아요. 오늘 너무 피곤하거든요. 다음에 같이 가도록 하죠.

W: 그래요. 아, 저 이제 가봐야 해요. 벌써 7시인데, 한 시간 지나서 시내에서 친구들과 만나기로 했거든요.

M: 잘 가요, 수잔. 재미있는 시간 보내고 언제 다시 보도록 해요.

W: 잘 있어요. 잭. 주말 동안 푹 쉬도록 하세요.

Q: 대화문의 주제는 무엇인가?

(a) 친구들과 영화 보러 가기

(b) 친구들과의 저녁 모임

(c) 저녁 식사 파티 열기

(d) 친구의 초대를 거절하는 방법들

어휘

organize 계획하다, 준비하다

theater 극장

pizzeria 피자 가게

afterwards 후에, 나중에

rest 쉬다, 휴식을 취하다

정답 (b)

33 W: Hello. James Cruger's office.
M: Hello. This is Max Turner, and I'd like to speak with Mr. Cruger.
W: I'm sorry, but he is on another line. Would you like to hold?
M: Do you think he'll be hanging up soon?
W: That's something I cannot tell you for sure. Then, would you like to leave a message?
M: Okay. Please tell him Max Turner called and have him call me as soon as possible.
W: Got it. Does he know your phone number?
M: Yes, he does. Tell him to give me a call on the cell.

Q: What is the conversation about?
(a) The man is hanging up on the woman.
(b) The man is waiting for Mr. Cruger's call.
(c) The man is trying to reach Mr. Cruger.
(d) The man is trying to give the woman a cell phone.

해설

남자가 전화를 한 이유는 크루거 씨와 통화를 하기 위해서이다. 통화를 할 수 없게 되자 자신에게 전화를 달라는 메시지를 전달하고 있다. 즉, 대화의 주된 내용은 남자가 크루거 씨와의 통화를 하려 한다는 것이다. 그러므로 정답은 (c)이다.

해석

W: 여보세요. 제임스 크루거의 사무실입니다.
M: 여보세요. 전 맥스 터너라고 합니다. 크루거 씨와 통화를 하고 싶습니다.
W: 죄송하지만 지금 통화중이시네요. 기다리시겠어요?
M: 금방 전화를 끊으실까요?
W: 그 부분은 제가 확실히 말씀드릴 수가 없네요. 그렇다면 메시지를 남기시겠어요?
M: 그럴게요. 맥스 터너에게서 전화가 왔었다고 전해주시고요, 제게 가능한 빨리 전화를 달라고 말씀해주세요.
W: 알겠습니다. 그가 터너 씨의 전화번호를 알고 있나요?
M: 네, 알고 있습니다. 그에게 휴대폰으로 전화하라고 말씀해 주세요.

Q: 무엇에 관한 대화인가?
(a) 남자는 여자의 전화를 그냥 끊어버리고 있다.
(b) 남자는 크루거 씨의 전화를 기다리고 있다.
(c) 남자는 크루거 씨와 통화를 하려 하고 있다.
(d) 남자는 여자에게 휴대전화를 주려고 하고 있다.

어휘

on another line 통화중인
hold 기다리다
hang up 전화를 끊다
Would you like to leave a message? 메시지 남기시겠어요?
give someone a call on the cell ~에게 휴대전화로 전화를 걸다

정답 (c)

34 M: Guess what? Our team won the match again.
W: That's unbelievable. Your team is on a winning streak.
M: Yeah, it's really amazing. Actually, I thought we were not going to win this game, because it was against one of the top teams in the league.
W: Now that your team beat them, it looks like your team is going to be one of the top contenders this year.
M: I hope so. We will just do our best.
W: Anyhow, what did you guys do to celebrate the victory?
M: We went to the buffet restaurant, and ate like a horse.

Q: What is the main topic of the conversation?
(a) The team's successive triumphs
(b) Sporadic victories of the man's team
(c) Securing the first place in the league
(d) Plans for the team's celebration

해설

남자가 자신의 팀이 또 다시 경기를 승리했다고 말하고 이에 여자가 'Your team is on a winning streak' 라고 하는 것에서 대화의 주제가 무엇인지 짐작할 수 있다. 팀의 계속되는 승리, 즉 보기 (a)가 정답이다. 리그에서 1등 자리를 확보하는 것과 관련한 내용은 언급된 적이 없기에 (c)는 정답이 아니다.

해석

M: 무슨 일이 있었는지 알아? 우리 팀이 경기에서 또 이겼어.
W: 믿을 수가 없는 걸. 너희 팀 연승 행진 중이구나.
M: 응. 정말 놀라워. 사실 이번 게임은 리그에서 최고의 팀 중 하나랑 붙는 거였기 때문에 이길 거라고 생각 안 했거든.
W: 이제 너희 팀이 그들을 이겼으니까, 너희 팀이 이번 연도 최고의 경쟁상대가 된 것 같은데.
M: 나도 그러길 바래. 우리는 그냥 최선을 다할 거야.
W: 어쨌든, 승리를 축하하기 위해서 너희들 무엇을 했니?:
M: 우리 뷔페 식당에 가서 엄청나게 먹었어.

Q: 대화의 주제는 무엇인가?
(a) 팀의 계속되는 승리
(b) 그 남자팀의 산발적인 승리
(c) 리그에서 1등 자리 확보
(d) 팀의 축하를 위한 계획

어휘

be on a winning streak 연승행진인
beat 이기다
contender 경쟁상대
celebrate 축하하다
eat like a horse 엄청나게 먹다
successive 연속하는
triumph 승리
sporadic 산발적인
secure 확보하다

정답 (a)

35 M: Do you think this illustration looks better in the beginning or end of the report?
W: I believe in the beginning of the report is better. When would you like to distribute this report?
M: We have a meeting in one hour. The report must be ready in time for the meeting.
W: How many copies do we need to bring?
M: There will be ten representatives at the meeting, but print five additional copies just in case.
W: Right away. Is there anything else?
M: Yes. Please inform my assistant to hold all my calls because I'll be at the meeting.

Q: What is happening in the conversation?
(a) The woman is photocopying the report.
(b) The man is distributing the prepared materials.
(c) The woman is not answering any calls.
(d) The man is preparing for the meeting.

해설

대화의 주된 내용은 회의 자료 준비와 관련된 것들이다. 남자는 곧 시작할 준비에 맞춰서 필요한 사항들을 이야기 하고 있다. 즉, 대화에서 벌어지고 있는 상황에 대한 정답은 보기 (d)이다.

해석

M: 도해가 보고서 초반에 있는 게 나아 보이나요, 끝에 있는 게 나아 보이나요?
W: 보고서 초반이 더 좋을 것 같네요. 이 보고서를 언제 배포할 건가요?
M: 한 시간 후에 회의가 있어요. 보고서는 회의 시간에 맞춰서 준비가 되어야 해요.
W: 몇 부나 가져가야 되나요?
M: 10명의 대표자들이 회의에 있을 거예요. 하지만 만약을 대비해서 5부 추가로 복사해야 해요.
W: 알겠습니다. 다른 건 또 없나요?
M: 네, 제가 회의에 있을 테니까 제 비서에서 제게 오는 전화들을 연결하지 말라고 알려주세요.

Q: 대화에서 벌어지고 있는 상황은 무엇인가?
(a) 여자는 보고서를 복사하고 있다.
(b) 남자는 준비된 자료들을 돌리고 있다.
(c) 여자는 어떤 전화도 받고 있지 않다.
(d) 남자는 회의를 준비를 하고 있다.

어휘

illustration 삽화, 도해
hold one's calls 전화를 연결하지 않다

정답 (d)

36 M: When do you think it would be the best time for us to visit Morocco this year?
W: At the end of the year, as usual. I am actually thinking about leaving on December 5th.
M: Well, I don't think i can leave on that day. I have an important meeting that day.
W: Can you go on December 8th then?
M: Yes, December 8th sounds perfect.
W: Excellent. And how about coming back on December twenties?
M: That's okay. But I'd like to stay a bit longer. Can we stay until December twenty-third?
W: No problem. It's going to be an entertaining trip. I'm really looking forward to it.

Q: What are the man and woman discussing?
(a) The meeting in Morocco
(b) Their first journey to Morocco
(c) The Itinerary of the trip
(d) Events to enjoy in December

해설

남자와 여자가 나누는 대화는 모로코의 여행을 언제 떠나고 다시 언제 돌아오느냐는 것이다. 즉, 여행의 일정에 대해서 이야기를 나누고 있는 것이다. 그러므로 정답은 (c)이다. 모로코로 언제 가냐는 여자의 질문에 대한 대답인 'At the end of the year, as usual'을 통해서 이들이 모로코로 여행을 처음 가는 것이 아님을 알 수 있기에 (b)는 정답이 될 수 없다.

해석

M: 올해 언제 모로코에 방문하는 것이 가장 좋을 거라고 생각하나요?
W: 늘 그랬듯이 연말이요. 사실 전 12월 5일에 떠나는 걸 생각하고 있었어요.
M: 음, 전 그날 떠날 수가 없을 것 같네요. 그날 중요한 회의가 있거든요.
W: 그럼 12월 8일에는 갈 수 있나요?
M: 네, 12월 8일 딱 좋네요.
W: 좋아요. 그리고 12월 20일에 돌아오는 건 어때요?
M: 괜찮아요. 하지만 전 조금 더 머물고 싶어요. 우리 12월 23일까지 머물면 안 될까요?
W: 문제없죠. 아주 재미있는 여행이 될 거예요. 정말로 기대가 되네요.

Q: 화자들은 무엇에 대한 이야기를 하고 있는가?
(a) 모로코에서의 회의
(b) 모로코로 가는 첫 번째 여행
(c) 여행의 일정
(d) 12월에 즐길 행사들

어휘

as usual 늘 그래 왔듯이
look forward to ~을 기대하다
journey 여행하다
itinerary 여행일정

정답 (c)

37 M: Hi, I'd like to open a bank account.
W: What type of bank account would you like?
M: What types of bank accounts do you have?
W: We have a lot of different types. We have a regular checking accounts as well as savings accounts. And if you're a student, we also provide student checking accounts.
M: I'm a student. What's the difference between a regular checking account and a student checking account?
W: If you want to open a regular checking account, you need a minimum deposit of 500 dollars. However, you may open a student checking account with only 100 dollars.
M: Is there any other difference between the two?
W: Yes, the other difference is that the regular checking account yields three percent interest while the student checking account yields four percent interest.

Q: What can be inferred from the conversation?
(a) The man works at a financial institute.
(b) There is no big difference between the regular and student checking account.
(c) At least, five-hundred dollars are needed to open a student checking account.
(d) More money can be earned in a student checking account.

해설

마지막 문장을 통해서 학생 체크예금의 이자수익률이 일반의 것보다 1% 높다는 것을 알 수 있다. 이로부터 유추해 낼 수 있는 사항은 보기 (d)이다. 보기 (a)는 남녀의 성별에 혼동을 준 것이고, 주어진 내용을 기반으로 할 때, 두 계좌 사이에 큰 차이점이 없다고 보는 것은 옳은 유추가 아니므로 (b) 역시 오답 처리된다.

해석

M: 안녕하세요. 은행계좌를 만들고 싶습니다.
W: 어떤 종류의 은행계좌를 원하시나요?
M: 어떤 종류의 은행계좌들이 있죠?
W: 저희는 다양한 종류들을 제공하고 있습니다. 저희는 일반적인 체크계좌와 함께 예금계좌가 있습니다. 그리고 만약 고객님이 학생이시라면 학생 체크계좌도 제공하고 있습니다.
M: 전 학생인데요. 일반 체크계좌랑 학생 체크계좌와의 차이점이 뭐죠?
W: 일반 체크계좌를 만드시려면 최소 예치 예금이 500불입니다. 하지만, 학생 체크계좌를 만드시면 100달러만 있으면 되지요.
M: 또 다른 차이점은 없나요?
W: 있습니다. 또 다른 차이점은 일반 체크계좌는 3퍼센트 이자가 붙지만 학생 체크계좌는 4퍼센트의 이자가 붙는답니다.

Q: 대화로부터 추론할 수 있는 것은 무엇인가?
(a) 남자는 금융기관에서 일한다.
(b) 일반과 학생 체크계좌 사이에 그렇게 많은 차이점은 없다.
(c) 학생 체크계좌를 개설하기 위해서는 최소 500달러가 필요하다.
(d) 학생 체크계좌에서 더 많은 돈이 벌릴 수 있다.

어휘

bank account 은행계좌
difference 차이점
minimum 최소의
deposit 예치(금)
yield (수확, 이자 등을) 거두다
interest 이자

정답 (d)

38 M: Are you being attended to?
W: No, but I would like to try some shoes on.
M: Which ones would you like to try on?
W: Those over there, on the shelf.
M: Certainly. What size do you wear?
W: Seven. In red, possibly?
M: Size 7 in red. This style has been very popular, I don't know if there are any pairs left. Please wait here. I'll check the inventory.
W: Thank you very much. .

Q: What can be inferred from the conversation?
(a) The man wants to buy shoes.
(b) The woman wants to try seven different shoes on.
(c) Most people wear size 7 shoes.
(d) The man will enter the stock room.

해설

신발가게에서 점원과 손님 사이에 벌어지는 대화문이다. 여자는 사이즈 7의 빨간색의 특정 신발을 신어보기를 원한다. 하지만 점원은 남은 켤레가 있는지 잘 모르겠다며 재고를 확인해 보겠다고 한다. 이를 통해 남자가 재고 방으로 들어갈 것이라는 사실을 유추해 볼 수 있다. 그러므로 정답은 (d)이다. 여자가 찾는 신발이 있을지 잘 모르겠다고 한 건 여자가 원하는 신발의 스타일이 인기가 많기 때문이지 대부분의 사람들이 7사이즈를 신어서 그런 것은 아니므로 (c)는 정답이 될 수 없다.

해석

M: 점원에게 도움받고 계시나요?
W: 아니요, 하지만 신발들을 직접 신어보고 싶어요.
M: 어떤 신발들을 신어보고 싶으신가요?
W: 저 선반 위에 있는 저것들이요.
M: 물론이죠. 사이즈가 어떻게 되시죠?
W: 7사이즈입니다. 가능하면 빨간색으로 주세요.
M: 빨간색 7사이즈 말씀이시죠. 이 스타일이 매우 인기가 많습니다. 남은 켤레가 있는지 잘 모르겠네요. 여기서 기다려 주세요. 가서 재고를 확인해볼게요.
W: 감사합니다.

Q: 대화로부터 추론할 수 있는 것은 무엇인가?
(a) 남자는 신발을 사고 싶어 한다.
(b) 여자는 7개의 다른 신발들을 신어보고 싶어한다.
(c) 대부분의 사람들이 7사이즈를 신는다.
(d) 남자는 재고 방으로 들어갈 것이다.

어휘

attend to 시중들다
try on ~을 입어보다, 신어보다
possibly 될 수 있는 한
inventory 재고품
stock room 창고

정답 (d)

39 W: Guess what? My boyfriend is coming to visit me next week.
M: That's great. You must be really excited.
W: You bet I am. It's been almost a year since we last met.
M: So where does he live now?
W: He lives in New York, because his school is there.
M: Wow. It's definitely going to be a long flight for him. And I guess it shows how much he loves you.
W: No doubt about it.

Q: Which is correct according to the conversation?
(a) The woman's boyfriend is flying to New York to see her.
(b) The woman goes to school in New York.
(c) The woman last saw her boyfriend about two years ago.
(d) New York is far from the place where the woman lives now.

해설

여자의 남자친구가 뉴욕에서부터 그녀를 방문하러 온다고 얘기하자 남자는 'It's definitely going to be a long flight for him'이라고 얘기하고 있다. 이 말은 곧 뉴욕과 현재 여자가 살고 있는 곳이 굉장히 멀리 있다는 것을 전제로 한다. 그러므로 정답은 (d)이다.

해석

W: 무슨 일이 있는지 알아? 내 남자친구가 다음 주에 날 보러 올 거야.
M: 좋겠다. 너 정말 신나겠구나.
W: 당연하지. 마지막으로 우리 만난 지 벌써 1년이 다 되어가.
M: 그럼 그는 지금 어디 살고 있니?
W: 그는 뉴욕에 살고 있어, 왜냐면 학교가 거기에 있거든.
M: 와, 비행기 타고 정말 오래 와야겠구나. 그 사실로만 그가 널 얼마나 사랑하는지 보여지는 것 같은데.
W: 의심할 것도 없지.

Q: 대화에 의하면 옳은 것은 무엇인가?
(a) 여자의 남자친구는 여자를 보러 뉴욕으로 비행기 타고 갈 것이다.
(b) 여자는 뉴욕에 있는 학교에 다닌다.
(c) 여자는 그녀의 남자친구를 2년 전에 마지막으로 보았다.
(d) 뉴욕은 여자가 지금 사는 곳에서부터 멀리 떨어져 있다.

어휘

Guess what? 무슨 일이 있는지 알아?, 알아 맞혀봐.
definitely 분명히, 명백히
long flight 오랜 비행
doubt 의심, 의심하다

정답 (d)

40 W: Excuse me. How often do the buses run here?
M: It all depends on which bus.
W: I'm waiting for the 27 bus.
M: Oh, I'm waiting for the same bus. The 27 bus comes once every 15 minutes.
W: I see. When will the next bus come?
M: It should arrive any minute now.

Q: When will the next 27 bus arrive?
(a) It will arrive in fifteen minutes.
(b) It varies from time to time.
(c) It will arrive soon.
(d) No one knows.

해설

여자가 남자에게 다음 버스가 언제 오냐고 묻자, 남자가 'any minute now'라고 대답하고 있다. any minute 또는 any minute now는 '지금 곧'이란 의미이므로 정답은 '곧 도착할 것이다'라는 (c)가 된다.

해석

W: 실례합니다. 여기 버스가 얼마나 자주 다니나요?
M: 어느 버스냐에 따라 다르지요.
W: 전 27번 버스를 기다리고 있어요.
M: 아, 저도 같은 버스를 기다리고 있어요. 27번 버스는 15분마다 한 대씩 와요.
W: 그렇군요. 다음 버스는 언제 올까요?
M: 금방 도착할 거예요.

Q: 다음 27번 버스는 언제 도착할 것인가?
(a) 15분 후에 도착할 것이다.
(b) 그때 그때 다르다.
(c) 곧 도착할 것이다.
(d) 아무도 모른다.

어휘

run 운행하다, 달리다
depend on ~에 따라 다르다
any minute now 곧, 조만간
vary 변화하다
from time to time 그때 그때

정답 (c)

41 M: What have you majored in college?
W: I majored in Advertising. What about you?
M: I majored in Economics and a had minor in Arts.
W: That's interesting. No wonder you're so good at drawing.
M: Thanks. I'm flattered. Drawing is kind of my favorite hobby.
W: I wish I had a hobby, too. I think I'm losing my interest in everything these days.

Q: Which is correct according to the conversation?
(a) The woman has majored in Arts.
(b) The woman thinks the man's drawings are great.
(c) The man doesn't have any hobbies.
(d) The man thinks he is not good at drawing.

해설

서로의 전공에 관해서 얘기하고 있다. 남자는 자신이 미술을 부전공했다고 말하고 있고, 여자는 이에 남자가 그림을 잘 그리는 것이 이상할 것이 없다고 응답하고 있다. 즉, 여자는 남자의 그림이 훌륭하다고 생각하는 것이다. 그러므로 정답은 (b)이다. 여자의 칭찬에 남자가 'I'm flattered' 라고 말하지만 이것이 남자가 자신이 그림을 못 그린다고 생각해서 하는 말은 아니므로 (d)는 오답이다.

해석

M: 대학 때 무엇을 전공하셨나요?
W: 광고학을 전공했습니다. 당신은요?
M: 전 경제학을 전공했고 미술을 부전공했습니다.
W: 그거 흥미롭군요. 당신이 그림을 잘 그리는 게 이상할 게 없군요.
M: 고마워요. 과찬의 말씀입니다. 그림을 그리는 것은 일종의 제가 가장 좋아하는 취미입니다.
W: 나도 취미가 있었으면 좋겠어요. 요즈음 모든 것에 흥미를 잃어가고 있는 것 같아요.

Q: 대화에 따르면 옳은 것은 무엇인가?
(a) 여자는 미술을 전공했다.
(b) 여자는 남자의 그림이 훌륭하다고 생각한다.
(c) 남자는 아무런 취미도 가지고 있지 않다.
(d) 남자는 자신이 그림을 잘 그린다고 생각하지 않는다.

어휘

major 전공, 전공하다
Advertising 광고학
Economics 경제학
Arts 미술
minor 부전공
be good at ~을 잘하다
I'm flattered. 과찬의 말씀입니다.
lose interest in ~에 흥미를 잃다

정답 (b)

42 M: What time does the conference start?
W: It starts at 5. We're running out of time. Let's take a cab, otherwise we won't get there on time.
M: I don't think it's a good idea. Look outside, the traffic is bumper to bumper.
W: How about taking the subway, then?
M: That's a better idea. Let's take off. Every minute counts.
W: Hold on a sec. I should get the presentation files. It should be here somewhere.
M: No worries. I got an extra copy here. And don't forget to tell your secretary that we won't be back until 6.
W: I'll tell her on our way out. Let's go.

Q: Where is this conversation most likely taking place?
(a) In the subway station
(b) On the street
(c) In the company's office
(d) In the conference

해설

화자들은 회의에 가기 위해서 무엇을 타고 가는 게 좋을지 대화 후 출발을 하고 있다. 마지막에 남자는 여자에게 6시까지 돌아오지 않을 거라는 것을 비서에게 말하라고 하고, 여자는 나가면서 말하겠다며 출발하자고 한다. 즉, 이들은 현재 사무실에서 출발 준비를 하고 있는 것이다. 그러므로 정답은 (c)이다.

해석

M: 회의가 몇 시에 시작하죠?
W: 5시에 시작합니다. 우리 늦었어요. 택시를 타죠. 그렇지 않으면 제시간에 도착할 수 없을 것에요.
M: 좋은 생각 같지 않아요. 밖을 봐요. 교통이 꽉 막혀있다고요.
W: 그러면 전철을 타는 것은 어때요?
M: 그게 더 나은 생각이네요. 출발합시다. 매 분이 중요하다고요.
W: 잠시만요. 발표 파일을 챙겨야 해요. 여기 어딘가에 있을 거예요.
M: 걱정하지 말아요. 저 여기 여분이 있습니다. 그리고 비서에게 우리가 6시까지는 돌아오지 않을 거라고 말하는 거 잊지 마세요.
W: 나가면서 말하도록 하죠.

Q: 이 대화는 어디에서 벌어지고 있음직한가?
(a) 지하철역에서
(b) 거리에서
(c) 회사 사무실에서
(d) 회의에서

어휘

conference 회의
run out of time 시간이 촉박하다
bumper to bumper 교통이 꽉 막힌
secretary 비서

정답 (c)

43 W: I know that you come from Italy. Is life there as frantic as it is here in Seoul?
M: I think it is. Only the working hours are different. They have a longer break for lunch.
W: Really? How much longer?
M: Well, it's usually from 1:30 to 4:30 p.m. Everybody goes home for lunch because families get together for the main meal. Then, they have a quick nap before going back to work.
W: Are you serious?
M: Yes, I am. That's the way it is in Italy.
W: That is relaxing. I wish I could also have a little nap too after a good substantial lunch.

Q: Which is correct according to the conversation?
(a) The woman comes from Italy.
(b) Italians have lunch with their families at home.
(c) Italians usually finish work at 4:30 p.m.
(d) The woman usually takes a nap after lunch.

해설

대화에서 이탈리아 출신은 남자로 한국과 이탈리아의 점심식사 문화가 다르다는 것에 대한 내용이 언급되고 있다. 남자에 따르면, 이탈리아 사람들은 점심을 먹으러 집에 가서 가족들과 함께 모여 식사를 한다. 이와 동일한 내용은 선택지들 중 보기 (b)이다.

해석

W: 당신이 이탈리아에서 왔다는 것을 알고 있어요. 그곳의 삶도 여기 서울만큼이나 정신없나요?
M: 그런 것 같아요. 단지 근무시간만 달라요. 이탈리아 사람들은 점심시간이 더 길답니다.
W: 정말요? 얼마나 더 긴가요?
M: 음, 보통 1시 30분부터 4시 30까지입니다. 모든 사람들이 점심을 먹으러 집에 가죠. 왜냐면 가족들이 식사를 위해서 같이 모이거든요. 그러고 나서 일하러 돌아가기 전에 짧게 낮잠을 잔답니다.
W: 정말인가요?
M: 네, 정말입니다. 이탈리아에서는 그렇게 합니다.
W: 휴식을 충분히 취하겠는걸요. 저도 점심을 알차게 먹은 후에 짧게 낮잠을 청할 수 있었으면 좋겠네요.

Q: 대화에 따르면 옳은 것은 무엇인가?
(a) 여자는 이탈리아 출신이다.
(b) 이탈리아 사람들은 집에서 가족들과 함께 점심을 먹는다.
(c) 이탈리아 사람들은 4시 30분에 퇴근한다.
(d) 여자는 보통 점심식사 후에 낮잠을 잔다.

어휘

frantic 정신없는
working hours 근무시간
get together 모이다, 함께하다
nap 낮잠
serious 진심인, 진지한
substantial

정답 (b)

44 W: Hello, I'd like to speak to Mr. Potter.
M: This is he. May I ask who's calling, please?
W: Oh, Mr. Potter. This is Amy Jackson. Is this a bad time?
M: No, it's not. What's going on?
W: I sent you a parcel a week ago, but it has been returned to me.
M: Did you write my address correctly?
W: Well, I wrote 2/187 Lake Street, Newcastle. Isn't that your address?
M: Oh, I'm really sorry. I thought I told you my new address. I moved to a new place five days ago.

Q: Why did the man not receive his parcel?
(a) He was having a bad time.
(b) He was not at home when the parcel arrived.
(c) The woman wrote the man's new address wrong.
(d) He forgot to notify the woman of his change of address.

해설

여자가 남자에게 전화를 걸어 일주일 전에 보낸 소포가 반송되어 돌아왔다고 말하고 있다. 처음에 주소를 잘 적었냐고 묻던 남자는 여자가 소포에 적은 주소를 불러주자 말하는 걸 깜빡해 미안하다며 새로운 집으로 이사했다고 말하고 있다. 즉, 남자가 소포를 받지 못한 이유는 '여자에게 변경된 주소를 통보하는 걸 깜박했다'라는 (d)가 정답이다. 여자는 남자의 새로운 주소를 알지 못하고, 과거의 주소를 적은 것이지 새로운 주소를 알고 이를 틀리게 적은 것은 아니므로 (c)는 정답이 될수 없다.

해석

W: 여보세요. Potter 씨랑 통화하고 싶습니다.
M: 전데요. 전화거신 분은 누구시죠?
W: 아, Potter씨. 전 Amy Jackson입니다. 제가 안 좋은 때 전화 걸었나요?
M: 아뇨. 그렇지 않습니다. 무슨 일이시죠?
W: 일주일 전에 그쪽으로 소포를 하나 보냈는데, 그게 제게 반송이 되어 돌아왔습니다.
M: 제 주소를 맞게 적으셨나요?
W: 음, 2/187 Lake Street, Newcastle이라고 적었습니다. 그게 당신의 집주소가 아닌가요?
M: 아, 정말 죄송합니다. 전 당신에게 제 새 주소를 말씀드렸다고 생각했네요. 저 5일 전에 새로운 곳으로 이사를 왔습니다.

Q: 왜 남자는 소포를 받지 못했는가?
(a) 그는 언짢은 시간을 보내고 있었다.
(b) 소포가 도착했을 때 그는 집에 있지 않았다.
(c) 여자는 남자의 새로운 주소를 틀리게 적었다.
(d) 그는 여자에게 그의 주소 변경을 알려주는 걸 깜박했다.

어휘

parcel 소포
correctly 바르게, 정확히
returned 반송된, 돌아온

정답 (d)

45 M: I'm sorry to tell you this, but the company has decided to let you go.
W: What? What have I done wrong?
M: It's just a part of the company's lay-off plan.
W: I can't believe this. I have worked for this company my entire life. But is this what I get?
M: Please try to understand. I'll cross my fingers for your future.
W: You guys are a joke.

Q: How is the woman feeling?
(a) Exulting
(b) Infuriating
(c) Nonchalant
(d) Depressed

해설

let a person go 는 '~를 보내주다' 란 뜻이지만 회사생활에서는 '~를 해고하다' 라는 뜻으로 사용이 된다. 평생을 바쳐온 회사에서 갑작스럽게 해고를 당하는 여자의 감정을 표현하는 단어를 골라내야 한다. 정답은 '분노한, 격노한' 이란 의미의 (b)이다.

해석

M: 이런 말을 당신에게 하게 돼서 유감스럽지만 회사가 당신을 해고하기로 결정했습니다.
W: 뭐라고요? 제가 뭘 잘못했는데요?
M: 그저 회사의 정리해고 계획의 일환입니다.
W: 믿을 수가 없군요. 전 제 인생 모두를 이 회사를 위해서 일해 왔다고요. 하지만 고작 제게 돌아오는 게 이런 건가요?
M: 제발 이해해 주십시오. 당신의 미래에 행운을 빌겠습니다.
W: 당신들 정말 웃기는군요.

Q: 여자의 감정은 어떤가?
(a) 기뻐 날뛰는
(b) 분노한
(c) 무관심한
(d) 의기소침한

어휘

let a person go ~를 보내두다(=해고하다)
lay-off 일시해고
exulting 기뻐 날뛰는
infuriating 격노하는
nonchalant 무관심한

정답 (b)

46 Doctors operating on a Russian man for a suspected tumour in his lung say they found a fir tree there instead. Artyom Sidorkin had complained of pain in his chest and an X-ray revealed what appeared to be lung tumour. During the operation, the surgeon reports being shocked to find a 5cm tree. He believe Mr. Sidorkin must have inhaled a seed, which later sprouted.

Q: What is the news report mainly about?
(a) The most common wrong diagnosis in Russia
(b) Tree-shaped tumor found in a lung
(c) Small tree discovered inside an organ
(d) The danger of lung cancer

해설

뉴스기사의 주제를 파악하는 문제다. 한 남자가 폐암이 의심되어 수술을 받았지만, 암 덩어리 대신에 자그마한 나무가 발견되었다는 것이 내용의 핵심이다. 그러므로 정답은 '신체 기관에서 발견된 작은 나무' 인 보기 (c)가 된다. 러시아에서 발생한 오진은 맞지만, 이것이 가장 흔한 오진이라고 언급된 바는 없으므로 (a)는 정답이 될 수 없다.

해석

폐 안에 의심되는 종양으로 수술을 받던 남성에 대해 의사들은 종양 대신에 폐에서 전나무를 발견했다고 말했습니다. Artyom Sidorkin 씨는 가슴에 통증을 호소하였고, X-레이는 폐종양으로 보이는 것을 나타내었습니다. 수술 동안, 의사는 5cm의 나무를 발견해서 충격을 받았다고 말했습니다. 그는 Sidorkin 씨가 씨앗을 들이마셔 이것이 나중에 싹이 트게 된 것이 틀림없다고 생각하고 있습니다.

Q: 담화의 주제는 무엇인가?
(a) 러시아에서의 가장 일반적인 오진
(b) 폐 안에서 발견된 나무 모양의 종양
(c) 인체기관에서 발견된 작은 나무
(d) 폐암의 위험

어휘

suspected 의심스러운
tumor 종양
fir tree 전나무
chest 전나무
reveal 밝히다
lung 폐
inhale 흡입하다, 들이마시다
seed 씨앗, 종자
sprout 싹이 트다

정답 (c)

47 Many foods for babies and toddlers contain more sugar, salt or fat than equivalent products for adults. An investigation of manufactured foods for children up to the age of three found that some exceeded the levels of saturated fat, sugar and salt found in McDonald's burgers. There's no reason children's foods should be higher in fat than products for adults. Parents must be encouraged to read the nutritional information carefully.

Q: What is the speaker's advice?
(a) Avoid consuming fast food as much as possible.
(b) Check the ingredients list on the label of infant foods.
(c) Reduce the amount of salt, sugar and saturated fat in your daily diet.
(d) Make an effort to have more home-cooked meals.

해설

말하는 사람이 전달하고자 하는 내용의 핵심은 마지막 문장인 'Parents must be encouraged to read the nutritional information carefully'에서 드러나 있다. 유아용 음식을 구입할 때 영양분 정보를 상세히 읽어봐야 한다는 것이 화자의 충고내용이다. 그러므로 정답은 (b)이다.

해석

아기들과 유아들을 위한 많은 음식물들이 어른들을 위한 동일한 음식물들보다 설탕, 소금 그리고 지방을 더 많이 함유하고 있습니다. 3세까지의 아이들을 위해 제조된 음식물들을 조사한 결과 몇몇 제품들은 맥도날드의 햄버거에서 발견된 포화지방, 설탕 그리고 소금의 수준을 넘어섰습니다. 아이들을 위한 음식의 지방이 성인들의 제품들보다 더 많아야 한다는 이유는 없습니다. 부모들은 영양분 정보를 세심하게 읽도록 독려되어야만 합니다.

Q: 연설자의 충고는 무엇인가?
(a) 가능한 패스트푸드의 섭취는 피하도록 한다.
(b) 유아 음식물의 라벨에 붙은 성분 목록을 확인한다.
(c) 당신의 매일 식사에 소금, 설탕, 그리고 포화지방의 양을 줄여라.
(d) 더 많이 집에서 요리한 식사를 하도록 노력한다.

어휘

toddler 유아
equivalent 동등한
investigation 조사, 연구
exceed 넘다, 초과하다
saturated fat 포화 지방
nutritional 영양의
ingredient 성분, 재료
infant 유아(의)
home-cooked 집에서 요리한

정답 (b)

48 Scientists now believe that half a glass of wine per day may boost life expectancy for men by five years. A 30-year study of almost 15,000 men found drinking a little alcohol regularly boosted longevity. Wine yielded the biggest increase in lifespan. The study found that men who drank only wine, and just under half a glass a day, lived around two-and-a-half years longer than those who drank beer and spirits, and almost five years longer than those who drank no alcohol at all.

Q: What statement best summarizes the lecture?
(a) Drinking daily does not bring any health benefits.
(b) People should stop drinking beer and spirits.
(c) Societies should encourage drinking from a very young age.
(d) Moderate drinking is better than none at all.

해설

술과 사람의 수명과 관련한 강의 내용이다. 강의에서 언급되는 조사내용들의 결과는 술을 정기적으로 조금씩 마신 사람들이 전혀 술을 마시지 않는 사람들보다 오래 산다는 것이다. 이를 가장 잘 요약한 문구는 '적절한 음주는 전혀 마시지 않는 것보다 낫다'는 보기 (d)이다. 술을 마시는 것이 수명연장에 가져온다고 해서 매우 어린 나이 때부터 음주를 권장해야 한다는 보기 (c)는 지나친 비약이다.

해석

과학자들은 이제 매일의 반 잔 정도의 와인이 남성들의 기대 수명을 5년 정도 늘린다고 생각하고 있습니다. 거의 15,000명에 대한 30년간의 연구조사는 정기적으로 약간의 술을 마시는 것은 수명을 증대시킨다는 것을 보여줍니다. 와인이 가장 큰 수명의 증가를 가져왔습니다. 본 연구는 매일 반 잔 이하의 오직 와인만을 마신 남성들은 독한 술이나 맥주를 마신 사람들보다 2년 반 정도 더 살았고 전혀 술을 마시지 않은 사람들보다 거의 5년 가까이 더 살았다는 것을 알아내었습니다.

Q: 다음 강의를 가장 잘 요약한 문구는 무엇인가?
(a) 매일 술을 마시는 것은 어떠한 건강의 혜택도 가져오지 않는다.
(b) 사람들은 맥주와 독한 술을 마시는 것을 멈춰야 한다.
(c) 사회는 매우 어린 나이부터 술을 마시도록 권장해야 한다.
(d) 적절한 음주는 전혀 마시지 않는 것보다 낫다.

어휘

boost 밀어주다, 증대시키다
longevity 수명, 장수
lifespan 수명
yield 생기게 하다, 가져오다
spirit 독한 술

정답 (d)

49 A prolonged lull in solar activity has astrophysicists glued to their telescopes waiting to see what our sun will do next. The sun is the least active it has been in decades and the dimmest for a century, prompting many scientists to recall the Little Ice Age. However, they say that even if this current solar lull turns out to be a long one, its effect on the climate will pale in contrast with the influence of human-made greenhouse gases such as carbon dioxide.

Q: What is the main topic of the report?
(a) Numerous changes in our solar system.
(b) The effect of the Ice Age on Earth.
(c) Danger ahead as the sun goes quiet.
(d) Climate changes affected by global warming.

해설

태양의 활동이 고요해짐을 통해서 과학자들이 이를 관측하고 있고, 이것은 작은 빙하시대의 위험까지 떠올려지게 한다는 것이 글의 핵심이다. 그러므로 정답은 '태양이 조용해지면서 오는 앞으로의 위험'인(c)이다. However 뒤에 이어지는 내용은 글의 주제라기보다는, 태양 활동의 정적으로 인한 위험을 통해서 온실가스에 의한 기후변화의 위험을 가볍게 비교 언급한 것에 불과하다.

해석

태양계 활동의 오랜 기간의 고요함은 천체 물리학자들이 우리의 태양이 다음에는 무엇을 할 것인가를 보기 위해서 망원경에 붙어 있게 만들었습니다. 태양은 수십 년간 가장 활동을 적게 하며 한 세기 동안 가장 어두운 상태입니다. 이는 많은 과학자들로 하여금 작은 빙하시대를 떠올리게 합니다. 하지만, 그들은 이러한 현재의 태양계 소강상태가 오랜 기간 지속된다고 하더라도, 이것이 기후에 미치는 영향은 인간이 만든 이산화탄소와 같은 온실가스의 영향력에 비교하면 아무것도 아니라고 말합니다.

Q: 본 리포트의 주요 주제는 무엇인가?
(a) 우리 태양계의 수많은 변화들
(b) 지구의 빙하기의 영향들
(c) 태양이 조용해지면서 오는 앞으로의 위험
(d) 세계온난화에 의해 영향을 받은 기후 변화

어휘

prolong 늘이다, 오래 끌다
lull 소강, 잠잠함
solar 태양의
astrophysicist 천체 물리학자
telescope 망원경
skeptic 회의론자
prompt 자극하다, 유발하다
carbon dioxide 이산화탄소
numerous 수많은

정답 (c)

50 Global demand for frogs' legs is setting off a chain reaction, with one population after another hunted to the point of extinction. Frogs' legs are on the menu at school cafeterias in Europe, market stalls and dinner tables across Asia to high-end restaurants throughout the world. Frogs are vital to ecosystem health, particularly by consuming insects that would otherwise reach plague proportions. Many species are endangered by habitate loss, climate change, and pollution. A study estimates that between 200 million and one billion frogs are consumed for their legs each year, but it is believed to be much higher.

Q: What is the main topic of the talk?
(a) Health benefits from eating frog meat.
(b) The popularity of frogs as an experimental subject.
(c) Side effects caused by frogs' popularity.
(d) Countless endangered species around the world.

해설

개구리 다리에 대한 전 세계의 수요가 증가하고 있고 이로 인해서 개구리들이 멸종위기에 몰렸다는 내용의 담화이다. 글의 초반부에, 개구리의 인기가 각각의 종들이 멸종단계까지 사냥되도록 하는 연쇄반응을 불러일으켰고, 또한 개구리들이 잡아먹는 벌레들이 개구리가 없어지면서 번창하게 되어 생태계의 건강에까지 영향을 미친다고 언급하고 있으므로 글의 주제는 '개구리들의 인기로 인한 부작용'인 보기 (c)가 정답이다.

해석

개구리 다리에 대한 세계적인 수요가 한 개체에서 다른 개체로 멸종 직전까지 사냥이 되는 연쇄반응을 일으키고 있습니다. 개구리 다리는 유럽에서는 학교 식당의 메뉴, 시장 노점 그리고 아시아 전역에서 전 세계의 최고급 식당의 저녁식사 탁자 위에 놓여 있습니다. 개구리들은 특히 전염병 규모로까지 발전할 수 있는 벌레들을 잡아먹음으로써 생태계의 건강을 위해 절대적인 역할을 합니다. 많은 종들이 거주지를 잃어버리고, 기후의 변화 그리고 오염으로 인해서 멸종 위기에 처해 있습니다. 한 연구조사는 2억에서 10억 마리 사이의 개구리들이 소비되고 있다고 예상하지만 실상은 이보다 더 높을 것으로 여겨지고 있습니다.

Q: 담화의 주제는 무엇인가?
(a) 개구리 고기를 먹는데서 오는 건강상의 혜택
(b) 실험용 대상으로서의 개구리의 인기
(c) 개구리들의 인기로 인한 부작용
(d) 전 세계의 무수히 많은 멸종위기의 종들

어휘

demand 수요
set off 일으키다, 유발하다
chain reaction 연쇄반응
extinction 멸종
stall 노점
high-end 최고급의
ecosystem 생태계
plague 역병, 전염병
habitat 서식지

정답 (c)

51 Today, I'd like to talk about a new concept that can present new opportunities and challenges for all of us in the world of marketing and communications. There is a convergence of events occurring on the planet, and we call it "digital climate change". It is the sudden occurrence of digital freedom combined with the rapid turn of events with regard to petrol prices, climate change, ecology, social and economic conditions on the planet. We're experiencing a techtonic shift similar to the appearance of mountains from the seas, something unique that happens very rarely in history.

Q: What is the purpose of this speech?
(a) To introduce an innovative shift in digital phenomenon.
(b) To inform people of new digital marketing strategies.
(c) To present new business opportunities in the Third World.
(d) To emphasize the concept of marketing and communications.

해설

남자가 서두에 언급한 새로운 개념이란 뒤에서 등장하는 'digital climate change'로서 이는 역사상 정말로 보기 드문(something unique that happens very rarely in history) 기술적 변화라고 정의될 수 있다. 이는 디지털 현상에 있어서의 혁신적인 변화로 재정의될 수 있겠다. 그러므로 정답은 (a)이다.

해석

오늘, 저는 마케팅과 통신 업계에 종사는 저희들에게 새로운 기회와 도전을 줄 새로운 개념에 대해서 말을 하고자 합니다. 지구 위에서 발생하는 사건들이 하나로 모이고 있고, 우리는 이것을 '디지털 기후 변화'라고 부릅니다. 그것은 석유가격, 환경 변화, 생태계, 그리고 지구상의 사회적 경제적 변화와 관련해 급속히 변화되어 가는 사건들과 결합된 디지털 자유의 갑작스런 발생을 말합니다. 저희는 바다에서 산이 나타나는 것과 같이 우리의 역사에서 매우 드물게 발생하는 독특한 무언가와 비슷한 기술적 이동을 경험하고 있습니다.

Q: 본 연설의 목적은 무엇인가?
(a) 디지털 현상에 있어서의 혁신적의 변화를 소개하기 위해서
(b) 새로운 디지털 마케팅 전략을 알려 주기 위해서
(c) 제 3세계에서의 새로운 사업 기회를 제안하기 위해서
(d) 마케팅과 통신의 개념을 강조하기 위해서

어휘

concept 개념
present 제출하다, 제안하다
opportunity 기회
challenge 도전
convergence 집중, 수렴
occurrence 발생
rapid 급속한
with regard to ~와 관련하여
shift 이동, 변화
phenomenon 현상
strategy 전략

정답 (a)

52 We take your health seriously and if for medical reasons you are not suited to the our SuperSlim classes we will refer you back to your doctor. However, in most cases men, women and children of all shapes and sizes and all lifestyles can benefit from the SuperSlim's unique approach to health and fitness. There are over 50 clinics operating throughout Canada so take the first step to a new you by calling 1300 130 123 for your nearest clinic.

Q: What is being advertised?
(a) Health care medicines
(b) A weight loss program
(c) A medical surgery academy
(d) A newly opened health clinic.

해설

본 광고 글이 광고하고 있는 것은 SuperSlim이라고 불리는 수업으로서, 글의 내용을 통해 SuperSlim이 건강과 fitness를 관리하는 프로그램이란 것을 알 수 있다. 그러므로 정답은 보기 (b)이다. 보기 (d)의 경우 본 프로그램을 제공하는 것이 클리닉이라는 점을 고려할 때, 정답의 가능성도 있으나, 본문에서 캐나다 전역에 걸쳐 50여 개의 클리닉이 운영되고 있다고 한 내용을 고려할 때 새롭게 오픈했다고 볼 수 없기에 정답이 될 수 없다.

해석

저희는 여러분의 건강을 중대히 여기고, 만약 의학적인 이유로 여러분들이 저희의 SuperSlim 수업에 적합하지 않으시다면, 저희는 여러분을 의사에게 돌려보내 드릴 겁니다. 하지만, 대부분의 경우, 모든 종류의 신체와 크기 그리고 생활방식을 가진 남성, 여성 그리고 아이들은 SuperSlim의 건강과 fitness에 대한 독특한 접근방식으로부터 이득을 보실 수 있으실 겁니다. 캐나다 전역에 걸쳐 영업을 하고 있는 50여 개의 클리닉들이 있으니 여러분 근처 가까운 클리닉을 알아보시려면 1300 130 1234로 전화 주셔서 새로운 당신을 만들기 위한 첫 번째 발걸음을 떼십시오.

Q: 무엇을 광고하고 있는가?
(a) 건강 관리 약품
(b) 체중 조절 프로그램
(c) 의학 수술 학원
(d) 새롭게 연 건강 클리닉

어휘

seriously 진지한, 중대한
suited 적절한, 적합한
refer (to) ~에게 보내다, 맡기다
benefit 이득을 보다
unique 독특한
fitness 건강

정답 (b)

53 Many people are obsessed with cooking the perfect egg. Now they can, with the help of the BeepEgg. Just immerse this egg-shaped timer in the water with your egg and when the time is right. It plays a song letting you know how your egg is going: '*Killing me softly*' for soft-boiled, '*I wish I was a Hen*' for medium, and '*O Fortuna*' when hard-boiled.

Q: What does this product claim to do?
(a) Boil eggs in the water.
(b) Keep eggs from cracking.
(c) Time the boiling of eggs.
(d) Play any types of music people want to hear.

해설

계란을 삶을 때 삶아진 정도를 알려주는 상품에 대한 광고 글이다. 시간별로 노래를 통해 계란의 삶아진 정도를 알려주는 장치이므로 정답은 보기 (c)이다.

해석

많은 사람들이 완벽한 계란을 요리하려는 것에 사로 잡혀 있습니다. 이제 당신은 BeepEgg의 도움이 있다면 완벽한 계란을 요리할 수 있으십니다. 간단히 이 계란 모양의 타이머를 계란과 함께 물속에 담그십시오. 시간이 되면, 이것은 당신에게 계란이 어떻게 삶아지고 있는 상황을 알려준답니다. 본 제품은 계란이 어떻게 진행되고 있는지 노래를 틀으로써 알려줍니다. 계란이 반숙일 때는 Killing me softly가, 중간쯤 익었을 때는 I wish I was a Hen이, 그리고 완숙일 때는 O Fortuna가 흘러나옵니다.

Q: 본 상품이 할 수 있다 주장하는 것은?
(a) 물속에서 계란을 끓인다.
(b) 계란이 깨지는 것을 막아준다.
(c) 계란이 삶아지는 시간을 재준다.
(d) 사람들이 원하는 어떤 음악도 연주한다.

어휘

be obsessed with ~에 사로잡혀 있다
immerse 잠그다, 가라앉히다
let a person know ~에게 알려주다
soft-boiled 반숙(의)
hard-boiled 완숙(의)
time 시간을 재다

정답 (c)

54 Quantas Airlines was forced to remove a plane from service when a number of snakes went missing from its cargo hold. The twelve baby pythons were on the flight from Alice Springs to Melbourne but, on arrival, only eight could be found. Suspecting some of the snakes had eaten the others, staff weighed the remaining pythons, but they were no heavier than on departure. The plane was fumigated to kill the escaped snakes, which have still not been located.

Q: Which is correct according to the news report?
(a) Quantas Airlines suspended all flight services due to the accident.
(b) Twelve snakes went missing onboard some time during the flight.
(c) Some of the snakes were eaten by the same species.
(d) The four missing snakes have not been found yet.

해설

뉴스 방송에 의하면 Quantas 항공사는 본 사건으로 인해 해당 비행기의 서비스만을 중단했고, 비행기에서 사리진 뱀의 수는 4마리, 그리고 서로가 서로를 잡아먹었다는 의심은 사실이 아니었다는 내용을 담고 있다. 그러므로 (a), (b), (c)모두 오답이다. 마지막 문장에서 비행기를 소독했지만, 여전히 뱀의 위치가 파악되지는 않았다고 밝히고 있으므로 사라진 네 마리의 뱀이 아직 발견되지 않았다는 보기 (d)가 정답이다.

해석

Quantas 항공사는 수 마리의 뱀들이 비행기의 화물칸에서 사라져 해당 비행기를 서비스에서 제외할 수밖에 없었습니다. 12마리의 새끼 비단뱀은 Alice Springs에서 Melbourn으로 향하는 비행기에 타고 있었지만 도착했을 때는 단 8마리만이 발견되었습니다. 몇몇의 뱀들이 다른 뱀들을 잡아먹었을 수도 있다는 의심에 직원들은 남아있는 비단뱀의 몸무게를 재었지만, 출발할 때의 무게와 차이점이 없었습니다. 비행기는 아직도 위치가 파악이 되지 않은 도망친 뱀들을 죽이기 위해서 소독처리 되었습니다.

Q: 본 뉴스 방송에 의하면 옳은 것은 무엇인가?
(a) Quantas 항공사는 그 사고로 때문에 모든 비행 서비스를 중단시켰다.
(b) 비행 중 12마리의 뱀들이 기내에서 사라졌다.
(c) 몇몇 뱀들은 같은 종에 의해서 잡아 먹혔다.
(d) 네 마리의 사라진 뱀들은 아직도 발견되지 않았다.

어휘

go missing 사라지다
cargo 화물
python 비단뱀
weigh ~의 무게를 달다
remaining 남아있는
fumigate 훈증 소독하다

정답 (d)

55 Hello! Welcome to Herberton Hospital. If you're experiencing a life threatening medical emergency, please hang up and call 911. Please listen carefully as our phone menu has recently changed. If you want to schedule an appointment, please press 1. If you are calling to ask about a prescription, please press 2. If you're calling to request medical records, please press 3. If you know your party's four-digit extension, you may enter it at any time. To repeat the menu, please press 0.

Q: What should a caller do to make an inquiry about medications?
(a) Call 911
(b) Press 2
(c) Press 3
(d) Press the extension number

해설

가장 대표적인 전화음성메시지 문제 유형이다. 각 상황별로 어떻게 해야 하는가에 관한 내용을 메모하며 확인해 두어야 한다. 질문이 묻고 있는 약물에 관한 문의와 관련된 내용은 'If you are calling to ask about a prescription, please press 2'이다. 미국은 몇몇 일반 약품을 제외하고는 반드시 병원에서의 진찰 후 처방전(prescription)을 받아야지만 약을 구입할 수 있기 때문에, 처방전과 관련한 문의를 병원에 하는 경우가 많다. 그러므로 정답은 (b)이다.

해석

안녕하세요! Herberton 병원에 오신 걸 환영합니다. 만약 생명에 위협이 있을 수 있는 의학적 위급 상황을 겪고 계신 거라면, 전화를 끊고 911로 전화하시기 바랍니다. 저희의 전화 메뉴가 최근에 변경되었으니 잘 들어주시기 바랍니다. 예약을 잡으시길 원한다면 1번을 눌러주세요. 처방전과 관련해 문의하시려고 전화하셨다면 2번을 눌러주세요. 의학기록부를 요청하시려고 한다면 3번을 눌러주십시오. 만약 통화하고 싶으신 분의 네 자리 내선번호를 알고 계신다면 언제든지 누르시면 됩니다. 메뉴를 다시 듣고 싶으시면 0번을 눌러주세요.

Q: 약물과 관련한 문의를 하기 위해서 통화자는 무엇을 해야 하는가?
(a) 911로 전화하기
(b) 2번 누르기
(c) 3번 누르기
(d) 내선번호 누르기

어휘

life threatening 생명을 위협하는
emergency 비상사태, 위급상황
hang up 전화를 끊다
prescription 처방(전), 처방약
four-digit 네 자리 숫자(의)
extension 내선(번호)
repeat 반복하다
make an inquiry 문의하다

정답 (b)

56 She may now have one of the most challenging jobs in corporate Australia, but new Telstra chair Catherine Livingston is a risk-taker. The mother-of-three is also used to taking large and successful career jumps on her way to the top. The Macquarie University honours graduate started as an accountant in the 1970s. After rising to CFO at a medical device company she was appointed chief executive of Cochlear in 1994 and was responsible for taking it public. However, she is a controversial appointment for Telstra because of her lack of telecom experience.

Q: Which is correct about Catherine Livingston according to the talk?
(a) She is fighting against the corporate giants.
(b) She first started working as an accountant in 1994.
(c) She doesn't have any experience in financial management.
(d) She is about to start a new phase in her career path.

해설

담화에서 언급되고 있는 주인공인 Catherine Livingstone에 대한 설명 중 옳은 것을 찾아야 한다. 우선, 그녀는 호주의 기업체에서 가장 도전적인 직업을 얻게 될지도 모른다고 했지, 그녀가 거대 기업들을 상대로 싸우고 있는 것은 아니기에 (a)는 오답이다. 그녀가 회계사로 일하기 시작한 것은 1970년대이기에 (b) 역시 정답이 될 수 없다. 하지만 본문 중 그녀의 최고경영자 임명이 그녀의 통신 분야에서의 경험의 부족으로 논란이 되고 있다는 것으로 보아, 그녀가 새로운 경력의 길을 걷기 시작했음을 알 수 있다. 그러므로 정답은 (d)이다.

해석

그녀는 이제 호주의 기업체에서 가장 도전적인 직업들 중에 하나를 갖게 될지도 모르겠습니다. 하지만 새로운 Telstra의 회장인 Catherine Livingston은 위험을 즐기는 사람입니다. 세 아이의 어머니인 그녀는 또한 그녀가 최고 경영직 자리에 오르기 까지 크고 성공적인 경력 상의 도약을 해왔습니다. 맥쿼리 대학교의 Honors Graduate인 그녀는 1970년대에 회계사로서 일을 시작했습니다. 한 의학 기구 회사에서 최고 재무 관리자로까지 승진한 그녀는 1994년도에 Cochlear의 최고 경영자로 임명되었고 그 회사를 상장하는데 있어서 책임을 맡았었습니다. 하지만, 통신 분야에서의 경험 부족으로 인해 그녀의 Telstra로의 임명은 논란이 되는 인사로 여겨지고 있습니다.

Q: Catherine Livingston 에 대한 담화 내용 중 옳은 것은 무엇인가?
(a) 그녀는 거대 기업들을 상대로 싸우고 있는 중이다.
(b) 그녀는 1994년에 처음 회계사로서 일하기 시작했다.
(c) 그녀는 재무관리에 있어서 경험이 전혀 없다.
(d) 그녀는 그녀의 경력에 있어서 새로운 길을 갈 예정이다.

어휘

challenging 도전적인
corporate 법인의
risk-taker 위험을 즐기는 사람
honours graduate accountant 회계사
CFO(=Chief Financial Officer) 최고 재무 경영자
lack 결핍, 부족

정답 (d)

57 South Australia's recently appointed Road Safety Minister Tom Koutsantonis was forced to resign the portfolio after a public outcry over his traffic record. Since 1994 he had recorded at least 27 fines for speeding, three for running red lights and one for using a mobile phone while driving. Two fines were still outstanding. Koutsantonis initially tried to defy the pressure to quit, claiming his transgressions would make him a better road safety minister.

Q: Which is correct about Mr. Koutsantonis according to the news report?
(a) He will resign from his post soon.
(b) He served a jail term because of his bad traffic record.
(c) He hasn't paid all the penalties required by law yet.
(d) He willingly agreed to step down from his position as Road Safety Minister.

해설

문제 해결을 위해서 Mr. Kousantonis에 대해서 언급된 내용들을 잘 메모해 두어야 한다. 뉴스보도에 의하면 과속, 신호 위반 등으로 수십 건의 벌금형을 받은 Kousantonis에게 아직 지불이 되지 않은 두 건의 벌금이 있다고 말하고 있다.(Two fines were still outstanding.) 그러므로 정답은 (c)이다. 그는 이미 사임을 했기에 (a)는 정답이 될 수 없다.

해석

남 호주의 최근에 임명되었던 도로 안전 장관인 Tom Kousantonis는 그의 교통 기록에 대한 대중들의 항의 이후에 장관직에서 사퇴하게 되었다. 1994년 이후로 그는 과속으로 인해 최소한 27번의 벌금과, 신호 위반으로 인해 세 번의 벌금, 그리고 운전중 핸드폰 사용으로 인해 한 번의 벌금형을 기록했다. 두 번의 벌금형은 아직도 지불이 되지 않은 상태였다. Kousantonis는 처음에는 그의 위반행위가 그를 더 나은 도로 안전 장관으로 만들어 줄 것이라고 주장하며 그의 사퇴 압력을 거부하기 위해 노력했었다.

Q: 뉴스보도에 따르면 Mr. Kousantonis에 대해 옳은 것은 무엇인가?
(a) 그는 곧 그의 자리에서 사퇴할 것이다.
(b) 그는 그의 나쁜 교통 기록으로 감옥형을 살았었다.
(c) 그는 아직 법에 의해 요구되어지는 모든 벌금들을 지불하지 않았다.
(d) 그는 도로 안전부 장관으로서의 그의 자리에서 기꺼이 사퇴하겠다고 동의하였다.

어휘

appointed 임명된
Road Safety Minister 도로 안전부 장관
resign 사퇴하다
portfolio 장관의 지위(직)
outcry 야유, 항의
outstanding 미결제의, 미해결의
transgression 위반
willingly 기꺼이
step down 사임하다, 사직하다

정답 (c)

58 Owner of the Chelsea football team has lost a yacht in a poker game in Barcelona. The US $500,000 yacht was part of a fleet of luxury boats he owns. Actually, he is no stranger to loss. Russian Billionaire Roman Abramovich, who made his fortune by buying up Russian state-owned companies in the 1990s, is alleged to have given his ex-wife Irina 2 billion dollars in their divorce settlement in 2007. He's currently number two on the UK's Sunday Times Rich List with a fortune of 14 billion dollars, down from 22 billion dollars before the global financial crisis.

Q: What can be inferred from the talk?
(a) Mr. Abramovich has lost his only yacht in a game of poker.
(b) The Russian billionaire is going through a divorce trial.
(c) Mr. Abramovich obtained wealth from investing in real estate.
(d) The Russian billionaire has suffered from the economic turmoil.

해설

본문 내용을 통해 Abramovich의 재산이 세계 금융위기로 인해 80억 달러 가까이 줄었음을 파악할 수 있다. 이를 통해 그 역시 세계 금융위기로 인해 피해를 입었다는 것을 유추해 볼 수 있다. 그러므로 정답은 (d)이다. Abramovich는 국영기업을 사들여서 부를 만들었는데, 기업을 사들이는 것과 부동산에 투자하는 것은 그 성격이 다르기에 (c)는 정답이 될 수 없다.

해석

첼시 축구팀의 구단주는 바로셀로나에서의 포커 게임으로 요트를 잃고 말았습니다. 미화로 500,000달러인 이 요트는 그가 소유하고 있는 호화 보트 선대의 일부였습니다. 사실, 그가 손실을 처음 겪는 사람은 아닙니다. 러시아의 국영 기업들을 1990년대에 사들여서 재산을 축적한 러시아의 억만장자인 Roman Abramovich는 2007년도 이혼 합의금으로 그의 전 부인에게 20억 달러를 주었다고 알려져 있습니다. 그는 금융위기 전 220억 달러였던 재산이 140억 달러로 줄면서 현재 영국의 Sunday Times의 부자 목록에서 2위를 차지했습니다.

Q: 담화로부터 추론할 수 있는 것은 무엇인가?
(a) Abramovich 씨는 포커 게임으로 그의 유일한 요트를 잃었다.
(b) 이 러시아인 억만장자는 이혼소송을 겪고 있는 중이다.
(c) Abramovich씨는 부동산에 투자함으로써 부를 축적하였다.
(d) 이 러시아인 억만장자는 경제혼란으로 인해 고통을 받았다.

어휘

owner 소유자
fleet 함대, 선대
luxury 사치스러운, 호화로운
stranger (to) 경험 없는 사람, 생소한 사람
fortune 부, 재산
state-owned 국유의
settlement (사건 등)해결
trial 재판
global financial crisis 세계 금융위기

정답 (d)

59 I was recently pleased to assist a man in our community, newly arrived from Africa, who had been signed up to an expensive telecommunications contract over the phone – without understanding what he had agreed to. It appeared to me that the phone company had taken advantage of someone with limited English, signing him up for a contract he simply could not afford. In order to be released from the contract the phone company charged him a $1,000 exit fee. This seemed unjust and unethical to me. I approached both the company involved and the Telecommuncation Industry Ombudsman, and following my representations, the phone company agreed to cancel the contract and waive the fee. This is a significant relief for my constituent, who was distressed about how he could afford the $1,000 needed to pay out his contract.

Q: What can be inferred from the talk?

(a) The speaker has taken advantage of the man from Africa.

(b) The man was unaware of the details of his contract.

(c) The man paid $1,000 to free himself from the contract.

(d) The speaker took legal actions against the phone company.

어휘

assist 돕다
take advantage of ~를 이용하다
Ombudsman 고충처리제도
waive 포기하다
constituent 대리 지정인, 거주민

정답 (b)

해설

화자가 말한 아프리카 남자는 영어를 잘하지 못해 자세한 계약조건을 모른 채 계약을 해서 이같은 일이 발생했으므로 (b)가 답이다. 화자가 한 행동은 법적 대응이 아니다. 고충처리제도(Ombudsman)를 이용해 법적인 소송이 없이 원만하게 해결했으므로 (d)는 답이 될 수 없다.

해석

나는 최근에 우리 지역에서 한 남자를 도왔는데, 그 남자는 아프리카에서 막 도착한 사람으로 전화상으로 비싼 통신 계약을 한 사람이었다. 그것은 그가 무엇에 동의했는지도 모르고 한 계약이었다. 나는 전화 회사가 짧은 영어 실력을 가진 그 사람을 악용해(속여서) 계약을 하게 했으며 그것은 그가 지불하기에는 벅찬 금액이었다. 전화 회사로부터 계약을 파기하는 데는 1,000불의 위약금을 회사 측에 전달해야 했다. 이것은 부당하며 비도덕적인 것이었다. 나는 양쪽 회사 즉, 통신 회사와 통신 업계 고충 처리를 도와주는 업체(Ombudsman)에 찾아가 내가 대리인임을 밝히고 전화 회사가 계약 파기에 동의하고 위약금을 포기하도록 종용했다. 이것은 나를 대리인으로 세운 그를 위해서도 상당히 안심이 되는 일이었는데, 그는 계약을 취소하기 위해 어떻게 1,000불을 감당해야 할지를 두고 비탄에 잠겨 있었기 때문이다.

Q: 담화로부터 추론할 수 있는 것은 무엇인가?
(a) 화자는 아프리카에서 온 남자를 이용했다.
(b) 그 남자는 계약의 세부사항을 알지 못했다.
(c) 그 남자는 그 계약을 파기하는데 1,000불을 지급했다.
(d) 화자는 전화 회사에 대하여 법적인 행동을 취했다.

60 Paul de Gelder lost a hand and a leg when he was mauled by a 2.7-meter shark off Garden island naval base in February this year. Doctors say the clearance diver was lucky to survive the attack. But after seven weeks in hospital, de Gelder is already walking with a prostheticc legs, driving high-performance cars and confronting his fears by swimming with sharks at an aquarium. De Gelder said he was keen to get back to work, but acknowledged he would have to take baby steps.

Q: What can we conclude about Mr. De Gelder?

(a) It was rash of him to swim out to rescue a man from the shark.

(b) He needs to face and accept the reality of his dismal situation.

(c) He is a type of person who never succumbs to despair.

(d) It's not going to be easy for him to find another job.

해설

글의 내용을 통해서 소개되고 있는 잠수원 De Gelder 씨에 관한 내용을 듣고, 이로부터 그에 대해 추론할 수 있는 결론을 유추해 내어야 한다. De Gelder 씨는 상어로부터 공격을 받아 팔과 다리를 잃었지만, 빠른 시간에 인공다리를 붙이고 걷고, 운전을 하며, 다시 수영을 하고 있다는 내용의 글이다. 그러므로 '그는 절망에 결코 굴복하지 않는 유형의 사람이다' 라는 보기 (c)가 정답이다.

해석

Paul de Gelder는 올해 2월에 Garden 섬 해군기지 근처에서 2.7미터의 상어에게 공격을 받아 한쪽 팔과 다리를 잃었습니다. 의사들은 이 폭탄제거 잠수원이 이 공격에도 살아남은 것은 운이 좋았던 것이라고 말합니다. 하지만, 병원에서의 일주일 이후, De Gelder 씨는 이미 인공 다리와 함께 걸어다니고, 고성능의 자동차를 운전하며, 그리고 수족관에서 상어들과 함께 수영을 하며 그의 두려움에 맞서고 있습니다. De Gelder 씨는 그가 다시 직장으로 돌아가고 싶어 한다고 말했습니다만, 천천히 진행해야 한다는 것을 인정했습니다.

Q: De Gelder씨에 대해서 어떤 결론을 내릴 수 있는가?
(a) 상어로부터 한 남자를 구하기 위해서 수영을 나갔던 것은 경솔했다.
(b) 그는 그의 우울한 상황의 현실을 마주하고 받아들일 필요가 있다.
(c) 그는 절망에 결코 굴복하지 않는 유형의 사람이다.
(d) 다른 직장을 찾는 것은 그에게 있어 쉽지 않을 것이다.

어휘

maul 상처를 내다, 공격하다
bull shark 황소상어
naval base 해군기지
prosthetic leg 의족
confront ~와 마주하다, 맞서다
fear 두려움, ~을 두려워하다
be keen to ~하고 싶어 하는
acknowledge 인정하다

정답 (c)

J&L English Lab 정기 TOEIC 시험 만점자이며 TEPS 1+ 등급의 소유자들이 뭉쳐서 만든 전문 컨텐츠 개발팀이다. 에듀조선 출판사의 TEPS 문항 개발 작업을 담당하기도 했던 이들은 해외유학생활의 경험과 학원 강의, 영어연구원 등의 경력을 바탕으로 현재 호주에 거주하며 다양한 수험서들의 집필과 문제개발을 진행하고 있다.

텝스 한달만 제대로 공부해보자

Perfect TEPS Listening

TEPS 청해의 모든 유형과 주제들을 3단계 30일 Plan으로 정복하자!

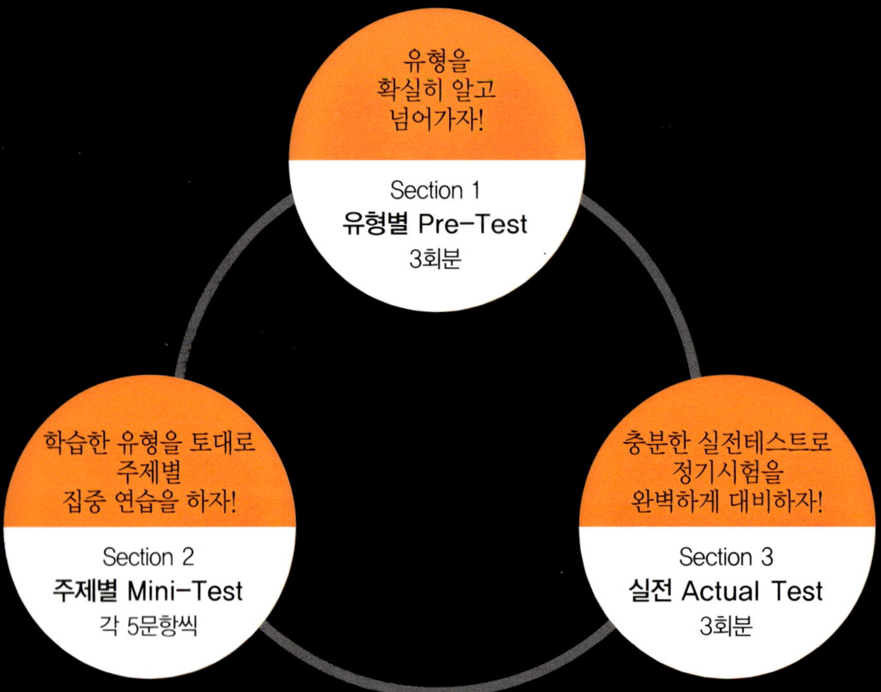